“十四五”时期国家重点出版物出版专项规划项目

国家出版基金项目
NATIONAL PUBLICATION FOUNDATION

中国生物学教育研究丛书

赵占良 主编

生物学概念教学论

赵占良 著

广西教育出版社
·南宁·

○ 序 ○

2001 年，叶佩珉教授主编的“学科现代教育理论书系・生物学”由广西教育出版社出版。这套丛书系统总结了我国改革开放以来中学生物学教育在课程论、教学论、学习论、实验论、测量评价理论等方面的研究成果，在我国中学生物学教育领域产生了广泛影响。

20 年过去了，在中国共产党 100 周年华诞，党团结带领全国人民全面建成小康社会，实现第一个百年奋斗目标，正意气风发地向着全面建成社会主义现代化强国的第二个百年奋斗目标迈进之际，回首本世纪的这第一个 20 年，我们不禁感慨，我国的中学生物学教育也走过了一段极不平凡的探索历程。这 20 年，是新一轮基础教育课程改革从启动到深化的 20 年。在这 20 年中，我们经受了新课程理念的洗礼，实施新课标，使用新教材，探索新的教学方式和考试评价方式，改革创新的热潮一波又一波地兴起，新观点、新模式、新经验不断涌现。从总体上看，我国的中学生物学课程、教材和教学的质量和水平，已经迅速赶上了时代，极大缩短了与发达国家的距离，具有中国特色的生物学课程教材体系和学术话语体系正在形成。当然，还有许多问题需要研究，也有不少挑战需要面对，一些困惑需要破解。

展望开启新征程的未来 30 年，我们更是豪情满怀。未来 30 年，中学生物学教育更是大有可为的，并且应该大放异彩！为实现第二个百年目标培养人才，是我们每一位教育工作者肩负的重任。如何让生物学教育更好地服务于立德树人根本任务，更好地服务于国家创新驱动战略的实施？如何让生物学课程更加充分地彰显育人价值，使它在“培根铸魂、启智增慧”中发挥独特的作用？这是每一位生物学教育工作者应该认真思考和研究的问题。

站在新的历史交汇点上，总结我国这20年中学生物学教育的理论与实践研究成果，研究新时期我国生物学教育面临的任务和挑战，构建中国特色生物学教育理论体系和课程教材体系，探索生物学教育高质量发展的实践路径、策略和方法，是时代的需要，是生物学教育研究者的责任，也是广西教育出版社策划、我和诸位作者一道撰写“中国生物学教育研究丛书”的出发点。

我作为本套丛书的主编，主要思考和解决三个问题：写哪几本书？找谁写？如何写？

写哪几本书？我的思路是从问题到选题。这里所说的“问题”，多数是我国中学生物学教育理论和实践研究中长期关注的问题，如概念教学问题、实验教学问题、学生科学探究技能培养问题、中外教材比较问题、信息技术与生物学教学融合问题等。这些方面的研究虽然已有丰富的成果，但随着时代的发展，还有许多问题需要与时俱进地继续研究；有些是近年来研究的热点问题，如学业评价问题、STEAM 教育问题等，这些方面的研究虽然热度很高，但体现生物学学科特点、系统而实用的研究不多，有较大影响力的原创性研究成果更少；有些则属于需要重视但缺少系统深入研究的问题，如课堂教学行为分析的科学化问题、农村课程资源的开发和利用问题。问题梳理出来了，选题也就随之确定了。

找谁写？我借助自己长期担任中国教育学会生物学教学专业委员会理事长的便利条件，大致了解到圈内同行近期研究的方向和成果，比如，崔鸿教授团队对学业评价有较深入的研究，王永胜教授前些年承担了农村课程资源研究课题，谭永平编审承担过生物学课堂教学行为分析研究课题，李高峰教授联合众多大学和中学教师集体攻关、开发本土化的 STEAM 教育课程，王健教授在科学探究技能培养方面学术视野宽广，解凯彬教授关于中学生物学实验教学的讲座在全国广受欢迎，黄世勇主任带领中山市的老师们在信息技术与学科教学融合方面进行了多年不懈的探索，张秀红博士在人民教育出版社做了为期两年的中外高中生物学教材比较研究，等等。于是，我请他们分别担纲相应选题的撰写。只有“概念教学论”这一本，本来想请这方面的专家胡玉华教授写的，但她因为其他工作太忙而无暇承担，情急之下，加之广西教育出版社的热诚鼓励，我就不自量力地将它放在自己名下了。应该说，除我之外，其他八本书的担纲者都是在相应领域有较深入的研究、有较高学术造诣的专家，自然是能够胜任书稿撰写的。这里并没有“要写此书，非他莫属”的意思。中国之大，藏龙卧虎，我们抱有“苔花如米小，也学牡丹开”的心态。

如何写？首先要明确为谁写。虽然这套丛书的读者范围包括高校生物学教育专业的教师和研究生，但主要还是面向广大中学生物学教师和教研人员（以下统称“教师”）。因此，必须让教师觉得这套书有用、好用。这就需要针对教师的需求来写，而教师的需求是多方面、多层次和多样化的。教师有提升专业素养或学科教学知识（PCK）的需求，也有对教学资源、工具和环境的需求；有的教师更需要提升理论修养，有的教师更需要实用的方法；有的教师更需要提升教学成绩，有的教师更需要探索实践育人。一套书旨在满足教师什么样的需求，是由其选题定位决定的。本丛书名称中的“研究”二字，说明它不是一般的教学参考书，也不是教学设计和教案，更不是教学辅助资源，而是反映我国生物学教育研究成果的系列专著，重在针对教育教学中存在的实际问题，总结相关理论研究成果和实践经验，提出未来深化改革、提高学科育人功能的基本原则和具体举措。换言之，本丛书主要是满足教师提升专业素养和综合能力的需要，助力教师专业发展。当然，本丛书突出的“研究”，并不是“象牙之塔”中的纯学术的研究，而是扎根于课程设计、教材编写和教学实施等方面活生生的实践，触角伸向教和学的各方面和各环节，具有理论与实践密切结合、学术性与实用性相得益彰的显著特点。

为了写好这套书，广西教育出版社于 2019 年 2 月在北京专门召开编写启动会，各册主要作者围绕丛书框架体系、编写思路、内容、体例等进行了热烈而深入的讨论。在确定丛书上述定位的基础上，我们还就丛书的编写要求达成以下共识：一是落实新课标中“核心素养为宗旨”的理念，将发展学生的生物学核心素养作为贯穿各册内容的一条主线；二是注重一般理论与生物学学科特点的有机结合，避免生搬硬套、穿靴戴帽，要着力实现教育教学一般理论在生物学学科中的创造性转化；三是要立足本土、借鉴国外，对国外的教育教学理念和方法，要在消化的基础上，根据我国经济、社会、文化和教育教学特点有选择地吸收，力求构建有中国特色的生物学教育理论框架、话语体系和实践路径；四是在继承的基础上创新，突出研究成果的原创性，重复别人一百句名言不如说出一句自己的创见，研究的目的是创新，而创新也离不开对优良传统的继承。

为了写好这套书，各册作者牺牲了节假日，夜以继日埋头苦干。作者较多的册次，开了许多次编写研讨会和统稿会，几易其稿，反复打磨。我作为丛书主编，谨向大家致以由衷的敬意和谢忱！

在本丛书还未完全成稿之际，欣闻它荣获国家出版基金资助，这让我们备受鼓舞，也更加感到责任重大。感谢北京师范大学刘恩山教授和华东师范大学郑晓蕙教授在基金申报中的热情推荐。感谢广西教育出版社在选题立项、编辑加工和出版发行工作中的大力支持和倾情付出。感谢学界先贤同侪在各自论著中奉献的智慧和经验，这些著述带给我们多方面的滋养和启迪。

我们深知，任何一个学科的教育教学都是一个复杂的、开放的、动态的系统。相比之下，我们每个人的视野都太有局限性了，费九牛二虎之力捕捉到的也许只是这个系统的一鳞半爪，甚至是幻影假象。何况中学生物学教育领域需要研究的问题和已经涌现的成果，绝不仅限于本丛书所囊括的九个领域。好在世界上完美无缺的事物是不存在的，正如没有一种生物能够完全地、绝对地适应环境一样。如果本丛书能够给广大同行一些理论上的启发和行动中的参照，能够为我们情之所系的生物学教育事业增砖添瓦，我们就甚感欣慰了。至于书中的偏颇疏漏之处，还望读者批评指正。

赵占良

2021 年 7 月 31 日

○ 前　言 ○

在中学生物学教学中，概念教学处于核心地位。《普通高中生物学课程标准（2017年版）》指出，“教师在设计和组织每个单元的教学活动时，应该围绕大概念和重要概念展开，依据重要概念精选恰当的教学活动内容和活动方式”，“教学活动不应仅仅停留在让学生记住一些零散的生物学事实的层面上，而是要通过对事实的抽象和概括，帮助学生建立生物学概念，并以此来建构合理的知识框架，为学生能够在新情境下解决相关问题奠定基础”。然而，与概念教学的重要性不相称的是，生物学概念教学论专著凤毛麟角。在已有的生物学教学论专著中，专门论述概念教学的章节要么付之阙如，要么十分单薄。这可以说是笔者撰写本书的主要动因。

笔者在长期的中学生物学教材编写实践中，深感概念体系的搭建、概念性内容的选取和呈现始终是教材编写的首要问题。而在长期的课堂教学观察中，发现教学中的问题也往往出现在概念教学方面，或者概念教学与其他内容教学的关系方面。这也是笔者撰写本书的重要原因。

怎样才能写一本有用、管用的生物学概念教学论，并无现成的框架体系可供参考。笔者在自己以前做的并不系统的研究基础上，研读了大量国内外与此有关的理论文献和实践案例，结合自己多年积累的听课记录，逐渐明确了本书的撰写思路：针对目前概念教学存在的问题来写，而且要更进一步，针对出现这些问题的原因来写。

概念教学中出现的种种问题，表现在教学过程的设计和实施、教学策略的选择和应用、学习结果的预设和测评等方面，根本原因出在理论认识上。要使概念教学从经验取向走上科学取向的轨道，必须依靠理论的指导，这就需要对概念和概念教学的相关理论有基本的了解。

首先要了解什么是概念（关于概念的概念），概念的组成要素是什么，概念在学习者头脑中的存在方式是怎样的（概念的表征），概念有哪些不同的类型，不同类型的概念是否需要不同的教和学的方法，概念习得的心理机制是怎样的，教学如何有效促进这些心理机制的发生，概念在认知活动中有什么作用，这就是本书第一章探讨的问题。关于“概念的概念”这一理论问题，逻辑学、哲学、心理学、语言学等学科有着不同视角和话语体系的阐释，这些阐释有助于我们从不同角度理解概念的实质和类型，进而为明确概念教学的目标奠定理论基础。关于概念的心理表征和习得机制等问题，不同流派的心理学家也提出了各自的理论，其中晚近的理论与早先的理论相比，在研究的深度和广度上是不断扩展的，但各种理论之间并不是此对彼错的零和博弈，而是各有不同的侧重点和适用范围，对概念教学都有一定的启示。在这些理论问题上，笔者并未提出多少原创性的新理论和新观点，而是主要做了以下两个方面的工作：一是对已有的理论和观点进行了梳理和分析，指出了这些理论对概念教学的指导和借鉴意义（其中有些理论并不只是针对概念学习提出的，而是广义的心理发展理论或学习理论）及其可能存在的局限性；二是结合生物学和生物学教学的大量实例，对这些理论进行演绎阐释，这是普通的逻辑学、哲学、心理学等专著所欠缺的，也正是本书的读者（今天或明天的中学生物学教师和教学研究者）所需要的。

其次要了解生物学概念的框架体系和概念特点。要搞好生物学概念教学，仅了解概念和概念学习的一般理论是不够的，还必须了解生物学概念的特点。“科学与其说是一种知识体系，不如说是一种思维方式。”生物学概念的特点反映了生物学的思维方式，这正是生物学概念启智增慧的价值所在。任何一个学科的概念都是体系化的存在，没有哪个概念是孤立存在的。生物学概念教学除了让学生掌握一个个具体的概念，还需要让学生将所学概念联系起来，或者说将众多概念结构化，形成较完整的层次化、网络化的概念体系。从某种意义上说，建立良好的知识结构比多学一些具体知识更重要。将众多生物学概念组织起来成为结构化体系的“聚合器”是生物学的大概念（big idea）和思想观念。因此，本书第二章探讨生物学思想观念、概念体系和概念特点三个方面的内容。这一章集中探讨了生物学的独特育人价值，特别是生物学概念教学所承载的“培根铸魂，启智增慧”的重要价值。与上一章不同的是，笔者撰写本章所研读的文献主要是国内外生物学哲学论著。生物学哲学是关于生物界和生物学的哲学，并未论及生物学的育人价值。笔者所做的工作主要是将生物学哲学与中学生物学教育特别是生物学概念教学相结合，探讨生物学思想观念如何影响学生的世界观、人生观、价值观，生物学概念的特点如何影响学生的思维方式，并提出了一些原创性的观点。

本书第三、第四、第五章属于生物学概念教学实践层面的内容，分别围绕教学目标的确定、教学过程的设计、教学策略的选择等主题展开。当然，这些实践层面的内容，也有各自的指导性理论，如教学目标分类学、一般教学过程模型和科学探究教学模式、教学策略的理论基础等。因此，笔者在这三章中，综合概括了相关理论内容，并结合生物学教学实际，提出了实施的思路和原则，呈现了大量案例及评析。

第三章“生物学概念教学的目标”，首先将生物学概念教学的目标玥确界定为“主要是指希望学生通过生物学概念的学习，在智慧技能上获得的发展结果，或者通俗地说，是学生通过生物学概念的学习，在遇到相关生物学问题时应当表现出的思维能力水平”。并且指出这里所说的思维能力“主要是学生围绕生物学概念而展开的认知过程所表现出的思维能力，亦可简称为生物学认知思维能力”。这一观点的提出虽然借鉴了加涅的学习结果分类理论，但并非加涅理论的生搬硬套，而是基于多方面的理论思考。这在本书第一章关于概念及其属性的论述中就已经初见端倪：从逻辑学上看，概念是思维的基本形式之一，它是抽象、概括等思维的产物，又是判断和推理等思维的工具；从哲学上看，概念是人们头脑中产生的关于事物本质属性的认识，只能通过思维来建构；从心理学上看，概念是关于事物类别的心理构想或表征，它使得人们能够辨别某一类别的实例和非实例。可见，不论从逻辑学、哲学还是心理学视角来看，概念都属于思维的范畴，掌握一个概念就意味着发展了与这个概念相关的思维能力。

将生物学概念教学的目标定位于发展智慧技能或思维能力，这一新观点显然有别于“知识、能力、情感态度与价值观”三维目标的框架，跳出了长期以来将知识目标与能力目标并列、将知识教学与能力培养并列甚至对立起来的窠臼。笔者期待这能成为我国中学生物学概念教学朝着提质增效、充分彰显生物学概念的育人价值而迈出的关键一步。

第四章“生物学概念教学过程的设计”，在进行生物学概念学习任务分析的基础上，笔者综合了加涅的基于信息加工理论的教学过程模型、皮连生的基于广义知识分类的学与教的一般过程模型、施瓦布等学者提出的各种科学探究教学模式的优长，结合生物学教学的特点，提出了生物学概念教学过程模型。这一模型的主旨是发挥生物学概念承载的育人价值，通过生物学概念教学来发展学生的生物学核心素养。其具体特点是：第一，注重真实情境下的激疑生趣，以兴趣和求知欲来驱动学习过程，而不是以生硬的教学目标或强加的学习任务来驱动学习过程，应当将生物学概念的学习和应用尽可能置于现实生活的情境中，从情境中产生学习生物学的兴趣和动机，将所学应用于分析和解决真实情境下的问题，将概念学习的结果落实为分析和解决实际问题的能力，也就是落实为加涅所说的智慧技能，同时培养学生的社会责任素养；第二，强调内容聚焦大概念，实现教学“少而精”，同时有利于学生形成正确的生命观念；第三，注重让学生通过探究来建构概念，这是将概念学习目标落实为智慧技能的有效途径。本章还就一个完整的教学设计案例，根据笔者所提出的生物学概念教学过程模型进行了详细的评析。

第五章“生物学概念教学的策略及案例”，分六节论述了生物学概念教学的六大策略——情境创设策略、问题驱动策略、探究建构策略、HPS策略、概念结构化策略、应用和评价策略，对每种策略都选择了具体教学案例进行评析。概念教学的策略当然不止这六种，本书之所以只论述这六种策略，主要是基于第四章提出的生物学概念教学过程模型。该模型注重真实情境下的激疑生趣，这就需要采用适当的策略来创设情境、设计问题串，即需要运用情境创设策略和问题驱动策略。问题提出以后如何解决，可以让学生亲自参与探究活动，这正是本书所提倡的通过探究来建构概念，即需要采用探究建构策略；也可以通过教师讲授或者教师提供相关资料让学生来分析和讨论，其中通过教师讲授生物科学史，或者让学生分析讨论生物科学史的资料，使学生获得相关问题的答案，建构相关概念，即需要采用HPS策略。不论是通过学生的探究还是通过其他方式，学生在初步建立起对新概念的理解后，还需要建立概念之间的联系，并且通过进一步概括来建构大概念，体现该模型“内容聚焦大概念”的特点，这就需要运用概念结构化策略。该模型还注重通过应用、反馈和评价来加深概念性理解，因此，应用和评价策略不可或缺。

这六大策略都是生物学教学实践中常用的，但这不意味着本章内容就是老生常谈。本章在综合大量理论文献和实践经验的基础上，针对目前教学中这些策略的运用所存在的问题，提出了运用这些策略的基本思路和原则，并且结合大量的案例（包括正例和反例）来说明。例如，第二节提出的问题设计五原则是：聚焦目标，形散神聚；激疑生趣，活跃思维；层层递进，环环相扣；难易适度，疏密有致；表述明确，收放结合。又如，第四节提出的运用HPS教学策略五原则是：价值优先，去粗取精，问题导向，融合互动，客观评述。笔者提出这些看起来有些新意的原则，并非刻意追求观点的原创性，而是将加强其现实针对性作为首要的考量。

以上是对本书框架体系和撰写思路的大致介绍。笔者深知，作为一本生物学概念教学论专著，本书内容还不够系统和完整，有些观点可能失之偏颇，诚望大家批评指正。如果它能够对广大生物学教师搞好概念教学、充分发挥生物学概念教学的育人功能起到一点启发和借鉴作用，笔者就深感欣慰了。

最后，请允许笔者向广大生物学教育工作者，特别是奋战在中学生物学教学第一线的老师们致以崇高的敬意！让我们共同努力，将中学生物学课堂打造成“培根铸魂、启智增慧”的重要平台！

赵占良

2021年7月18日

○ 目　录 ○

第一章　关于概念的理论探讨　*001*

第一节　概念及其属性 ······ 003
第二节　概念的组成要素 ······ 009
第三节　概念的类型 ······ 014
第四节　概念的表征 ······ 023
第五节　概念在认知活动中的作用 ······ 033
第六节　概念的习得 ······ 041

第二章　生物学思想观念、概念体系和概念特点　*053*

第一节　生物学的思想观念 ······ 055
第二节　生物学的概念体系 ······ 067
第三节　生物学概念的特点 ······ 085

第三章　生物学概念教学的目标　*097*

第一节　相关概念的界定 ······ 099
第二节　概念教学目标的分类 ······ 104
第三节　概念教学目标的确定 ······ 115
第四节　概念教学目标的表述 ······ 123

第四章　生物学概念教学过程的设计　*129*

第一节　学习任务分析 ······ 131

第二节 教学过程设计 …… 137
一、几个现有教学过程模型的分析 …… 137
二、生物学概念教学的基本过程 …… 146
第三节 教学过程设计案例及评析 …… 156

第五章 生物学概念教学的策略及案例 *163*

第一节 情境创设策略 …… 165
一、情境创设的必要性 …… 165
二、情境创设的原则及其案例 …… 171
第二节 问题驱动策略 …… 179
一、问题设计的原则和思路 …… 179
二、问题设计案例及评析 …… 189
第三节 探究建构策略 …… 197
一、探究建构型教学的设计和组织实施 …… 197
二、探究建构型教学存在的问题及相关案例 …… 206
第四节 HPS 策略 …… 218
一、HPS 教育与运用 HPS 策略的原则 …… 218
二、运用 HPS 策略的教学模式及案例 …… 229
第五节 概念结构化策略 …… 238
第六节 应用和评价策略 …… 250
一、概念的应用 …… 250
二、概念学习的评价 …… 264

参考文献 *280*

第一章

关于概念的理论探讨

《义务教育生物学课程标准（2011年版）》的重要特色之一就是强调重要概念的教学。美国国家研究理事会2013年发布的《新一代科学教育标准》（NGSS）强调实践、学科核心概念和跨学科概念的整合与进阶。《普通高中生物学课程标准（2017年版）》的四大理念之一就是“内容聚焦大概念”。可以说，重视概念的教学、为理解而教（teaching for understanding）已经成为当今科学教育发展的大趋势。然而，在教学实践中不难发现，不少教师在概念教学方面仍存在这样那样的问题或困惑：有的教师将概念教学等同于以往的知识教学，有的教师将概念教学视为学生对定义进行机械的背诵和词义的辨析，有的教师将概念教学与探究教学对立起来，认为重视其一必然削弱其二。究其原因，还是对什么是概念、什么是大概念（核心概念）、概念是怎么形成的、概念是如何表征的、不同类型的概念在学和教的方法上是否应区别对待等问题缺少清晰的认识。本章集中分析关于概念的若干理论问题，并结合生物学科实际，探讨这些理论给生物学概念教学带来的启示。

第一节　概念及其属性

概念教学中出现的许多问题，其实都与教师对“什么是概念”这一基本问题的认识有关。即使在新课改二十年后的今天，理科课堂上让学生朗读和背诵定义、教师反复强调要记住定义中关键词的做法仍不少见。在这样的课堂上，所谓概念似乎就只是白纸黑字写在教科书上的那个定义，概念学习演变成机械记忆。实际上这是把概念当成了一种客观存在物，就像一杯水一样，别人递过来，你接住了，喝下去就成为自己体内的物质了。概念能这样直接传递吗？ 回答这个问题，首先要弄清楚什么是概念。

1. 什么是概念

哲学上一般认为概念是客观事物的本质属性在人们头脑中的反映。从这个定义可以看出，概念不是独立于人之外的客观存在，而是人们头脑中产生的关于事物本质属性的认识。客观世界存在着无数的事物，形形色色的现象，人类在认识过程中，在感知觉基础上，通过思维对事物分门别类，对现象究其原因，就形成许多概念。一个概念往往反映了一类事物的本质属性。一类事物的本质属性是什么，是不能直接看到的。一张桌子，一把椅子，具体形状、大小、材质等可以看到，但桌子和椅子的本质区别是什么，必须要通过比较、分析和综合等思维过程才能回答。面对写在书上的概念的名称和定义，我们所看到的也只是文字，这些文字是概念的表达形式，或者说是概念的外壳，而概念是指这些文字所表达的意义，也就是形式或外壳里边的内容，这些意义是不可能直接看到的，只能靠思维来理解和建构。这正是概念教学重在理解和意义建构，而不是直接传递、让学生机械记忆的原因。

逻辑学上一般认为概念是反映认识对象本质属性并用语词表达的思维形式。这里所说的认识对象，既包括客观世界的事物和现象，也包括人们精神世界的各种现象。任何认识对象都有许多特征、性质以及与其他事物的关系，这些统称为该对象的属性。如植物具有生有叶片、能进行光合作用、为许多动物提供食物等属性，还有形态、大小、寿命长短等属性，其中有的属性是植物所特有的，对判定一个生物是不是植物是关键的，称为本质属性，如生有叶片、能进行光合作用等；有的属性对判定一个生物是不是植物是无关紧要的，称为非本质属性，如形态、大小、寿命长短等。逻辑学认为概念不反映对象（事物）的具体形象，因为在事物的具体形象中，各种属性是混杂在一起的。反映具体形象的是表象，即事物从人们眼前移开后，留在人们头脑中的印象。概念只反映对象的本质属性，因此，它必须经过人脑的抽象和概括过程。所谓抽象，就是从认识到的各种属性中抽取一部分属性作为本质属性；所谓概括，就是将抽取出的本质属性推及这类对象的所有个例，或者说用抽象出的本质属性把所有同类个体囊括进来。比如，我们认识到植物有高有矮，有开花的，有不开花的，有一年生的，有多年生的，我们撇开这些非本质属性，而将能够从环境中吸收水、二氧化碳和无机盐，能进行光合作用等本质属性抽取出来，这就是抽象；将这一属性推及所有植物，就是概括。可见，抽象形成概念的内涵，概括形成概念的外延。

在心理学上，概念指的是关于事物类别的心理构想或表征，它使得人们能够识别某一类别的实例和非实例。认知心理学对概念在人脑中究竟以什么形式存在进行了深入的研究，出现了定义性特征说、原型说、样例说、理论说、多元表征理论等不同的观点，本书后续章节将加以详述。这里只简略说明一点，心理学上所说的概念，并不单纯是人脑从事物各种属性中抽提出来的本质属性，还包括对事物本身的感知觉和表象特征，有些概念可能还包括一类事物中典型实例的整体形象或原型。人们在运用概念识别具体事物时，并不都是机械地根据一两条抽象的属性特征来判断的，感性成分、具体情境甚至具身体验都是概念、判断和推理的有机组成部分。

2. 概念反映事物哪些特征

对于大多数概念来说，“概念是客观事物的本质属性在人们头脑中的反映”这一界定应该说是比较准确的。人们在生活中看到月亮是圆的，车轮是圆的，碗口是圆的，然后头脑中产生圆的概念。圆有大有小，大小是具体的圆的属性，但不是圆的本质属性，因此与圆的概念无关。圆的本质属性是圆上所有的点到圆心的距离相等，人头脑中对这一本质属性的反映才是圆的概念。拉力、推力、弹力、磁力，本质上都是物体与物体之间的相互作用，力的这一本质属性构成力的概念。具体的食物形形色色，本质属性却只有一个：可以吃的东西。这样的例子还能举出很多，然而再多的例子也不能说明所有的概念都是如此。

拿更多的概念来比对上述关于概念的界定，问题就出现了。比如“白马非马”，当年论证这一命题的公孙龙说“白马”强调马的色，“马”强调马的形，色非形，因此白马非马。这一看似诡辩的逻辑背后其实是种概念与属概念的区别：白马是种概念，它与黑马、枣红马的区别在毛色而不在体形上，而“马”作为白马、黑马的属概念，其内涵是与毛色无关的，也就是说毛色不是马的本质属性。那么，马的概念的内涵到底是什么呢？胎生、哺乳？那是哺乳动物的概念。有力气、能役用？那是牲畜的概念。《现代汉语词典》（第 7 版）对“马”的解释是：“哺乳动物，头小，面部长，耳壳直立，颈部有鬣，四肢强健，每肢各有一蹄，善跑，尾生有长毛。是重要的力畜之一，可供拉车、耕地、乘骑等用。”这些描述都没错，但其中无论哪一条特征，都不是马所独有的，而是在某些其他动物身上也能找到。生物学工具书中对马的描述要详细些，但也难以看出哪一条是马的本质属性，所描述的都是马的一般特征而已。

根据以上分析，笔者认为《现代汉语词典》（第 7 版）关于概念的解释更加全面，即“概念：思维的基本形式之一，反映客观事物的一般的、本质的特征”。食物的概念反映了食物“可以吃”这一本质特征，马的概念则反映了马在形态、结构、功用等方面的一般特征。

通过上面的例子可以看出，所谓本质特征（属性）是指事物内在的决定一类事物之所以是这类事物而不是其他事物的特征，而一般特征是事物外在的可以通过感官感觉进而感知到的一类事物之所以是这类事物而不是其他事物的特征。当然，后者不意味着不经过思维的加工。任何一类事物可以感知到的特征有很多，如马的各种毛色、年龄、体形等，哪些特征决定马是马而不是其他，还需要在比较、分析、综合等基础上进行抽象和概括，而抽象和概括出的诸如“颈部有鬣，四肢强健，每肢各有一蹄”等特征是可以感知到的。在生物学中，有些概念是反映事物本质特征的，如基因、光合作用、呼吸作用、消化等；有些概念是反映事物一般特征的，如昆虫、两栖类、藻类、蕨类、上皮组织等。这里仅选“消化”和“昆虫”两个概念做进一步说明。不同类群动物的消化系统和消化过程千差万别，但本质只有一个：将摄取的食物变成可以吸收的物质，特别是将细胞不能吸收的大分子有机物分解为细胞能够吸收的小分子有机物。这就是生物学上消化概念的内涵，反映消化的本质属性。已知的昆虫有 100 多万种，不同种昆虫的特征自然也是千差万别，但它们一般都具有三对足、两对翅等特征，这是昆虫的一般特征。具备这些特征的就是昆虫，否则不是。除这些可以感知的一般特征外，很难说昆虫还有什么其他本质特征。

那么，概念是否可以划分为这样两类，即一类是反映事物本质特征的，一类是反映事物一般特征的呢？恐怕还不能这样划分。还有许多概念是事物本质特征和一般特征的综合反映，比如细胞的概念。细胞的形态、结构和功能多种多样，但细胞都很微小，需要借助显微镜才能看到；细胞都有细胞膜、细胞质（含细胞器），真核细胞有细胞核，这都是细胞的一般特征，也是构成细胞概念内涵的重要成分。而“细胞是生物体结构和功能的基本单位”才是细胞的本质属性，当然也是细胞概念内涵的重要成分。没有细胞形态结构的知识，细胞概念就是空洞的；没有“细胞是生物体结构和功能的基本单位”的认识，细胞概念建构则是不到位的。细胞膜、细胞核、细胞器的概念也是如此。比如细胞膜的概念，既包含细胞表面一层很薄的膜这个一般特征，又包含它是细胞的边界、是选择透过性膜等本质属性。还可以以被子植物的六大器官的概念为例来分析。根、茎、叶、花、果实和种子的概念是以对它们的观察为基础的。说到根，你头脑中只会出现根的图式，而绝不会出现叶或花的样子，这是因为根与叶和花在形态上的一般特征大不相同，说明这些一般特征是其概念的重要成分。但是如果仅了解这些一般特征，那只能是维果茨基所称的“假概念”或“日常概念”、我们现在所说的前概念水平，还不是真正的科学概念。只有知道根是由胚根发育成的，有根毛用于吸收土壤中的水分和无机盐等本质特征，而茎是由胚芽发育成的，茎上有能发育成新枝条（包括叶）的芽，叶是光合作用的器官，花是有性生殖的器官等，认识才深入到本质水平，才算真正建立起科学概念。如果因为马铃薯块茎像根一样长在土壤中，就认为它不是茎而是根，则说明关于根和茎的概念仍处于日常概念水平，没有建立科学概念。

综上所述，笔者认为许多概念反映事物的本质特征，有些概念反映事物的一般特征，有些概念是事物的一般特征和本质特征的综合反映。《现代汉语词典》（第 7 版）将概念界定为“反映客观事物的一般的、本质的特征”，“一般的”和“本质的”之间既不是“和”字也不是“或”字，而是“、”，其原因或出于此。

以上是从概念内涵角度对概念及其属性做的一些分析。从概念习得的角度看，也就是从学习心理学角度看，加涅等人将概念分为具体概念和定义性概念，可谓与上述分析异曲同工[1]。加涅等人所说的具体概念是指其关键特征只能通过对概念例证的观察而获得，即用感觉器官去感知，如“红”的概念；而定义性概念一般不能通过对概念例证的观察而获得，必须通过下定义的方式才能习得，比如物理学上“功”的概念、跨学科通用的“能量”概念等。当然，加涅等人只是从智慧技能学习层次的角度来这样划分的，相比于具体概念，定义性概念属于较高的认知层次，二者并不是非此即彼的并列关系。对有些概念来说，需要先通过例证的观察形成具体概念，在此基础上再通过下定义抽象出本质属性来形成定义性概念，从例证到具体概念再到定义性概念，是一个抽象再抽象的过程。细胞膜、根、茎、叶、花、果实、种子等概念就是如此。

---

[1] 加涅，布里格斯，韦杰. 教学设计原理 [M]. 皮连生，庞维国，等译. 上海：华东师范大学出版社，1999：57-61.

在概念教学中，按以上思路对重要概念进行剖析，既有利于具体教学目标的确定和把握，又有利于根据不同概念的特点设计不同的教学方式，提高概念教学的实效。

3. 概念是主观的还是客观的

既然概念只能靠人的思维来能动地建构，对同一个词语所代表的概念，不同人由于生活经验、思维能力的差异，建构的意义就可能有差别。“有一千个读者就有一千个哈姆雷特”，这句美学名言不仅揭示了不同人审美的差异，也体现了不同人概念建构的主观性。那是不是就意味着概念是纯主观的呢？有些激进建构主义者过分强调概念建构的主观性，夸大人们对相同概念不同意义建构的合理性，这对科学概念的教学是不利的。如果同一个词语所代表的概念，在不同人头脑中有截然不同的意义，那人们就无法进行思想的交流，“指鹿为马”就会成为普遍现象。概念既然源于对客观事物的认识，必然有一定的客观性。比如“基因”，不同年级的学生对它的理解程度固然有差异，但都会认识到它对生物的遗传性状起着决定作用，这就是概念客观性的表现。就科学概念来说，大多数概念已经在科学共同体中有了共同的标准的说法，形成了所谓“词典中的概念”。在教学中，这些词典中的概念固化为教科书中的文字，就成为一种客观存在。学生头脑中的概念是主观建构的，除了学生自己，外在的因素是无法替代的。但学生头脑中的概念应建构成什么样子，达到什么水平，应该说是有一定的客观标准的。概念教学的目的就是要帮助学生建构自己头脑中的接近于“词典中的概念”的概念。因此，教科书在引导学生进行概念建构的思维活动的同时，明确写出概念的定义，在大多数情况下仍是必要的。教师在帮助学生围绕重要概念的学习做完探究活动之后，对概念的语言表达进行明确的概括也是必要的。探究活动只重过程不重结论的做法，显然失之偏颇。

总之，概念是人类的一种思维形式，它既是思维的产物，是人们对客观事物一般特征、本质属性的认识；又是思维的工具，是进行判断和推理的基础。因此，概念教学本质上也是思维的教学。在教学中只有充分调动学生的思维，并根据不同概念的特点，引导学生进行意义的建构，才能使概念内化于学生的头脑中，成为他们分析和解决问题时心智操作的工具。

第二节　概念的组成要素

概念教学一个不可回避的重要问题是："怎样才算真正掌握了概念？"如果概念是由若干要素组成的，学生只了解了其中部分要素，显然不能说掌握了这个概念。概念的名称和定义是不是概念的组成要素？为什么说只记住概念的名称和定义不等于掌握了概念？可见，讨论概念的组成要素非常必要。

1. 概念组成要素的逻辑学分析

关于概念的组成要素，专家学者有各种说法。下面列举几种说法：①概念由五个要素组成，即名称、定义、属性、变量和范例；②概念由四个要素组成，即名称、内涵、外延、例证；③概念由四个要素组成，即名称、定义、例子和属性。从这三种说法不难看出，其共同点是都有"名称"和"例证"（"范例"和"例子"与"例证"基本同义），不同的是有的强调内涵和外延，有的强调定义和属性以及变量[1]。

（1）概念的名称。

所谓概念的名称就是给概念起的名字。概念是人们对客观事物一般的、本质的特征的认识。人们为了思考和表达的便捷和高效，便用一个字或一个词来代表这种认识，就有了概念的名称。比如"红薯"就是一个概念的名称，这个名称可以是声音，可以是文字，它只对理解其意义的人有意义。同样是这个概念，还可以冠以不同的名称，如"地瓜""甘薯""白薯""sweet potato"等。它们既是概念的名称，也是概念所反映的事物的名称；它们既不是概念所反映事物的组成要素，也不是概念的固有成分。这样说并不是贬低掌握名称对概念学习的重要意义。在理解概念的基础上记住概念的名称，个人的判断和推理以及同别人的交流才更便捷高效，名称本身也有助于对概念的理解和记忆。

（2）属性。

事物的特征在逻辑学上也叫属性。属性包括本质属性和非本质属性，

[1] 李明玉 . 概念五要素及其在科学教学中的作用 [J]. 科教文汇（上旬刊），2011（8）：53-54.

比如花，相对于根、茎、叶等，其颜色、气味、大小、花瓣数量等属性属于非本质属性，其本质属性是能够产生生殖细胞并且通过传粉受精完成生殖过程，在生物学上这一本质属性就是花的概念的内涵。概念的内涵就是大脑对事物的本质属性（或称特有属性）的反映，是概念的核心部分，当然具备概念组成要素的资格。本质属性已经反映为概念的内涵，非本质属性又在概念之外，可见将属性作为概念的组成要素，在逻辑上是不合理的。

不同的花在各种属性上有差别，比如花瓣数量不同、花朵数目不同、雌蕊和雄蕊的组成不同等，这些属性在质和量上的变化就是变量。根据这些变量，花这一属概念下又分化出许多种概念，如单瓣花和重瓣花、单生花和花序、单性花和两性花等。随着概念的逐级分化，属概念的本质属性成为种概念的非本质属性，属概念的非本质属性成为种概念的本质属性。比如花瓣层数在花的概念中是非本质属性，在单瓣花和重瓣花概念中就成为本质属性。可见变量其实是属性的变化，不宜将它单独作为概念的组成要素。

（3）内涵和外延。

金岳霖先生主编的《形式逻辑》一书说："事物总是有属性的事物，而属性总是事物的属性。因之，概念在反映事物的特有属性的同时，也就反映了具有这些特有属性的事物。"一个概念所反映的事物的特有属性（本质属性），就是这个概念的内涵。一个概念所反映的具有某种特有属性（本质属性）的所有事物，就是这个概念的外延。概念的内涵一旦明确，它所反映的对象范围即外延也就确定了，反之亦然。概念的内涵越多，外延越小；内涵越少，外延越大。二者就像一枚硬币的正反两面，也可以说互为表里，缺一不可。可见，内涵和外延都是概念不可或缺的组成要素。内涵和外延明确了，概念也就明确了。

如何明确概念的内涵和外延呢？逻辑学上提出两种方法：定义和划分。定义是揭示概念的内涵的逻辑方法，也就是揭示事物的特有属性的逻辑方法，是关于概念内涵的简练而明确的语言表述。划分是指将一个概念的外延分为若干个小类的逻辑方法。当一个概念的外延中有许多甚至无穷多的事物时，我们无法通过将这些事物一一列举来明确概念的外延，就需要采用这种方法。比如将植物分为藻类植物、苔藓植物、蕨类植物和种子植物，从而明确“植物”这一概念的外延。可见定义就是揭示概念内涵的一种方法，它本身不是概念的组成要素，就像划分不是概念的组成要素一样。

（4）例证。

一个概念的例证包括正例、特例和反例。正例是与该概念的内涵相吻合的具体事物。特例是指属于这个概念的外延之内，但与该概念的内涵并不完全吻合的具体事物。反例是与该概念的内涵不相容的具体事物，它只是用来从反面说明概念。比如哺乳动物的概念，家兔、虎等都具有胎生、哺乳、体表被毛等特征，属于这个概念的正例；鸭嘴兽、针鼹具有哺乳、体表被毛等特征，但不是胎生的，而是卵生的，就属于这个概念的特例；鳄、蜥蜴等不具备胎生、哺乳、体表被毛等特征，可以作为这个概念的反例。正例在帮助人们理解概念的内涵方面有重要作用，特例和反例有助于人们进一步明确概念的外延。正例和特例本身都处于概念的外延之中。从逻辑学角度看，既然内涵和外延是概念的组成要素，再将例证作为与之并列的组成要素就自相矛盾了。

综上所述，从逻辑学角度看，概念的组成要素主要是内涵和外延。概念的名称是表达概念的符号，它只指代概念，而不是概念本身。定义是明确概念内涵的逻辑方法。属性和变量包含于内涵，也是划分外延的依据。正例和特例包含于外延，正例和反例有助于理解内涵。概念教学的主要目的是让学生理解概念的内涵，明确概念的外延。当然，强调目的不等于轻视手段，概念的名称、定义和例证在概念教学中仍然有着重要作用。笔者这一分析在金岳霖主编的《形式逻辑》中得到印证：“概念有两个重要的方面，这是概念的内涵与外延。”“形式逻辑要求概念明确，就是要求我们从内涵与外延两个方面去明确一个概念。”

2. 概念内涵和外延的变与不变

教学在一定程度上存在着将概念机械刻板地、绝对化地教授给学生的现象，致使学生对事物的认识存在片面性。这对培养学生思维的灵活性、辩证性、批判性、求异性和创新性都是不利的。例如，不少生物学教师为蚯蚓究竟是消费者还是分解者而烦恼，或为单性生殖为什么属于有性生殖而困惑。这就涉及一个问题：概念的内涵和外延是不是固定不变的呢？

从形式逻辑角度看，概念必须有确定的内涵和外延。如果一个概念的内涵或外延不确定，就无法进行判断和推理。例如，只有将化学变化这一概念的内涵确定为产生了新物质的变化，才能做出如下判断：水分解为氢和氧是化学变化，液态水变成水蒸气就不是化学变化。

然而，世界是复杂的，科学的进步单靠形式逻辑是无法实现的。

辩证逻辑认为，概念的内涵和外延是发展变化的。这种变化是由客观事物本身的发展变化和人们认识的不断深入所决定的。

从科学发展角度看，概念内涵和外延的发展变化更是常态。从亚里士多德、笛卡儿到牛顿，都相信宇宙空间到处充满"以太"，直到爱因斯坦相对论的提出，科学界才抛弃了"以太"的概念，其内涵和外延自然就都不存在了。酶是一类有催化作用的蛋白质这一概念在生物学界流行多年后，改为"酶是细胞内有催化作用的一类有机物"，其外延从某些蛋白质扩大为某些蛋白质和某些核酸。

从教学角度看，学生头脑中的概念一直是处于发展变化过程中的。同样是基因的概念，在小学生、初中生和高中生的头脑中，内涵有着很大差异，对同一个高中生而言，其头脑中基因概念的内涵和外延也是不断发展的。

从哲学的认识论角度看，客观世界是不依赖于人的认识而存在的。人类为了思维和交流的方便，将客观事物分成大大小小的类并分别命名，于是形成概念，而世间万物本不是分好了类才出现的，或者说本不是以类的形式存在的。在生物分类学上，除了种是客观存在的，界、门、纲、目、科、属等分类单位都是人为定义的[1]，到目前为止，五界说、六界说、三总界说各执一词，对有些动物到底属于哪个门还有争论。世界的客观性与人脑的主观性之间的矛盾决定了概念的内涵和外延是相对确定而不是固定不变的。

从认知科学角度看，概念尽管是类的抽象物，但人们很少在了解某类事物的所有成员之后才形成概念，而是在了解部分甚至少数成员后就通过

[1] 陈世骧．分类学的若干基本概念 [J]. 昆虫学报，1961，10（4-6）：321-338.

抽象出这些成员的共同特征而形成概念的内涵，进而通过概括将此内涵推及该类所有成员而形成概念的外延。这样的抽象和概括过程是存在风险的，因此有人说概念的界定是概率意义上的界定，而不是百分之百准确的界定。有些概念的边界是模糊不清的。理解了这一点，恐怕就不难理解上面所说蚯蚓和单性生殖的问题了。

从语用学角度看，概念的内涵和外延跟语境也有关系。“孩子”在多数场合是指儿童，但在父母眼里，儿女即使五六十岁仍然是孩子。科学概念有时也是如此。比如生物学中关于染色体组的概念，在全国科学技术名词审定委员会拟定的自然科学名词中，细胞生物学、遗传学、植物学等学科对“染色体组”的释义就不尽相同，这可能是不同学科专家组个人表述的差异，也可能是不同学科对同一概念理解上的差异。再如关于染色体的概念，在中学生物学教材中明确讲述染色体只存在于真核细胞中，细菌等原核生物的细胞没有染色体；但是在微生物学界，专家们经常使用“细菌染色体”这一名词，其实指的是细菌的拟核的DNA。

3. 概念名称和定义的有或无

一般来说，概念总是同表达这个概念的名称或其他符号相伴生的，但概念与其名称之间不是一一对应的关系。对此，已有很多文章论述，这里就不赘述了。在逻辑学上，概念有名称，命题是没有名称的。概念如果没有名称，形式逻辑的判断和推理就无法进行。在科学教育领域里，自从安德森等学者将传统意义上的概念与原理和理论都统称为概念性知识以后，概念与命题的界限便混淆了。例如，我国《义务教育生物学课程标准（2011年版）》将“生物与环境相互依赖、相互影响”这一命题当作重要概念，而这样的“概念”很难用一个名称冠之，这就另当别论了。

有学者将概念分为两类：易下定义的概念和难下定义的概念。难下定义的概念实际上就是没有公认定义的概念。比如“科学”，公众和科学家头脑中都有“科学”的概念，但什么是科学，直到现在仍没有令人满意的定义。让生物学家去给“生物”和“生命”下定义，同样是非常困难的事。生物学教材上常可见到这样给“生物”下定义：有生命的物体就是生物。那么，什么样的物体是有生命的物体呢？这就涉及生命的定义，而这恰恰是很难的。生物学描述了生物的基本特征，如绝大多数是由细胞构成的，有新陈代谢，有生殖和发育现象，对环境刺激能做出反应，有遗传和变异现象，对环境有适应性等，但那不是生物的定义。这些特征都是在生物体的前提下定义的，如果再用特征去定义生命，那就是循环定义了。何况，这些特征是不是生物的充分或必要条件，还是需要具体分析的。有的生物个体是不能生殖的，但它同样是生物。

有些概念的内涵可以用语言来说明，有些概念的内涵只能靠意会，英国著名科学哲学家查尔默斯甚至断言大多数科学家的知识都是意会的知识。因此，教学中不能只重视有定义的概念，也要重视需要意会其内涵的概念。

第三节 概念的类型

人类在认识和改造客观世界的过程中，形成了浩如烟海的概念，建立了庞大而复杂的概念系统。这些概念可以归为不同的类型，同一类型的概念有着共同特性；不同类型的概念，其建构方式、性质和用途都有区别。因此，了解概念的类型，是搞好概念教学的基础。

关于概念的类型，逻辑学、心理学、教学论等不同学科从不同角度有不同的提法，例如，逻辑学上有单独概念与普遍概念、集合概念与非集合概念、正概念与负概念、相对概念与绝对概念、真实概念与虚假概念之分，这里考虑到它们与本书论述的概念教学关系较远，不展开叙述。

与概念教学关系密切的概念类型知识主要源自教育心理学和教学论，从不同视角会有不同的分类，如具体概念和抽象概念、上位概念和下位概念、科学概念和日常概念、前概念和错误概念等。科学教育领域近些年出现频率较高的概念类型词汇有核心概念（大概念）、重要概念（主要概念）、基本概念等说法。

1. 具体概念和抽象概念

逻辑学上的具体概念又称实体概念，是指反映具体事物的概念，如单子叶植物、动脉血、植物细胞、神经元、神经纤维、森林生态系统等，它们的外延是指一个一个的具体事物[1]，如单子叶植物有小麦、玉米、狗尾草等。逻辑学上的抽象概念又称属性概念，是指以事物的某种属性为反映对象的概念，如动脉血的含氧量高、颜色鲜红等。“高”“红”作为属性概念，反映的不是具体事物本身（“红”的概念既能反映血液的颜色属性，也能反映红旗、红裙、红宝石的颜色属性），而是从事物身上抽象出来的某方面属性的性质，因此称为抽象概念。在辩证逻辑中，抽象概念只是认识事物的第一步，仅抽象出对事物某方面属性的认识；要达成对该事物全面深入的认识，还需要分析事物各方面属性之间的关系和内在联系，上升到事物整体层面认识事物，即由抽象再上升到具体，形成具体概念。

认知心理学上的具体概念和抽象概念则有另外的含义：具体概念是指能通过感官通道感知客体获得关于认识对象的表象，进而通过抽象概括形成的概念，如根、茎、叶、保护组织、输导组织、薄壁细胞、叶肉细胞、握手、拥抱等；抽象概念是指不能通过感官通道获取认识对象的信息，而是通过理解认识对象抽象的意义来获得的概念，如营养、保护、能量、友好、热情、逻辑等。认知神经科学的研究发现，具体概念和抽象概念在大脑皮层中的加工区域是相分离的，这在概念教学上有重要价值。

与上述分析异曲同工的是加涅的观点。加涅将概念区分为两种类型：具体概念和定义性概念。具体概念的关键特征只能通过对概念例证的观察而获得。这里“观察”一词的含义是用我们的感官（如眼、耳、鼻、舌、皮肤等）去感知。比如红、黄、绿、酸、甜、苦等概念，只能通过上面所说的观察来获得，定义是很难下的。而定义性概念的关键特征一般不能通过对概念例证的观察而获得，必须通过下定义的方式才能习得。如“方程”就是一个定义性概念：含有未知数的等式。此外，物质、能量、信息、功等概念也只能通过下定义的方式来获得[2]。

---

[1]《逻辑学辞典》编辑委员会. 逻辑学辞典 [M]. 长春：吉林人民出版社，1983：453-454.

[2] 加涅，布里格斯，韦杰. 教学设计原理 [M]. 皮连生，庞维国，等译. 上海：华东师范大学出版社，1999：57-61.

2. 合取概念、析取概念和关系概念

根据概念所反映的事物的属性情况，可以将概念归为合取概念、析取概念和关系概念三类[1]。

有些概念其属性是固定不变的，一个事物必须具备这个概念的所有属性，才能成为这个概念的例子，这样的概念叫合取概念。如基因的概念，其定义是："基因通常是有遗传效应的DNA片段。"有遗传效应、是DNA片段是基因的两个属性，缺少哪条属性，都会造成基因的概念不完整。

有些概念其属性不是固定不变的，一个事物只要具备其中一条属性，就能成为这个概念的例子，这样的概念叫析取概念。如基因突变的概念，其定义是："DNA分子中发生碱基对的替换、增添或缺失，而引起的基因碱基序列的改变，叫作基因突变。"碱基对的替换、增添或缺失，只要具备其一，就是基因突变。

有些概念是反映事物之间关系的属性的，这种属性要依靠事物之间的关系来确认，这样的概念叫关系概念。如同源染色体、非同源染色体，姐妹染色体、非姐妹染色体，等位基因、非等位基因，子一代、子二代，父本、母本，载体、受体，抗原、抗体等，生物学中这样的概念不胜枚举。

应当补充说明的是，许多概念是采取属加种差的方式定义的，反映的是种概念与属概念的关系，这些概念一般都属于合取概念，而不是关系概念。如"基因通常是有遗传效应的DNA片段"，反映的是"基因"这个种概念与"DNA"这个属概念的关系；"细胞是生物体结构和功能的基本单位"反映的是"细胞"这个种概念与"生物体"这个属概念的关系，它们都是合取概念，而不是关系概念。

在教学中注意辨别一个概念是合取概念还是析取概念，有助于提高概念教学的准确性。如果把合取概念当作析取概念来学习，就会导致概念理解的片面化；如果把析取概念当作合取概念来学习，就会导致概念理解的内涵扩大化和外延窄缩化。在教学中注意辨别概念反映的是事物本身的属

[1] 阿兰兹．学会教学：第6版[M]. 丛立新，等译．上海：华东师范大学出版社，2007：277.

性（合取概念和析取概念），还是事物之间关系的属性（关系概念），有助于学生理解概念的实质。

3. 上位概念、下位概念和平行概念

由于人们认识对象的层次和范围不同，形成的概念在层次上也有差别，因而有上位概念、下位概念和平行概念的分别。

（1）上位概念。

在逻辑学中，概念之间的关系包括全同关系、上属关系、下属关系、交叉关系和全异关系等[1]。其中上属关系的表述是："如果所有b都是a，但是，有的a不是b，那么，a与b就有上属关系，或者说，a上属于b。"[2]在这种情况下，概念a就是概念b的上位概念，或称概念a为属概念，概念b为种概念。如果不用符号表示，仅用语言描述，属概念（上位概念）的定义则是：属概念是外延完全包含着另一个概念的外延，并且这另一个概念的外延仅仅是自己外延的一部分的那个概念。例如，腔肠动物、扁形动物、环节动物等都是无脊椎动物，"无脊椎动物"就是相应的属概念。

（2）下位概念。

在逻辑学中，对概念之间下属关系的表述是："如果所有a都是b，但是，有的b不是a，那么，a与b就有下属关系，或者说，a下属于b。"[3]在这种情况下，概念a就是概念b的下位概念（种概念）。如果不用符号表示，仅用语言描述，种概念（下位概念）的定义则是：种概念是外延完全包含于另一个概念的外延之中，并且仅仅成为另一个概念的外延的一部分的那个概念。[4]例如，对应于"无脊椎动物"这一个属概念，腔肠动物、扁形动物、环节动物等都是种概念。

（3）平行概念。

在逻辑学上，概念之间的关系还有全异关系，其具体表述是："如果

---

[1] 金岳霖．形式逻辑 [M]. 北京：人民出版社，2005：35-38.

[2] 同 [1] 36.

[3] 同 [1] 37.

[4]《逻辑学辞典》编辑委员会．逻辑学辞典 [M]. 长春：吉林人民出版社，1983：812-813.

所有a都不是b，那么，a与b就有全异关系。”[1] 如果a与b在同一个范畴下，或者同样下属于某个属概念，那么，a与b就是平行概念。腔肠动物、扁形动物和环节动物是全异关系，这三个概念就是平行概念。

教育心理学中上位概念、下位概念和平行概念的含义与上述逻辑学的大体一致。奥苏贝尔基于对上述概念关系及其学习规律的研究，提出了上位学习、下位学习和并列结合学习三种概念教学模式，对概念教学产生广泛的影响[2]。此外，厘清所学概念之间的关系，特别是弄清楚哪些是上位概念，哪些是下位概念和平行概念，对于建立良好的知识结构也是十分必要的。

4. 科学概念和日常概念

在维果茨基的研究中，儿童通过日常生活经验形成的概念称为日常概念，通过正式的科学教学而获得的概念称为科学概念。维果茨基认为，皮亚杰等心理学家研究的概念形成和概念转变等理论，都是关于儿童在生活中自然形成的概念，也就是皮亚杰所说的儿童自发概念[3]。相应地，皮亚杰认为科学概念是成人强加给儿童的，属于非自发概念。

皮亚杰认识到科学概念的非自发性，但是他未能阐明科学概念与日常概念的关系，甚至认为二者是毫无关系的。维果茨基对科学概念与日常概念的关系进行了深入的研究，提出以下主要观点：（1）科学概念与日常概念的关系就相当于外语和母语的关系，母语的学习过程是自发的、无意识的，但它为外语学习奠定了语义的基础，比如母语中掌握了“兄弟”的含义，就为学习英语中“brother”一词奠定了基础，同时，外语学习又在一定程度上加深对母语的理解。（2）科学概念是成系统的，学习新的科学概念，必须将它放入科学概念的系统中去学习，而日常概念的建构过程是相对独立的，儿童可以在很长时间内将“花”与“玫瑰花”并列。（3）自发概念使科学概念有可能在教学中产生，而教学则是科学概念发展的源泉。

---

[1] 金岳霖 . 形式逻辑 [M]. 北京：人民出版社，2005：38.

[2] 季苹 . 教什么知识：对教学的知识论基础的认识 [M]. 北京：教育科学出版社，2009：161.

[3] 维果茨基 . 维果茨基教育论著选 [M]. 余震球，译 . 2 版 . 北京：人民教育出版社，2005：190-191.

（4）自发概念是从认识具体的事物开始经过漫长的过程才形成的，即自下而上形成的，甚至形成概念后也不认识这个概念；科学概念往往是从下定义开始学习的，即自上而下形成的，同自发概念相比在直接经验方面明显要弱。（5）科学概念是通过日常概念向下生长发展的，日常概念是通过科学概念向上生长发展的，这两条发展路线之间的联系，就是最近发展区与现实发展水平的联系。

上述理论有助于我们在教学中有意识地寻找科学概念与学生日常概念的联系，让日常概念成为学习科学概念的资源和基础，让科学概念成为提升学生的日常概念和思维水平的助推器，从而促进学生的发展。

5. 前概念和错误概念

“前概念”（preconception）与维果茨基所说的“日常概念”的含义基本相近，是“前科学概念”的简称，指学生在通过正规的科学教学学习科学概念之前，在现实生活中通过长期的经验积累与辨别式学习而获得的一些感性印象，积累的一些缺乏概括性和科学性的经验，是一些与科学知识相背或不尽一致的观念或规则[1]。

与前概念相近的术语有很多，除前面提到的日常概念、自发概念外，还有错误概念（misconception）、迷思概念（misconception）、相异概念（alternative conception）、相异构想（alternative perception）、模糊概念（fuzzy conception）等[2]。李高峰博士和刘恩山教授对这些术语进行了深入的辨析。他们在文章中指出，前概念与错误概念指代的并不是同一对象，前概念并不都是错误概念，有时也有合理的成分或与科学概念一致之处，它们是通向科学概念的基础和先导。错误概念往往也是基于经验的，有错误的概念并不是概念持有者的错，为了表示对这些概念持有者的尊重，专家们建议用“相异概念”代之。

关于前概念的具体情况，李高峰博士和刘恩山教授做出如下总结：按

[1] 李高峰，刘恩山．“前科学概念”的术语和定义的综述 [J]. 宁波大学学报（教育科学版），2006，28（6）：43-45.

[2] 同 [1].

照前概念产生的时间，可以分为原发性前概念和继发性前概念，前者是接受科学教育之前形成的，后者是在教师讲授指导下学习科学之后形成的；按照前概念的状态，可以分为空壳概念（知名称不知内涵）、不完整概念（漏掉某些属性或外延概括不全）、异质概念（扩大内涵，强加其他属性）、条件缺失概念（忽略了概念存在的前提条件）、绝对化概念（忽略了特例和反例）等。这对于我们在教学中有效甄别学生的前概念，从而有针对性地开展概念教学是有参考意义的。

奥苏贝尔有句名言：影响学生学习的唯一最重要因素就是学习者已经知道了什么。[1] 了解学生的前概念（包括相异概念），是有效进行概念教学的前提。同时，学生的前概念乃至错误概念，也是有效开展概念教学的资源。教师可以利用学生的前概念，创设情境来引发认知冲突，激发学生的求知欲，进而引导学生否定先前的错误概念，建构科学概念。

6. 核心概念和基本概念

在国际科学教育界，“核心概念”一词成为大家耳熟能详的热词，已经有至少 20 年的历史。我国在 2001 年开始的基础教育课程改革之前，与此相对应的常见用语是“基本概念”。对于基本概念，无须过多解释就能理解。而对于核心概念，专家们的解释却有各种说法，以至于到今天仍难以找到确定核心概念的可操作的标准。

核心概念对应的英文词有多个：key concept（关键概念）、core concept（核心概念）、core idea（核心观念，也译作核心概念）、big idea（大观念，也译作大概念）等。美国课程专家费德恩（Feden）等人认为，核心概念是一种教师希望学生理解并能在忘记其非本质信息或周边信息之后，仍然能应用的概念性知识。埃里克森（Erikson）认为，核心概念是指居于学科中心，具有超越课堂之外的持久价值和迁移价值的关键性概念、原理或方法。这些核心概念具有广阔的解释空间，源于学科中的各种概念、理论、原理和解释体系，为领域的发展提供了深入的视角，还为学科之间

[1] 王小明 . 学习心理学 [M]. 北京：中国轻工业出版社，2009：78.

提供了联系[1]。

北京教育学院科学教育团队提出，核心概念是构成学科骨架的，具有迁移应用价值的概念。它可以统摄一般的概念，可以揭示学科知识的功能，其特点是具有普适性和迁移性，即具有广泛的解释力，能统摄众多的学科知识；可以应用于新的情境，解决相关领域的新问题[2]。

尽管对核心概念有上述种种解释，但是究竟什么是核心概念，如何确定学科核心概念，似乎仍是可意会不可言传之事。

与核心概念相近的、近年来比核心概念更热的词语是“大概念”。其实，阅研美国国家研究理事会2013年发布的《新一代科学教育标准》不难发现，大概念就是指学科核心概念和跨学科共通概念。换句话说，学科核心概念属于大概念。大概念的解释和选择标准与学科核心概念是一样的。

笔者在近年的普通高中课程标准培训讲座中提出，大概念是居于学科中心位置、对学科内众多的概念性知识起统摄作用和聚合作用、构成学科结构框架、对学科研究对象的上位的本质的认识。它具有以下特点：

（1）大概念（核心概念）是教育领域特别是科学教育所倡导的概念，它不同于逻辑学或心理学中所说的概念，不能仅从类的抽象物这个层面去理解。它是指在基本概念、原理、理论等概念性知识基础上进一步提炼出的接近于观念的东西。（2）大概念是个相对的概念，其范围大小依研究者研究对象而定。大概念是一般概念的聚合器，它相当于文件夹。（3）大概念可持久存在。（4）大概念具有广泛迁移性。（5）大概念的形成是一个不断进阶的过程。（6）同一个大概念标题可以在小学、初中、高中、大学不断地学习，不断丰富、深化对它的理解（如同文件夹没变，其中文件越来越多且有更新）。

关于教学聚焦大概念（核心概念）的意义，笔者总结为以下四条：

---

[1] 张颖之，刘恩山．核心概念在理科教学中的地位和作用：从记忆事实向理解概念的转变 [J]. 教育学报，2010，6（1）：57-61.

[2] 胡玉华．科学教育中的核心概念及其教学价值 [J]. 课程・教材・教法，2015，35（3）：79-84.

（1）聚焦大概念意味着不是让学生学习零散的、不连续的事实性知识和理论片段，而是使所有知识性内容的学习都指向核心概念，学习的所有知识内容都对建构和理解核心概念有帮助；（2）聚焦大概念可以帮助学生将所学知识结构化，对自然界形成整体的连贯的解释，加深对科学的理解，避免机械记忆；（3）聚焦大概念可以将同一学科在不同学段的内容按同样的大概念框架来设计，有利于实现概念学习的进阶；（4）聚焦大概念可以减少不必要的学习内容，实现“少而精”（less is more）。

核心概念是在掌握学科的基本概念、原理、理论等基础上建构起来的，那些支持核心概念建构的不可或缺的概念就是基本概念。笔者曾尝试以花的概念为例，类比性地解释了核心概念和基本概念的关系。如果将“花是被子植物通过有性生殖来‘传种接代’的生殖器官”作为核心概念，那么，被子植物、花的基本结构（特别是雌蕊和雄蕊的结构和功能）、传粉和受精的过程、胚的发育、种子和果实的形成等就是基本概念，而花的大小、颜色、类型、萼片、花柄等就属于非本质信息或周边信息，是学生在认识花的过程中可以有所了解但无须长久记忆的信息。

《义务教育生物学课程标准（2011 年版）》列出了 50 条“重要概念”，《义务教育科学课程标准（2017 年版）》则强调“主要概念”。这些重要概念、主要概念的实质都与大概念、核心概念并无二致，只是课程标准修订组因各种原因在用词上略有变化罢了。

7. 学科内概念和跨学科概念

科学教育中强调的大概念，不仅包括自然科学各个学科内的核心概念（disciplinary core ideas），还包括跨学科概念（crosscutting concepts）[1]。

跨学科概念是指应用于所有科学领域的概念，它比学科核心概念的概括程度更高，对学科核心概念起到组织和连接作用[2]。《新一代科学教育标准》列出了 7 个方面的跨学科概念：（1）模式；（2）原因与结果；

[1] National Research Council. A framework for K-12 science education：practices，crosscutting concepts，and core ideas [M]. Washington，DC：The National Academies Press，2012：30.

[2] NGSS Lead States. Next generation science standards： for states，by states [M]. Washington，DC： The National Academies Press，2013：XV .

（3）尺度、比例与数量；（4）系统与系统模型；（5）系统中的能量与物质；（6）结构与功能；（7）系统的稳定与变化[1]。这七大跨学科概念在各学科各年级的“预期表现”和“基础框架”中，结合相关学科核心概念和科学与工程学实践的内容，都有具体的描述。例如，在高中“生态系统”部分，关于“能量与物质”这一跨学科概念的描述是：能量不会被创造或消灭，它只会在不同场所、不同物体（或场）、不同系统之间移动；能量驱动着系统内或系统间的物质循环[2]。

重视跨学科概念的教学，不仅有助于学生将不同学科的知识连接和组织起来，形成关于自然界的贯通一体的知识结构，还为学生从理解学科核心概念到建立科学的世界观铺平了道路。自然科学课程中各学科的教学，在这方面都是大有可为的。

第四节 概念的表征

概念教学中存在一种现象，即教师把表达概念的名词和定义当作概念的组成要素，帮学生逐字逐句分析定义，理科的概念教学几乎成了语文教学。直到现在，在某些学校的课堂上，仍可见到教师让学生打开课本某页，齐声朗读一段定义，然后强调要记住几个关键词的情况。显然，这样的教师可能认为，教材中概念的定义就是概念本身，让学生将定义背熟，特别是把关键词记牢，学生就掌握了概念，概念教学的任务就基本完成了，剩下的任务就是做题练习了。他们没有认识到概念本质上是思维的一种基本形式，它存在于学生的大脑中，是外界信号刺激大脑后，引起大脑皮层各种相关中枢神经元的兴奋，经过众多神经元处理后形成的保存在大脑中的一种结构。这种结构到底是什么样的呢？这就是本节要探讨的问题——概念的表征。

---

[1] NGSS Lead States. Next generation science standards： for states，by states [M]. Washington，DC： The National Academies Press，2013：XX .

[2] 同 [1] 109.

1. 什么是概念的表征

概念的表征是指概念的存在方式，其中概念在大脑中的存在方式叫作概念的心理学表征，概念在人际交流中的存在形式叫作概念的外显表征。词典中每个词条及其释义就是概念的外显表征，它表达了概念的名称、内涵和外延。教材中每个概念的定义和例子也是概念的外显表征，有时还会以图解、符号、等式或不等式等形式出现。同一个概念，在不同书籍中一般有基本相同的表达，然而，在不同人头脑中的存在形式往往是有差别的。科学教育中的概念教学，目的就是让学生头脑中建构接近于“词典中的概念”的概念，特别是要掌握概念的实质意义，这就需要深入了解概念在大脑中的存在方式，即概念的心理学表征。为行文方便起见，下面所说的概念的表征，就是指概念的心理学表征。

2. 概念表征的理论

关于概念在大脑中具有什么样的结构、以什么方式存在的问题，许多认知心理学家进行了深入的研究，提出了各种学说。下面结合生物学的实例，简要介绍其中几种有代表性的学说。

（1）特征说。

在 20 世纪 70 年代以前，学界普遍认为，概念所表征的就是一个概念的所有例证共同具有的必要且充分的特征，这些特征又叫定义性特征（defining features）[1]。例如，有细胞壁是所有植物细胞的必要特征，不具有细胞壁的细胞就不是植物细胞；有叶绿体是许多植物细胞的标志性特征，只要观察到一个细胞中有叶绿体，基本就可以断定它是植物细胞，但是还有许多植物细胞没有叶绿体，如根尖细胞、茎的形成层细胞、筛管细胞等，因此叶绿体不是植物细胞的必要特征。只靠有细胞壁这一个必要特征，不能断定一个细胞就是植物细胞，细菌的细胞也有细胞壁，可见有细胞壁并不是植物细胞的充分特征。那么，作为植物细胞的例子，哪些特征才是充分特征呢？“有细胞壁、有质体、有由核膜包被的细胞核”，靠这

[1] 王小明，鞠瑞利．现代认知心理学关于概念表征的研究 [J]. 上海教育科研，1998（10）：32-35.

三条特征，就基本可以断定一个细胞既不是动物细胞，也不是细菌，它就是植物细胞，因此，这三条特征就是判断一个细胞是不是植物细胞的例证的充分特征。所有的细胞都有细胞膜，植物细胞也不例外，那么，有细胞膜是不是植物细胞例子的必要或充分特征呢？没有细胞膜就不称其为细胞，细胞膜是细胞的必要结构，但有细胞膜对于断定一个细胞是不是植物细胞没有帮助，因此，它不是植物细胞例子的必要或充分特征。

特征说认为，如果一个事物具有某概念的充分且必要的特征，它就是这个概念的例证，反之则不是。换句话说，一个事物要么是某概念的例子，要么不是。一个概念的所有例子的地位是平等的，没有哪个例子比其他例子更适合作为概念的例证。这种观点过于绝对化了。首先，有些概念难以用充分且必要的特征来表征。在一个实验中，实验者以家具、水果、衣服、交通工具等概念做实验，每个概念呈现 20 个例证，要求被试列出这 20 个例证的特征。结果发现，被试并不能像预期的那样列出一些共同的特征。有学者提出，水果、汽车、家具等日常概念是没有可接受的定义性特征的，从而否认了概念的表征是人们头脑中贮存的概念例证的定义性特征。

还有学者要求被试判断某个事物是否属于某一概念的例证，如椅子是家具吗？按照特征说，人们在判断上会有很强的一致性。但结果发现，由于椅子不是家具的典型例证，被试之间在判断椅子是不是家具时存在很大分歧，而对于衣柜、餐桌等，人们会一致认为是家具。再例如，有叶绿体和中央大液泡并不是所有植物细胞都具有的特征，即不是必要特征，但是，同没有叶绿体和中央大液泡相比，一个有叶绿体和中央大液泡的细胞显然被认为是植物细胞更为典型的例证，这就是教科书中植物细胞结构模式图都画有叶绿体和中央大液泡的原因。可见，对一个概念来说，各种例证的典型性是有差异的[1]。

（2）原型说。

20 世纪 70 年代，有学者提出概念表征的原型说。原型说认为，概念

[1] 王小明，鞠瑞利．现代认知心理学关于概念表征的研究 [J]. 上海教育科研，1998（10）：32-35.

的表征不是概念例证的定义性特征，而是存在于人们头脑中的概念原型。要理解原型说，可以借用影视剧的例子。影视剧中的一些人物形象是根据真实的人物塑造的，真实人物就是其原型。影视剧中有些人物形象不是根据某个特定的真实人物塑造的，比如剧中农民的角色，若演员形象过于白皙斯文，人们会说他演得不像农民。这是因为该演员塑造的角色形象与人们头脑中的农民原型不符，而人们头脑中的农民原型，并不是像照片那样清晰的某个农民的形象，也不一定是某条只有农民才有的形象特征，而是将众多农民的形象合成为一种比较模糊的“共相”，这样的原型其实就是农民这一概念的表征。再比如关于鸟的概念，在人们头脑中保存着一种类似麻雀、家燕那样的动物的形象，这个形象就是鸟的概念原型，也就是鸟的概念在人们头脑中的存在形式，人们是通过这个原型来表征鸟的概念的。如果看到一种动物与原型相近，就会判断它是鸟类；如果看到一种动物与原型差异很大，就会判断它不是鸟类。

原型说解决了特征说不能解决的一些问题，如有些概念很难找出其定义性特征，不同例证的典型性存在差异等。但是，研究者很快就发现，它也存在明显的局限，比如它只适用于具体概念的表征，对于抽象概念，如民主、正义、道德，就很难通过原型去表征了。我们不妨再以生物学概念略做验证。对于细胞、植物细胞、动物细胞、叶表皮细胞、神经细胞等概念，我们可以用原型去表征，但对于同化作用、异化作用、细胞代谢、激素、表观遗传、自然选择等概念，原型说是明显不能适用的。

（3）样例说。

与原型说相近的概念表征理论还有样例说[1]，也称范例说[2]。样例说认为，概念在认知系统中的储存形式是一个个具体的范例和情境，而不是在具体例子基础上合成的原型。按照这一理论的解释，人们在判断一个新例子是否属于某个概念的正例时，主要根据它与记忆中存储的一个或多个

[1] 韩劢 . 认知心理学中概念结构观的演变 [J]. 淮北煤炭师范学院学报（哲学社会科学版），2004，25（3）：131-133.

[2] 郭建鹏 . 概念学习理论及其条件述评 [J]. 心理研究，2010，3（2）：3-13.

正例的相似程度来进行。比如，一个人的记忆中存储了多个品种的狗的模样，当他再看到一只陌生的狗时，他就会将这只狗与记忆中狗的实例进行对比，如果与记忆中的某只狗的实例非常接近，他就会判定这只狗确实是狗。这一理论得到了相关实验证据的支持，但是它的不足也是明显的，原型说所不能解决的抽象概念的表征问题，这个理论同样未能解决。

原型说和样例说都是主张概念表征是利用概念所代表的成员间的相似性来进行的。实际上，世界上任何两个物体都可以找到相似性，一个种概念的实例之间有相似性，同一个属概念下的不同种概念的实例之间也有相似性。当人们遇到一个陌生的实例，应该与头脑中储存的哪一级的原型或实例比较其相似性呢？这是原型说和样例说都不能解释的问题。

（4）理论说。

为了解决上述相似性理论的困境，研究者又提出另一种观点——理论说。这种观点主张人们在表征概念时，不是孤立地根据这个概念所代表类别的特征、原型或样例，而是在一定理论的指导下进行的，也就是更强调个人的知识背景在概念表征中的作用[1]。同样是对于一类有眼点、有叶绿体、有鞭毛的单细胞生物，以前动物学家称它们为眼虫，认为它们是动物，植物学家称它们为裸藻，认为它们是植物；现在生物学界认为它们既不是动物，也不是植物，而是原生生物。这一类生物在不同专家面前或不同时代都是一样的，在人们头脑中，它们的基本特征或原型并无变化，观察到的一个个活体实例也没变，但关于它的概念表征在不同专家处或不同时期却发生了变化，原因就是不同专业或不同时代的专家的理论是不同的，即他们的背景知识是不同的。蓝藻现在改称蓝细菌也是如此，“藻”改为“细菌”，这一名称的改变意味着概念的巨大变化，而这一变化的原因不是蓝藻本身的特征、原型或样例改变，而是与此相关的生物分类知识（理论）有了新的发展。

鲸是哺乳动物而不是鱼，虽然它外形像鱼，也像鱼一样终生生活在水中，且不具有哺乳动物一个普遍而显著的特征——体表被毛。当然，它具

[1] 赵冬梅，刘志雅，莫雷．基于理论观的类别研究进展 [J]. 应用心理学，2009，15（1）：73-77.

有胎生、哺乳等哺乳动物的主要特征。它既有与鱼吻合的特征，也有与哺乳动物吻合的特征，为什么人们在确认它是哺乳动物时，只选择重视它与哺乳动物吻合的特征，对它像鱼而不像哺乳动物的特征采取忽略态度呢？这是由于动物分类和进化的理论在起作用。过去人们大都认为鲸是鱼类，因此俗称"鲸鱼"，是因为那时动物学分类和进化理论尚待发展或普及，不过这也说明基于相似性的概念表征是存在的。

理论说还注意到概念表征的情境相关性。一个形状和大小介于杯子和碗之间的饮食工具，给它倒满啤酒时，人们就认为它是杯子；当它盛上米粥时，人们就认为它是碗。同样是西红柿，厨师用它做西红柿炒鸡蛋时，它就被看作蔬菜；同其他水果一起摆在果盘上时，它就被看作水果。

理论说过于强调已有理论和知识结构在概念表征中的作用，不看重相似性在概念表征中的作用。比如企鹅，尽管它看上去与绝大多数鸟类相比挺另类的，但人们仍把它归类为鸟，这是由关于鸟的概念、属性、例证之间关系的理论所决定的，而不是由企鹅与其他鸟类成员的相似性决定的。实际上，有更多的例子表明，基于相似性的表象编码，在许多概念的表征中起着重要作用。

之后发展起来的双层表征说，弥补了理论说的不足。双层表征说综合了上述四种学说的优点，提出概念的表征包括核心成分和原型或样例两层结构。核心成分就是概念的实质性内容，即概念的内涵；原型或样例则在外围对概念的表征起辅助作用[1]。比如祖母的概念，其核心成分应该是一个人的父亲的母亲，也就是说，作为祖母的人，必须是有孙子或孙女的女性。但儿童往往将有白头发的老太太作为"祖母"的原型或样例来表征"祖母"的概念，在成年人的祖母概念中，白头发、年龄大等成分会淡化，祖母与孙辈关系这一概念实质会占据突出的核心地位。

（5）多元表征说。

上面所介绍的概念表征学说基本上都是针对具体概念来说的，也就是

---

[1] 王小明，鞠瑞利．现代认知心理学关于概念表征的研究 [J]. 上海教育科研，1998（10）：32-35.

针对客观存在的物质实体及其属性的概念来说的，其共同特点是不同程度地通过表象编码来形成概念，而表象来自感觉和知觉。这些概念的具身性比较突出，近年来兴起的具身认知理论也深化了人们对表征的认识。对于抽象概念来说，其表征的对象并非客观存在的物质实体，人们无法通过感觉器官来获得表象，原型和样例就无从谈起，上述理论就难以适用了。

实验研究表明，人们对图形和抽象概念的记忆、再现和做出反应的速度是不同的，对图形的记忆和相关反应明显要快些；当被试学习了抽象概念的文字定义后，做出相关反应的速度会加快。这说明具体概念通过感知觉参与的表象编码学习更加有效，而抽象概念通过语言文字的学习会更加有效。人类的概念系统太复杂了，各种各样的概念不可能都通过单一的机制来表征，于是，多元表征理论应运而生[1]。

多元表征理论主张人类概念的表征方式是多元化的[2]。早在20世纪80年代，研究者就提出双重编码理论[3]。该理论认为，人的大脑中存在着基于形象的和基于语言的两套概念表征系统，对于具体概念，需要在感知经验基础上，通过表象编码和语言编码来获得概念表征；对于抽象概念，则只需要语言编码来参与概念表征。其具体机制还有待进一步研究。

关于概念形成与语言的关系，维果茨基的论述颇有参考价值。“当一系列被抽象了的特征重新综合时，当用这种方法获得的抽象的综合成为主要的思维形式时（儿童借助这种抽象的综合理解和认识他周围的现实），才会出现概念。正如上面我们所说过的，实验表明，在形成真正的概念中起决定作用的是词语。儿童正是借助词语才能自如地注意一些特征，借助词语他才能将抽象的概念符号化，把词语用做人类思维创造的一切符号中最高级的符号。”[4]

---

[1] 殷融，叶浩生 . 多元表征假设：概念表征机制的新观点 [J]. 心理科学，2014，37（2）：483-489.

[2] 同 [1].

[3] 申继亮 . 心理表征的若干研究 [J]. 心理科学进展，1988（1）：23-29，7.

[4] 维果茨基 . 维果茨基教育论著选 [M]. 余震球，译 .2 版 . 北京：人民教育出版社，2005：172.

研究者还发现，多元表征在不同年龄的儿童身上有不同的表现。年龄越小的儿童，越倾向于在事物的表面特征基础上建立概念。把看似凶猛的狗的面具戴在一只温顺的猫头上，问儿童这是什么动物，3 岁的儿童会认为这是一只狗，并拒绝宠爱它；6 岁的儿童能忽略面具，认为它仍然是一只猫[1]。随着年龄的增长，儿童越来越不注意显著特征，而更多地关注抽象的性质。

3. 概念表征理论的教学启示

关于概念表征的各种理论尽管有不一致之处，但它们并不是完全矛盾的，而是都有一定的合理性和适用范围，“每一种理论都可以解释概念学习的不同方面。比如，正方形和偶数的概念更可能以特征的形式来编码；其他的——比如汽车——可能以原型的形式呈现；还有一些——比如狗或者鸟——可能以范例进行编码”[2]。后来的理论总是在弥补前面的理论的缺陷，使人们对概念表征的认识越来越全面和深入。各种表征理论都能给生物学教学以启发。

特征说提示我们，对于有定义性特征的概念，在教学中应该让学生抓住概念所代表的事物的关键特征，而忽略其他相关特征和无关特征。在判断一个事物是否是这个概念的正例时，其定义性特征起到关键的作用。特征说还提示我们，好的定义能够促进概念的学习。

原型说和样例说提示我们，对于基于感知觉经验的、表象编码所表征的概念，在教学中应该重视学生的观察活动，通过观察建立表象，形成概念；在遇到这个概念的新例子时，能够通过比较它与头脑中储存的原型或样例的相似性，来判断它是否属于这个概念所代表的事物类别。具身认知理论进一步强化了这种认识，强调了身体动作、感觉、知觉乃至情绪体验

---

[1] 奥姆罗德 . 学习心理学：第 6 版 [M]. 汪玲，李燕平，廖凤林，等译 . 北京：中国人民大学出版社，2015：187.

[2] 埃根，考查克 . 教育心理学：课堂之窗：第 6 版 [M]. 郑日昌，主译 . 北京：北京大学出版社，2009：356.

在概念学习中的重要作用[1]。

基于理论的概念表征说提示我们，人类对概念的表征并不是机械地按图索骥，每个人原有的知识背景甚至所处情境都影响概念的表征。因此，在教学中不仅要让学生掌握概念所表征的事物的特征，还要让学生掌握相关的理论知识，理解为什么这个特征是关键的、那个特征是不重要的，提高概念理解的深刻性。比如鸟类的概念，企鹅、鸵鸟等不像绝大多数鸟类那样能够飞翔，但跟其他鸟类一样有羽毛、体温恒定、卵生，将它们归为鸟类，说明未将能够飞翔作为关键特征，而将有羽毛、体温恒定、卵生等作为关键特征。这是为什么呢？从动物进化角度来看，比鸟类低等的动物也有能够飞行的，如昆虫、古代爬行动物翼龙等，但它们都是变温动物。只有鸟类和哺乳动物是恒温动物，它们在进化地位上是最高的。维持恒定的体温需要有相应的结构和生理机制，鸟类的羽毛、哺乳动物的体毛，都对维持体温恒定起着重要作用。因此，有羽毛和体温恒定是鸟类的关键特征。同样是恒温动物，鸟类和哺乳动物的重要区别是鸟类是卵生的，哺乳动物是胎生的，因此，也将卵生列为鸟类的关键特征。由此可见，重视概念表征背后的理论背景的教学，能够提高概念理解的深刻性。

多元表征说提示我们，概念种类的多样性决定表征方式的多元化，具体概念和抽象概念的表征方式是不同的。生物学中大量的概念是对生命系统各个层次结构与功能的描述，属于具体概念，如动植物的分类、神经系统的组成和结构等。对于这些具体概念，应该给学生提供大量的可观察的实物或图片，帮助学生了解其各种特征、掌握定义性特征、建立表象，在此基础上讲解其名称和定义，使学生的表象编码系统与语言编码系统建立联结，完成概念的表征。例如，细胞和组织等概念，必须建立在表象的基础上，而表象来自观察，如果学生看不到细胞和组织，语言描述得再详尽透彻，概念的建构也难以到位。再比如原子的概念，如果没有原子结构模型图和行星围绕太阳转的类比来帮助学生展开想象，仅靠语言描述是很难

[1] 殷融，曲方炳，叶浩生．具身概念表征的研究及理论述评 [J]. 心理科学进展，2012，20（9）：1372-1381.

让学生理解电子与原子核的关系的。

生物学中还存在大量的抽象概念，如化学反应的活化能、遗传信息、基因频率、稳态、生态系统的稳定性等，教学中应该主要调动学生的语言编码系统，适当结合一些用语言描述的实例，用语言揭示概念的实质意义，并且尽量辅之以模式图、示意图等可视化媒介，激活表象编码系统，使概念的表征更加生动和明晰，便于理解和形成长期记忆。

不同年龄的儿童在多元表征上的差异提示我们，在概念教学中，不能刻板地按照概念的类型确定概念的教学方式，而是要关注学生的年龄特征，进行概念学习的进阶研究，将学生的心理特点和概念本身的特点结合起来考虑，设计更适合学生的概念教学策略和方法。

双重编码理论还提示我们，在教学中要注意处理概念与表达概念的语言之间的关系。语言在揭示概念的内涵方面起着决定性的作用，那种试图只让学生观察一个个样例，认为学生就能自动完成概念建构的想法是不切实际的。当然，另一极端的做法，即只对概念的定义做说文解字式的解释和说明，不让学生观察和分析具体例子，更是不可取的。

在处理概念与语言的关系问题上，还应注意语言的两种力量或作用：一是语言的隐喻性力量，二是语言的扭曲和遮蔽作用。表达概念的语言，无论是名称还是定义，本质上都是隐喻的。例如，在生态系统中，绿色植物能自己制造有机物，因此是“生产者”；动物只能利用现成的有机物，因此是“消费者”。这里的“生产者”和“消费者”明显是一种隐喻。有了这种隐喻，概念的内涵就容易传达了。其他概念诸如“基因”“遗传信息的转录和翻译”等都体现了隐喻的力量。语言在表达意义的同时，也对意义有扭曲和遮蔽作用。例如“真空”，容易让人将其内涵曲解为没有任何物质的空间，而这样的空间是不存在的。再如“松树”，容易让人将所有的松树视为同样的东西，而忽略每一棵松树独特的细节。对语言的隐喻性力量和扭曲遮蔽作用，在概念教学中都需要重视。

第五节 概念在认知活动中的作用

人类对世界的认知是从感觉开始的。没有感觉的输入，人们的大脑就像是一个空壳。但是，如果人类仅仅靠感觉来认识世界，那就与动物无异。同动物相比，人类认知的高明之处就是在感觉的基础上形成概念，并且将概念作为思维的工具，通过思维认识和把握世上万物的本质和发展规律。了解概念在认知活动中的作用，以及在人的发展中的作用，对于通过概念教学达到育人目的，具有十分重要的意义。

1. 让认知摆脱感觉的局限

进化赋予我们灵敏的感觉。眼、耳、鼻、舌、皮肤这五大感觉器官让我们获得周围世界的各种信息，及时了解外界环境的变化，从而有所趋避，在复杂多变的环境中实现生存和发展。

感觉塑造大脑。反复触摸灵长类动物的手指会导致其大脑的相应区域不断扩展。相反，如果剪掉老鼠的胡须，它的大脑的感觉区域就会萎缩[1]。婴幼儿的大脑发育同样需要环境信息的刺激。只有在各种刺激的作用下，大脑中各种神经元之间才能建立联系，形成无比复杂的神经元网络。

无论进化多么神奇，也不能造就完美无缺的适应。感觉器官也是如此。我们天生就有趋香避臭的本能，这是因为大多数情况下，散发香气的东西是新鲜、可食的，散发臭味的东西是腐败变质、不可食用的。因此，根据气味选择趋避会增加生存繁衍的机会。但是，香而有毒、臭而无毒的东西也不鲜见。从经验教训中总结出超越事物给人的直接感觉的认识，使自己的行为不再受限于感觉的指引和本能的驱使，这就是概念和基于概念的思维赋予人类的高明之处。

感觉的局限性大致有以下几个方面。

第一，我们所感觉到的往往只是事物的表面现象，而不是事物内在的本质（即决定该事物是该事物而不是别的事物的关键所在），也不是现象

---

[1] 卡比，古德帕斯特 . 思维：批判性和创造性思维的跨学科研究：第 4 版 [M]. 韩广忠，译 . 北京：中国人民大学出版社，2010：67.

背后的原因。

第二，我们所感觉到的往往只是个别的事物，而不是事物之间的关系。一种感觉只反映来自事物局部的信息，多种感觉经过综合，才能反映事物的整体属性。

第三，我们所感觉到的只是事物的现在，而不是它的过去和将来。即使看到动植物的化石，也只是看到了化石的现在，并不是看到了远古的生物。之所以会认为是看到了远古的生物，是思维推测的功劳。

第四，我们所感觉到的只是事物给我们的感觉，即感官获得的信息在大脑皮层感觉中枢引起的电的、化学的变化，而不是事物本身。我们在夜晚看到满天星斗，其实只是看到遥远的星体发出的光。如果某星体与地球之间的距离是两亿光年，那么我们看到的就只是这个星体两亿年前发出的光。白天五颜六色的花朵，黑暗中即使看到它们的轮廓，也看不出它们的颜色，这不是花卉自身发生了变化，而是从花朵反射到你瞳孔中的光线发生了变化。所谓颜色，不过是视网膜上视锥细胞受到的光线刺激，转换成电信号传导到大脑视觉中枢所引起的感觉反应。面对同样的光信号，色盲者与视觉正常者产生的视觉差异很大，昆虫与人类产生的视觉差异就更大了。

第五，感觉有时是不准确的，人有时甚至产生错觉。天空飞过的飞机要比你看到的样子大很多，水中看似弯曲的船桨其实并未弯曲。你站在铁路旁远望，看到两条钢轨在远处越来越靠近，其实它们总是平行的。图 1-1 中两个带正、反向箭头的线段看起来左长右短，其实两者是一般长的。

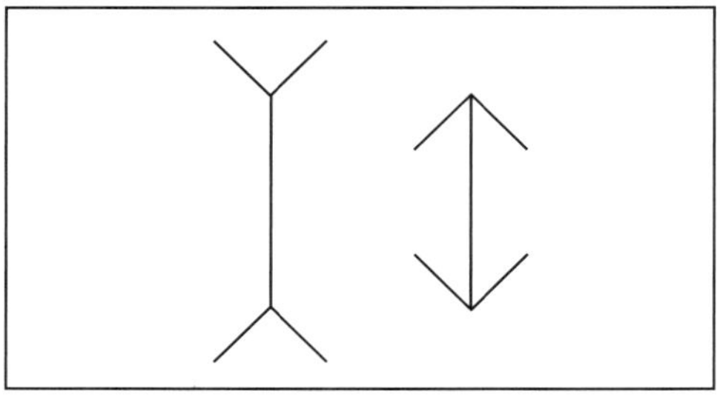

图 1-1　视错觉举例

第六，感觉是有阈限的，进化赋予人类感觉能力基本上遵循够用即可的原则。我们的夜视能力远不如猫，因为我们不需要在夜间捕食动物。我们的嗅觉远不如狗，因为我们的祖先主要不是靠嗅觉追踪猎物。我们看不见紫外线、红外线，听不见超声波、次声波，这实际上也减少了感觉世界的纷乱嘈杂，让我们的注意力集中于更需要注意的信息。蝙蝠和海豚用来回声定位的超声波，对它们来说，是赖以生存的利器；对人类来说，则是无须感觉的信息。望远镜、显微镜、红外相机等工具，大大延伸了我们的感官，这是文明发展的需要，不是动物性生存的需要，而这一切的发明，都来自感觉之上的思维。

最后，笔者想引用一本专著上的精彩论述，来总结感觉的局限："我们的感觉会在三个主要方面欺骗我们的大脑：由于生理的局限，我们看到的是表面的现象；由于风俗的围栏，我们看到的是习以为常的现象；由于语言知识的蒙蔽，我们看到的是笼统之现象。"[1]

概念让我们的思维建立在感觉基础上，又让我们的思维摆脱感觉之局限。它让我们通过现象看本质，通过局部看整体，通过个别看联系，通过现在推测过去、预测未来。它让我们对事物的认知不断逼近事物本身，对世界的认知不断突破感官的生理阈限而扩大范围。

2. 赋予人们类化事物的能力

当婴儿第一次被抱到车水马龙的大街上时，他一定会感到眼前一片混乱嘈杂；刘姥姥第一次进大观园时，也同样感到各种景致、事物目不暇接；不懂外语的人听外国人讲话，总是觉得话语急促不清，与噪声无异。对事物感到茫茫然一片模糊混乱，原因就是对它们的特征和意义缺少了解。一旦了解了事物的特征和意义，就会根据特征或意义将事物分类，于是形成各种层次的概念，再遇到未曾照面的事物，只要它跟已有的概念相吻合，我们就觉得它并不陌生，内心就不会出现失衡的状态。如果头脑中有了交

---

[1] 卡比，古德帕斯特．思维：批判性和创造性思维的跨学科研究：第4版[M]．韩广忠，译．北京：中国人民大学出版社，2010：63.

通工具的概念，看到大街上大大小小、各式各样的四个轮子或两个轮子的东西，就会意识到无非都是交通工具而已，进而了解机动车和自行车各行其道，秩序井然；如果头脑中有了上行道、下行道、交通信号灯的概念，混乱嘈杂的感觉就会得以消除。

世界上的各种事物并不是分好类、贴上标签摆放在那里的。人们建立概念的过程，实际上就是在头脑中对事物类化的过程，概念赋予人们类化事物的能力。超市中的食品往往和其他商品分区域摆放，食品区域中的水果、蔬菜、肉类等又分成各个小区域摆放，这其实就是人们头脑中类化事物能力的外显，给消费者提供了极大的方便。如果没有食品、水果、蔬菜、肉类等概念，这一切是无法做到的。

概念可以帮助我们简化世界[1]，减少世界的复杂性。就像仅用"调料"二字，而不是用印有各种调料的巨幅图片，作为超市中导购的指示牌，能够大大节省超市的空间一样，"三角形"概念就代表所有形状和大小的三角形，"苹果"概念就代表红的、青的、黄的、烟台的、新疆的、进口的等各式各样的苹果。一个概念就能代表整个一类的事物，我们平时的思维就用这些浓缩了同类所有个体共同特征的概念就够了，而不用记忆每一个个体的特征，这就大大节省了大脑的空间，也大大地节省了我们的脑力。当然，有时我们也对某个具体事物的细节或独特性特别感兴趣，不过，通常情况下，知道它是哪一类事物也就够了。我们事先已经知道概念适用于大量的事物，那么，就不必再花费力气去认识同类事物中的这一事物是什么了[2]。

概念能减少世界在我们心中的混乱程度，使万千事物在我们的头脑中成为组织化、秩序化的存在，而不是一团乱麻；使我们能在生活中对相似的物体或事件进行分类，让生活简单、方便并且易于理解。

---

[1] 埃根，考查克．教育心理学：课堂之窗：第 6 版 [M]. 郑日昌，主译．北京：北京大学出版社，2009：354.

[2] 杜威．我们怎样思维：经验与教育 [M]. 姜文闵，译 .2 版．北京：人民教育出版社，2005：128-129.

3. 提高思考的力量

概念是思维的基本形式之一，也被称为思维的细胞，或逻辑思维的基本材料和工具。逻辑思维的基本形式还有判断和推理。论证是在判断和推理的基础上进行的，它是较为复杂的逻辑思维的形式。

首先，概念是判断的工具。没有概念就无从判断，没有正确的概念就无法做出正确的判断。笔者在北京读书和工作数十年，北京人问我是不是北京人时，我说不是，因为我的籍贯不是北京；去外地出差时，当地人说你们北京人如何如何，我一般不会声明我不是北京人。如果没有北京人的概念，就无法判断一个人是不是北京人。有了北京人的概念，就可以判断一个人是不是北京人。人们头脑中关于北京人的概念有差别，对同一个人是不是北京人的判断也就不一样。可见，概念确实是判断的工具。

根据已有的一个或一些判断，推出新的判断的过程叫作推理。你是安徽人，他也是安徽人，因此，你们两位是老乡。“因此”前边是两个判断，“因此”后边是新的判断，这一推理过程用到了两个概念：“安徽人”和“老乡”。当然，老乡的概念也是因情境而异的。两个安徽人在北京相遇，彼此都认为是遇见了老乡；在安徽当地，比如在合肥，两个安徽人就不一定互认老乡了，来自同一个市或县的人才互认老乡。可见，概念也是推理的工具。

根据论据，通过推理，来断定论题的真实性的过程叫作论证。论题就是有待证明真伪的判断，论据是断定论题是否成立所根据的判断，将论题与论据联系起来断定论题是否成立要靠推理。可见，论证离不开判断和推理，自然也就离不开概念。概念是逻辑思维的基础。

当我们身处一个新的情境中时，概念能促进我们对新情境或新事物的推测，进而帮助我们迅速适应环境，或者做出适当的反应。当我们学习一个新概念时，我们把它与某些性质相关联，然后，当我们遇到一个新的例子时，我们就能利用关联特征的知识来作出假设和推论。例如，设想你正在荷兰旅游，一派田园风光让你陶醉的同时，你看到一头奶牛在低头吃草，你就会推测自己正在路过一个牧场，或者附近还有一家奶牛场。你买了一盆以前不认识的花，回家后马上想到要把它放在光亮处，要给它浇水，因为你头脑中与此相关的概念是所有的花卉植物都需要阳光和水。当你来到北美，看到树林中溜达出来的火鸡时，尽管你以前没见过这种动物，从它们两只足、有羽毛等特征你也能认定它们是鸟类；从它们的身形步态还可推测它们是跟雉鸡差不多的鸟类。概念能把我们的理解力从一种事物扩展和延伸到另一种事物上，帮助我们认识未知的事物，使我们已经感知的尚不完备的知识得到补充[1]。

概念使我们容易将所知的事物联系起来思考，并且将已有知识进行整合。比如，我们有了公牛、母牛、牛犊的概念，就了解了它们的区别与联系，并且将它们整合进牛的概念中。这样的联系和整合，又有助于形成长时记忆。在大多数情境中，整合的知识比片断的知识更有用。当我们在头脑中整合所知的事物时，更可能作出超越我们所学的特定事物的推论。此外，组织化的信息比起未组织的信息更易于回忆（提取）[2]，而各个层级的概念就起到组织信息的作用。

概念还可以让我们将不同认知领域的事物联系起来，创造出新事物。莱特兄弟“用了四个旧概念（风扇叶、自行车链、汽油引擎和翅膀）‘创造’出了飞机。爱迪生用了三个旧观念（玻璃容器、真空和导线）创造了电灯”[3]。许多交叉学科就是将一个学科的概念、原理和方法应用于另一个学科的研究而形成的。新事物不可能凭空产生，它们无非是旧事物的改造、拆解、重新组合。要创造出新事物，首先要在头脑中产生新概念，而新概念通常是在旧概念基础上，经过组合、加工等智力操作过程形成的。

---

[1] 杜威．我们怎样思维：经验与教育 [M]. 姜文闵，译 .2 版．北京：人民教育出版社，2005：128-129.

[2] 奥姆罗德．学习心理学：第 6 版 [M]. 汪玲，李燕平，廖凤林，等译．北京：中国人民大学出版社，2015：201.

[3] 卡比，古德帕斯特．思维：批判性和创造性思维的跨学科研究：第 4 版 [M]. 韩广忠，译．北京：中国人民大学出版社，2010：131-132.

4. 支撑思想交流的准确性

“概念使我们的知识标准化。”[1] 如果在我们的知识体系中，“米”是可长可短的，“克”是可重可轻的，那我们就无法进行长度和质量的测量；如果不同人说的“米”都不一样长，“克”都不一样重，那就无法进行交易活动。概念一经确定之后，它在相当长一段时间内是稳定的，其内涵和外延一般是固定不变的，这样逻辑思维和人际交流才能进行下去。如果随着认识的深入，概念有所更新，就要尽快让人们都知道概念更新的情况，以便大家都在新的意义上使用概念的术语。

能够用语言特别是概念来交流思想，传承文化，是人类社会由野蛮走向文明的前提。“即使是高度发达的动物，例如大猩猩，也只能单独面对世界，因为它们无法分享具体的思想和观念。每只大猩猩只学习对它自己有用的东西。每一代大猩猩都要从头开始学习，因为老猩猩一死，它的智慧也永远封存在它的大脑中……孤立的心灵找不到捷径。”[2] 我们应该庆幸自己属于芸芸众生中唯一能用概念交流思想的一类生物。在教学中把握概念的准确性，组织学生用学科概念和术语进行交流，不仅是学科教学的需要，也是文明发展的需要。

5. 使教育具有理智性

杜威认为，教育的理智性就是要让学生从经验中获取观念。“如果没有这个概念化或理智化的观念，他们将不能获得知识去更好地理解新的经验。这便是教育上所说的积累的含义。一时的兴趣或许能起到一些吸引的和激励的作用，但却不能弥补理智积累的不足。”[3] 类人猿也有思维的萌芽，但它们的思维材料都是外界直观的刺激，而不是头脑中抽象的概念。它们也有由一些“词语”构成的语言，但这些语言只用于表达情感、情绪或某种本能的反应，而不表达思想。“缺乏‘概念形成’，也就是缺乏使用非

---

[1] 杜威 . 我们怎样思维：经验与教育 [M]. 姜文闵，译 .2 版 . 北京：人民教育出版社，2005：128.
[2] 沃森 . 思想史：从火到弗洛伊德 [M]. 胡翠娥，译 . 南京：译林出版社，2018：42-43.
[3] 同 [1] 130-131.

现实的、不在视觉范围之内的刺激物的痕迹，才是黑猩猩的智力的最重要的特性。”[1] 在类人猿身上，找不出思维与语言的关系。而人类的思维主要是靠语言为工具进行的，概念是语言的主要组成部分。概念作为类的抽象物，不管是抽象概念还是具体概念，都有很大的抽象成分。以概念为思维材料进行的抽象思维，使人类摆脱了感性和本能的局限，迈入理性王国。因此，只有在教学中，让学生不满足于发现或记忆一个个具体的事实，而是在事实性经验基础上，理解概念，建构概念系统，形成思想观念，才能使教育具有理智性。

6. 遮蔽具体事物的特殊性和细节

概念纵然具有许多优点，但是也给人们的认知带来一些平时意识不到的消极影响。

由于有了柳树的概念，我们在它的树荫下散步或乘凉时，会觉得知道它是柳树就够了，往往不会再去注意这棵柳树有什么特殊之处，更难得去仔细观察它那触碰到你额角的枝条，甚至是直伸到你眼前的叶片。在某种程度上，概念会让我们失去直面并体认自然界的一个个独特个体的机会，减少与自然事物从感官到心灵的“相看两不厌”的体验。

概念既然是建立在经验基础上的，经验的有限性就造成概念的片面性。有时，我们的概念中也包含着偏见或刻板印象[2]。当一些偏见或刻板印象纳入“概念”中时，概念具有遮蔽个体独特性和局部细节的作用。年轻人在找恋爱对象时，如果囿于地域偏见，就可能错失美好姻缘。

概念是人的思维对事物类化的产物。事物是客观存在，类化是主观的过程。类化思维出现不准确的情况或者这样那样的争议是正常的，事物本身不因类化思维发生任何改变。一棵树上没有两片相同的树叶，大千世界存在无穷的多样性，统一性寓于多样性之中。类化的过程是在多样性的海洋中寻找不同层级的统一性的过程，这个过程的本质是抽象和概括，是信

---

[1] 维果茨基．维果茨基教育论著选 [M]. 余震球，译．2 版．北京：人民教育出版社，2005：93.

[2] 奥姆罗德．学习心理学：第 6 版 [M]. 汪玲，李燕平，廖凤林，等译．北京：中国人民大学出版社，2015：201.

息的抽提、凝聚和浓缩。类化的结果让人的思维过程更加轻松便捷，思维空间更加广阔深入，却不得不付出丢失具体事物大量信息的代价。

人类在感知事实的基础上形成概念。借助概念，人们能有效地进行判断、推理等思维。概念大大提升了人们的思考能力甚至创造能力。但是，在认知的世界里，概念并不是通向所有未知的密钥，并非掌握了概念就能到处通行无阻。即使掌握了作为“类的抽象物”的概念，诉诸个例和细节的“面对面”的感知有时仍是必要的。

第六节　概念的习得

学生是如何习得科学概念的，对这个问题的认识直接关系到教学策略和方法的确定。在新课改之前，人们大多认为只要教师把概念讲清楚了，学生自然就掌握了概念；新课改之后，越来越多的人认为，概念是不能由教师直接传授的，必须由学生通过亲身参与探究来自主建构。通观现阶段自然科学课程的教学，依旧照本宣科者有之，言必称探究的也很普遍。究竟该如何认识学生概念学习的规律，并且据此设计和实施概念教学呢？

概念习得亦称“概念获得”“概念掌握”等。人们是如何习得概念的？近一百多年来，研究者从不同角度、运用不同手段进行了深入研究，提出了各种不同的理论。正确理解和运用这些理论，会让概念教学进入自如之境，提高教学的有效性；片面理解和运用这些理论，会给概念教学带来许多困扰，甚至产生极端的做法，削弱概念教学的有效性。下面对概念学习的主要理论略做梳理。

1. 行为主义学习理论

从 20 世纪初至 20 世纪五六十年代，行为主义学习理论一直在学习理论中占统治地位。该流派的理论源自巴甫洛夫的条件反射理论，认为人类的学习与动物的条件反射一样都遵循刺激—反应原理，学习者是通过反复强化刺激—反应联结而进行学习的，也称为试误学习[1]。这一理论对改进当时的教育教学方法起到了积极作用，比如人们可以根据这一理论设计一套操作程序来塑造或矫正儿童的行为，如斯金纳于1954年提出的程序教学（programmed instruction）[2]；重视学习前的准备和学习后出现的行为的奖惩。但是这一理论流派只重视学习行为的外部表现，忽视学习者的内部心理。根据这一理论进行的教学程序过于刻板，不利于调动学生的积极思维。

2. 认知主义学习理论

20世纪50年代中期以后，在学习心理学的研究领域，认知主义学派逐渐占据主流地位，至今仍占绝对优势[3]。认知主义学习理论关注人在学习或记忆新信息时的内部心理过程。

（1）格式塔学派。

早期的认知学习理论主要是格式塔（德语为“Gestalt”，音译为“格式塔”）学派的理论，可称为现代认知主义学习理论的先驱。该学派形成于20世纪初，认为思维是整体的、有意义的知觉[4]，学习就是知觉的重新组织，而不是联结起来的表象的简单集合，主张学习的实质是在知觉基础上通过顿悟构造与组织一种完形[5]，而不是形成刺激与反应的联结。格式塔学习理论强调知识经验的整体性和知觉经验的组织作用，关注知觉和认知的过程以及创造性思维，对行为主义学习理论提出了挑战，并且为现代认知心理学奠定了基础。但是，这一流派对人脑如何通过知觉经验来组织完形，不能做出科学的解释，还带有强烈的唯心主义色彩[6]。

在格式塔学派之后，20世纪二三十年代，皮亚杰、维果茨基等认知

---

[1] 卢家楣 . 学习心理与教学：理论和实践 [M]. 3 版 . 上海：上海教育出版社，2016： 19-24.

[2] 同 [1] 39.

[3] 皮连生 . 学与教的心理学 [M]. 5 版 . 上海：华东师范大学出版社，2009：78.

[4] 同 [1] 25.

[5] 韦洪涛 . 学习心理学 [M]. 北京：化学工业出版社，2011：21.

[6] 陈琦，刘儒德 . 当代教育心理学 [M]. 3 版 . 北京：北京师范大学出版社，2019：108.

心理学家对人的认知发展过程进行了深入研究，提出了具有世界影响的认知发展理论。此外，著名的实用主义哲学家和教育家杜威提出的经验论、“做中学”和儿童中心论教育思想，对认知学习理论的发展也颇有助益。到20世纪五六十年代，认知学习理论逐渐进入发展与兴盛时期，陆续涌现了在全球范围内有重要影响的学习和教学理论，其中最具代表性的是布鲁纳的发现学习论（认知—结构学习理论）、奥苏贝尔的有意义学习理论（认知同化学习理论）、加涅的信息加工理论（累积学习说）等[1-2]。

（2）布鲁纳的发现学习论。

布鲁纳认为人的认知发展包括以下三个阶段：动作表征，即通过动作来学习知识，如通过坐来认识椅子的功能；映象表征，即不再依赖于实物和动作，通过知觉所获得的表象就能获得知识；符号表征，即不再靠图像和动作的帮助，直接运用符号、语言文字来获得知识，与皮亚杰所说的形式运算阶段基本相同。

布鲁纳认为人的学习过程包括新知识的获得、知识的转换和对知识的评价三种几乎同时发生的过程。关于人的学习动机，他认为外在奖惩、强化刺激理论只来源于动物的实验研究，只能说明人类学习中比较低级的学习类型，而对人类的高级学习是无效的。人类的高级学习更需要内在动机，包括好奇心、上进心等。

布鲁纳认为，人类面对周围世界的各种事物，会对它们进行分类，并根据概念事物所属的类别做出反应。例如，不论看到什么水果，都会认为它具有水果的一切属性，因此会以对待水果的方式对待它。也就是说，人对外界事物的认知不是一对一的“刺激—反应”关系，而是将外界事物与头脑中有关认知结构（如分类）相联系，才能做出判别等反应。这种将感知到的事物进行分门别类形成的认知结构就是人脑对外界事物的编码系统，而这一编码系统是不断变化和重组的，学习就是类别及其编码系统的

---

[1] 韦洪涛．学习心理学[M]. 北京：化学工业出版社，2011：24.

[2] 陈琦，刘儒德．当代教育心理学[M]. 3版．北京：北京师范大学出版社，2019：109-127.

形成和改变[1]。换言之，学习不仅仅是接受新信息，而且是将新信息与头脑中原有信息联系起来，形成新的知识结构或改变原来的知识结构。从这种认识出发，布鲁纳提出学生学习一个学科的知识，关键是将所学知识结构化，掌握这个学科的知识结构，并指出只有结构化的知识，特别是作为学科知识结构之基础的基本概念和原理的知识，才是最有迁移价值的知识。

布鲁纳极力倡导发现学习。发现学习是指学生用自己的头脑去发现知识，“是激发和支持孩子们的兴趣，并且引导他们进行解决问题的活动。同时还有一项特殊的目标有待实现——教给孩子们分析因素的方法”[2]。“教某人学习这些学科，主要的并不是要他记住那些成果（知识，笔者注）。毋宁说，是要教他参与可能构建知识的过程。”[3]发现学习论强调学生学习的主动性，强调学生亲身参与知识的发现过程，同时强调学生的知识结构、兴趣动机等在学习中的作用。布鲁纳倡导的发现学习能够激发学生的学习兴趣等内在动机，有利于学生学习解决问题的方法，提高思维能力，发现得来的知识记忆也更长久等。但是这一理论也存在一些偏颇的地方，比如完全放弃知识的系统讲授，而以发现法教学来代替，夸大了学生的学习能力，忽视了知识的学习与知识的产生过程的差异。发现法的使用范围是有局限的，并非所有学科或所有内容都适合用这种方法学习，也并非适用于所有学生，此外还有耗时较多、知识学习效率较低等不足。

（3）奥苏贝尔的有意义学习理论。

奥苏贝尔在教育学上最重要的贡献之一就是提出了有意义学习理论。奥苏贝尔根据学习过程的性质，将学习分为机械学习（rote learning）和有意义学习（meaningful learning）两种类型。机械学习就是不加理解、机械记忆的学习，如关于各国首都的名称，亲友的门牌号码、电话号码、出生日期等，只能采取这种方式来学习。有意义学习就是指语言文字或符号表

---

[1] 陈琦，刘儒德．当代教育心理学 [M]. 3 版．北京：北京师范大学出版社，2019：111-112.

[2] 布鲁纳．布鲁纳教育论著选 [M]. 邵瑞珍，张渭城，等译．2 版．北京：人民教育出版社，2018：141.

[3] 同 [2]155.

述的新知识与学习者认知结构中已有的知识或观念建立非任意的和实质性的联系[1]。所谓非任意的联系是指具有逻辑上的、合理的联系，而非强加的任意的联系；所谓实质性联系是指具有意义上的联系，而非字面上的联系。实现有意义学习必须满足内外两方面的条件：一是学习者要有有意义学习的意向和基础，即把新知识与原有观念联系起来的意向，原有认知结构中必须具有适当的与新知识进行联系的知识作为基础，强调影响学生学习的首要因素就是学生的已有知识（亦称先备知识）；二是学习材料必须具有逻辑意义，是学习者可以理解并且能够将它们与原有知识或观念建立起实质联系的材料。

有意义学习的心理机制是什么呢？对此，奥苏贝尔提出了认知同化理论，认为有意义学习必须以已有的认知结构为基础，通过新信息与已有认知结构中有关的观念相互作用，将新信息纳入原有的认知结构，转化为个体的意义，并且使原有的认知结构发生改变，这样就导致了新旧知识有意义的同化。例如，学生头脑中已有关于哺乳动物的认知结构，但不知道鲸是哺乳动物。了解了鲸具有胎生、哺乳等特征后，将关于鲸的概念纳入了原有的“哺乳动物”认知结构，获得了鲸与其他哺乳动物是同类这一新知识，同时，原有的关于哺乳动物的知识结构也得到扩充。

根据新知识与原有认知结构中相关观念的关系，奥苏贝尔将有意义学习的认知同化过程分为三类：上位学习、下位学习和并列结合学习。就概念的学习而言，上位学习就是在已经掌握下位概念的基础上进行上位概念的学习，例如在了解鱼、两栖类等动物类群特征基础上，学习脊椎动物的概念，在这个过程中，下位概念的关键属性（鱼和两栖类动物都有由脊椎骨组成的脊柱）就是用来概括出上位概念的例子（正例）。下位学习就是在已经掌握上位概念的基础上进行下位概念的学习，例如在掌握能量的概念后，再学习光能、热能、化学能等概念。并列结合学习是指要学习的新概念与原有概念没有从属关系，只是在大的知识背景上有一定相关性，例

[1] 陈琦，刘儒德 . 当代教育心理学 [M]. 3 版 . 北京：北京师范大学出版社，2019：116.

如在学习细胞的结构内容时，关于细胞膜、细胞器和细胞核的概念，就是以并列结合的方式学习的。

在上述分析基础上，奥苏贝尔提出了知识学习的逐级分化和整合贯通原则。逐级分化原则是指知识是一个有层次的结构，最具概括性的知识处于最顶端，下面是逐级细化的概念和命题。概念的学习应当首先学习最一般的、包摄性广的概念，再逐级分化地学习层级更低、外延更窄、更为具体的概念，即从一般到特殊，从定义到例证，遵循演绎的思路。整合贯通原则是指将学习到的相关概念横向联系起来，形成一个有组织的概念系统。基于这两个原则，奥苏贝尔提出了先行组织者（preorganizer）教学策略，即在学生学习新的知识之前，给学生提供一种引导性材料，它要比学习任务本身具有更高的抽象、概括水平，并且能清晰地与认知结构中原有的观念和新的学习任务相关联，联系原有知识，引出新知识，为学习新知识提供思维的固着点。

基于有意义学习的心理机制的分析和知识学习的逐级分化原则，奥苏贝尔提出概念的学习包括概念形成和概念同化两种方式，并明确主张学校儿童的学习应主要采取概念同化的方式。所谓概念形成是指从例子出发，通过正反例比较，概括出概念的定义性特征的学习方式，其学习过程可以用上位学习模式来解释，这种学习属于发现学习。所谓概念同化是指让学生先学习概念的定义，然后通过例子说明定义，其学习过程可以用下位学习来解释，属于接受学习。奥苏贝尔认为，学前儿童的大多数概念是通过概念形成方式学习的，学校儿童的大多数概念应通过概念同化，即接受学习的形式来学习。相应地，在讲授法与发现法这两种教学方法中，他力主学校应以讲授法为主。当然，他对于发现学习和发现法教学也不是一味排斥的，正如他反复强调的，无论接受学习还是发现学习，都有可能是机械的，也都有可能是有意义的。接受学习如果教学得法，不一定会导致机械学习，发现学习如果只是机械照搬探究的步骤，或许也能得到正确答案，但并不比接受学习更有意义[1]。

奥苏贝尔的认知同化论和有意义接受学习论，从认知角度揭示了知识学习的心理机制，抨击了对发现学习的盲目追捧，纠正了对讲授教学和接受学习的流行性偏见。奥苏贝尔提出的先行组织者策略对改进课堂教学效果有重要应用价值。但他一直强调掌握知识是学校教育的主要目标，对能力培养尤其是创新能力培养不够重视，并且过于推崇接受学习和讲授方法，对发现学习未给予应有的重视。

（4）加涅的信息加工理论。

加涅吸收了行为主义和认知心理学的合理成分，根据现代信息加工理论，对学习的实质、过程、条件、结果以及教学做出了系统的论述，对推动教学设计的科学化做出了巨大贡献。他认为学习过程是学习者内部的功能结构所完成的各种信息加工过程，即将环境刺激转换成各种信息，通过感受器输入学习者大脑的信息加工系统，经过一系列加工和组织，转化为输出信息，表现出学习后的行为。在这个过程中，学习者个人的期望（学习动机）和执行控制系统（认知策略）起着动力和调控作用。

加涅从学习结果角度阐述了教学目标，提出了五种学习结果：言语信息、智慧技能、认知策略、动作技能和态度。其中，言语信息就是我们平时所说的陈述性知识，比如陈述宪法某条某款的内容，陈述某个事件的发生过程等。“智慧技能使个体应用符号或概念与他们的环境相互作用”[2]，按其复杂程度可以分为由低到高 5 个层次：辨别、具体概念、定义性概念、规则、高级规则（问题解决）。在这 5 个层次的智慧技能学习中，问题解决需要应用高级规则，高级规则的运用需要以简单规则和定义性概念为基础，定义性概念的应用需要以具体概念为基础，而为了学习这些具体概念，学生又必须能提取一些先前习得的“辨别”，可见，智慧技能是由低到高不断累积发展的。加涅还对这 5 个层次的智慧技能习得的行为表现、内部

[1] 韦洪涛 . 学习心理学 [M]. 北京：化学工业出版社，2018：24.

[2] 加涅，布里格斯，韦杰 . 教学设计原理 [M]. 皮连生，庞维国，等译 . 上海：华东师范大学出版社，1999：43.

条件和外部条件逐一做出了详细而具体的分析[1]，为教学设计提供了具体指导。他从行为表现角度描述学习结果的做法，也为基础教育领域教学目标的制订、表述以及学业质量的测评提供了重要借鉴。值得注意的是，加涅将具体概念、定义性概念和规则放在智慧技能的范畴中，这对于我们认识概念教学的育人价值有深刻启发：概念教学不只是教知识，更主要的是发展学生的智慧技能；学生学习概念的目的不只是知道是什么和理解为什么，更主要的是学习怎么做。

值得指出的是，加涅的学习理论中强调学习的顺序是由下位到上位，由局部到整体，但是学习的真实情况并不都是如此，这一点我们可以结合奥苏贝尔的同化论来全面辩证地认识。

3. 建构主义学习理论

20 世纪 80 年代兴起的建构主义学习理论是认知主义学习理论的进一步发展[2]，它是源自皮亚杰、维果茨基的儿童发展理论以及杜威的经验性学习理论，又受到哲学上的后现代主义、知识社会学等思潮的影响，因信息技术对教育的挑战和时代对创造性人才的需求而兴起的理论思潮。

建构主义学习理论主张学习者是积极主动地建构对知识的理解的，这种建构是在主客体交互作用的过程中进行的。每位学习者都是在自己已有经验、认知结构和信念基础上建构自己的知识，因此，面对同一事物，不同人可能会建构出不同的理解。

从知识观来看，建构主义认为知识不是对客观世界的纯粹客观的反映，只是人们对客观世界的一种解释或假设，而不是问题的终极答案。知识会随着认识的深入而不断发展。

从学习观来看，建构主义的学习观有三个重要特征：主动建构性、社会互动性和情境性。

主动建构性是指学习不是由教师把知识简单地传递给学生，让学生被

---

[1] 加涅，布里格斯，韦杰 . 教学设计原理 [M]. 皮连生，庞维国，等译 . 上海：华东师范大学出版社，1999：62-66.

[2] 韦洪涛 . 学习心理学 [M]. 北京：化学工业出版社，2018：26.

动地接受，而是由学生主动建构知识的意义，这种发生在学生头脑中的建构是任何人都无法取代的。即使教师向全班学生提供了相同的信息，但学生会根据自己的兴趣、观念和信念主动选择其中一些信息，忽视一些信息，所选择的信息再与以前的经验相互作用，建构新信息的意义。换言之，意义是学生通过新旧知识经验之间反复的、双向的相互作用而建构成的，而不是行为主义所说的“刺激—反应”。

社会互动性是指学习不是由学习者个人单独完成的，而是在一定社会文化背景下，通过对某种社会文化的参与，通过学习共同体（教师、同学等）的沟通交流、互动协作来完成的。

情境性是指学习应当在一定的与现实相联系的具体情境中进行。“传统教学观念认为，概括化的知识是学习的核心内容，这些知识可以从具体情境中抽象出来，让学生脱离具体物理情境和社会实践情境进行学习，并且，所习得的概括化知识可以自然地迁移到各种具体情境中。但实际上，学生常常难以灵活应用在学校中获得的知识来解决现实世界中的真实问题，难以有效地参与社会实践活动。建构主义者提出，知识存在于具体的、情境性的、可感知的活动中。它不是一套独立于情境的知识符号（名词术语等），不可能脱离活动情境而抽象地存在。它只有通过实际情境中的应用活动才能真正被人理解。”[1]

总之，建构主义学习理论强调学习不应是注入式的传递，而是学生调动已有知识经验通过积极思维进行的自主建构，在知识建构过程中需要社会性的互动合作，需要在真实的情境中展开学习过程。在此理论指导下，探究式教学、抛锚式教学、支架式教学、情境性教学等教学理论应运而生，引发了教学领域的巨大变革，产生了广泛而积极的影响。

建构主义学习理论不是也不可能是解决教育问题的万能良药，也有其自身的局限性。这主要表现在部分建构主义者的观点过于激进，可能将人们对学习的认识引向误区。比如，认为知识的学习只能是个体经验的主动

[1] 陈琦，刘儒德．当代教育心理学 [M]. 3 版．北京：北京师范大学出版社，2019：135-136.

建构，否定间接经验的学习价值；认为个体都是利用自己的已有知识、经验和信念建构对外部世界的理解，强调真理的相对性，这对客观主义而言是一种进步，但过于强调相对性容易导致认识上的相对主义，甚至陷入不可知论的深渊；过于强调知识学习的情境性，而忽视了知识的逻辑性与系统性[1]。

4. 概念转变理论

上述学习理论都与概念的学习有关，但又不仅针对概念学习，对其他类型的知识、规则乃至技能的学习也同样适用。就概念学习而言，特别是针对自然科学概念的学习，概念转变理论具有更为直接和深刻的解释力。

从皮亚杰的认识发生论开始，认知主义的学习理论一致认为学习不是将新信息简单地注入大脑的记忆系统，而是通过同化和顺应的心理机制，在将新信息纳入原有认知结构的同时，导致原有认知结构发生或多或少的改变。其中，同化是指主体能够利用已有的认知结构把刺激信息整合到自己的认知结构中，而顺应发生是在新信息与原有认知结构（图式）存在冲突（不相容）、导致心理产生不平衡的情况下，改变自己的认知结构以适应新的情况，从而达到新的平衡。这种认知结构的改变可能是原有认知结构的部分调整或重组，也可能是建立新的认知结构。概念转变研究正是沿着“顺应”的思路，揭示学生在概念学习中的原有认知结构——前概念（包括错误概念），研究如何实现错误概念向科学概念转变的。概念转变问题也是科学学习中的核心问题。

概念转变（conception change）是指个体原有的概念由于受到与其不一致的新经验的影响而发生的重大转变[2]。泰森等人认为，概念转变包括两种方式：充实和重建。充实是指原有概念结构的量的扩展，重建是指创建新的概念结构以替代原有概念结构[3]。波斯纳等人认为概念转变是学生

---

[1] 卢家楣 . 学习心理与教学：理论和实践 [M]. 3 版 . 上海：上海教育出版社，2016： 34.

[2] 同 [1] 67.

[3] 同 [1] 67.

在学习科学概念时，放弃一个旧有概念转移到接受另一个概念的过程[1]。鉴于概念转变的焦点是发生于学习者面临原有概念与新情境新经验的冲突的情况下，结果是原有概念发生重大改变，笔者倾向于采纳波斯纳对概念转变的定义。

波斯纳通过概念转变模型阐述了概念转变的条件，其内容是概念若要发生转变，需要满足以下四个条件：（1）对原有概念的不满。让学生看到原有概念无法解释的事实，可以有效地导致他们对原有概念的不满，从而产生概念转变的心理需求。（2）新概念的可理解性。学习者能够理解新概念的真正含义，而不仅仅是字面上的理解。（3）新概念的合理性。对学习者来说，新概念与他已有的其他知识、信念、经验和直觉等并不冲突，因而认为新概念是合理的、可信的。（4）新概念的有效性。学习者看到新概念能够有效地解释原有概念难以解释的新经验和新信息。[2]

有关概念转变的理论还有很多。20 世纪 80 年代至今，概念转变理论的研究方兴未艾，自然科学课程的各个学科都广泛开展了对前概念的探查、概念转变教学策略等方面的研究，对提高科学概念教学的有效性产生了重要影响。

概念学习的理论林林总总，上述理论都是对概念教学产生重要影响的理论。有些理论观点之间甚至是对立的，对此我们不能采用二元对立、非此即彼的思维方式去对待。而应该认识到，这些理论观点的差异，主要是由于研究的范围、层次和角度不同引起的，每个理论都有其适用范围，对教学都有一定的借鉴意义。例如，看似过时的行为主义学习理论，用于解释一些简单的外显行为的习得还是有效的，但不适于用来解释人类内部复杂的动机行为；布鲁纳的发现学习理论更适于指导低年级理科课程的学习，特别是具体概念的学习；奥苏贝尔的有意义接受学习理论更适于指导高年级理科课程的学习，特别是定义性概念的学习。建构主义强调知识学习是

[1] 吕萍．儿童早期的科学概念形成 [M]. 上海：上海三联书店，2016：23.
[2] 同 [1] 60-61.

学生在真实情境下的社会性交往过程中自主完成意义的建构，为自主、合作、探究式的教学提供了理论基础，但这不等于完全排斥教师的讲授。教师创设情境、提供支架、引导思维、总结概括等讲授活动，有利于促进学生的知识建构。概念转变理论提示我们在教学中要重视探查学生的前概念，创设情境引发学生认知冲突，实施问题驱动教学，让学生在概念应用中体验科学概念的有效性，从而巩固新学习的概念，这对我们设计和实施科学概念的教学有着重要启示。

第二章

生物学思想观念、概念体系和概念特点

每个学科都有一定的概念体系，没有概念体系就不称其为学科。生物学（Biology）诞生之前，动物、植物与矿物一同归为博物学的研究范畴。细胞学说和进化论建立以后，关于植物、动物、微生物的知识找到了统一的理论，人们认识到了植物、动物、微生物的统一性，建构起统摄所有生物类群特征的概念体系，生物学才成为一门科学。因此，生物学概念的教学，绝不仅仅是教一个个具体的概念，而是要帮助学生建立生物学概念体系，形成生物学知识结构。

科学概念的背后是思想观念。学科的思想观念统摄、聚拢着众多的概念。因此，理解生物学概念体系，需要先了解生物学思想观念体系。

每个学科的概念总体上都有学科特点，这些特点实际上反映了特定学科的研究范式和思维方式。生物学科也不例外。我国著名结构生物学家施一公先生在讲演中说道，自己在中学时数学和物理学习成绩出色，到清华大学学习生物学后，一直不能适应，甚至要靠选修数学来提高学习成绩。他说数理学科学得好的人，生物学不一定能学好，因为两者思维方式不一样。可见，要搞好生物学概念教学，还要了解生物学概念的特点。

概念承载着思想观念和思维方式，概念教学承载着“培根铸魂、启智增慧”的育人价值。这就是本章讨论生物学的思想观念、概念体系和概念特点的出发点。

第一节　生物学的思想观念

康德说："思想无内容则空，直观无概念则盲。"[1] 林林总总、大大小小、枝枝杈杈、层层叠叠的生物学概念，之所以能组织成一个结构化的概念体系，固然离不开概念间的逻辑联系，还有更重要的、更深层次的组织者，那就是被称为"知识背后的知识"的生物学思想观念。

这里用"思想观念"一词，是因为无意在"思想"和"观念"这两个意义相近的词语上纠结。与此相关的专著和文章，在具体用词上花样太多了，"思想"方面有"生物学思想""生物学学科思想""生物学中的科学思想""生物学哲学思想"等，"观念"方面有"生物学观念""生命观念""生物学基本观点"等，再低一层次的词语如"生态学思想"和"生态观"、"进化思想"和"进化观"、"系统论思想"和"系统观"等。严格来说，思想比观念要更上位、更宏大，成体系的观念和理论才能构成思想。然而在各种文献及日常交流中，似乎并不这样严格地区分。

关于生物学思想观念的主要内容，各种文献中说法不尽一致。我国的中学生物学教学大纲长期强调的是生物学基本观点，主要是生物进化观点和生态学观点。2017 年版高中生物学课程标准强调四大生命观念——结构与功能观、进化与适应观、稳态与平衡观、物质与能量观。厄恩斯特·迈尔在其《生物学思想的发展：多样性，进化与遗传》一书中，主要论述的是生物

---

[1] 董滨宇. 康德《纯粹理性批判》中的"直观"概念 [J]. 江苏社会科学，2014（3）：39-45.

进化思想，此外强调种群思想（population thinking，也译作群体思想）、有机整体论思想、生物学自主论等。余自强在《高中生物学课程改革要注意学科思想的发展》一文中，提出课程改革应重视引进新的学科思想，并围绕生物的个体与群体、人与其他物种、自组织理论、信息作用、生物基本特征、进化的多元性等问题，阐述了一些新观点，但是并未对学科思想做出明确概括。赵法茂等在《生物学中的学科思想及其教学意义》一文中，提出生物学学科思想的内涵包括辩证统一思想、自组织思想、信息传递思想、简洁性思想、非因果决定性思想等，但这些思想有的不是生物学独有的（如辩证统一思想），有的概括尚需斟酌（如非因果决定性思想）。

笔者曾在《试论中学生物学的学科本质》一文中，在概述生命本质观的基础上，提出生物学的学科思想最核心的是进化思想和生态学思想。2017 年版高中生物学课程标准提出的四大生命观念无疑也是重要的生物学思想观念。生命本质观是重要的生物学观念，也是学习生物学在观念提升上的重要价值所在。生命本质观的背后是思维模式。

1. 生命本质观

不同思维模式下的生命本质观是有很大差别的。

经典物理学思维模式下的生命本质观，包括机械论的生命本质观和还原论的生命本质观。前者认为生物体就是一部“机器”，由各种“零件机械”组装而成，只要弄清都有哪些“零件”及这些“零件”的结构和功能，这部“机器”就一目了然了；后者认为一切生命活动都可以还原为具体的物理运动和化学反应，简单的物理运动和化学变化加在一起就成为复杂的生命活动。按照这种思维模式，生物学与物理和化学相比，在思维模式上就没有什么不同，学科育人价值自然大打折扣。

生物科学思维模式下的生命本质观认为生物体都具有共同的基本特征，比如都有蛋白质和核酸这样的物质基础，都有严整的结构，都有新陈代谢、生殖和发育等生命现象。其中，迈尔的观点颇为耐人寻味：生命体由独特的大分子构成；生命系统中的重要现象是质的而不是量的；所有层次的生命系统由高度可变的独特个体的群体组成；所有的有机体拥有历史上进化来的遗传程序；有机体是自然选择的产物；生命过程特别难以预料。

从细胞到器官是质的飞跃而不能仅视为细胞数量的增加，从器官到个体、从个体到种群、从种群到群落再到生态系统都是如此。生物都是历史的产物，经过数十亿年的自然选择传递下来的遗传程序在很大程度上决定了此生物不是彼生物，也就是说过去在很大程度上决定现在和将来，研究现在必须要研究过去。生物的这一特性决定了历史的方法是研究生物学的重要方法。生命过程为什么特别难以预料？因为生物是活的，不是死的，还因为生物体内部有复杂的相互作用，同时又与环境有复杂的相互作用，这些相互作用的结果往往难以靠逻辑推理来推断。比如基因在一定程度上决定寿命，但影响个体寿命的因素实在太多，并且有许多是随机的、偶然的因素，因此，每个个体的寿命是难以预测的，只能将一个统计意义上的平均值作为预期寿命。生命过程特别难以预料，生物学中的因果关系存在多种可能性，不像经典力学上给物体多大的外力就能按公式算出产生多大的加速度，这就决定了生物学思维模式在很大程度上区别于经典物理学思维模式，也让人们对生命本质的认识大幅度跃升。

系统科学思维模式下的生命本质观认为生命有机体是一个自组织、自复制、自适应的开放的复杂系统。所谓系统就是由若干要素通过相互作用而形成的具有一定功能的整体。认识到生命体是一个有机整体——系统，这是生命本质观的一次飞跃。开放系统是指系统在物质、能量和信息上是对外开放的，与环境之间有着物质、能量和信息的交流。生命的活力本质上来源于生命体在物质、能量和信息上的对外开放，生命是物质、能量和信息的统一体。中学生物学不深入到这一层次，就不能说揭示了生命的本质。自组织是指开放系统在自身内在机制调控下由无序向有序、从简单向复杂转变的过程，其中伴随着能量的耗散和新结构的出现。例如，将来自外界的物质转变为组成自身的物质并形成一定的结构，由一个受精卵发育为具有各种组织和器官的个体。自复制在生物学上包括细胞的增殖和个体的繁殖等。自适应是指生物能通过自身的调节机制来适应环境的变化。复杂系统是相对于简单系统而言的，是指该系统由多个子系统组成，每个子系统又是由多层次系统组成的，子系统之间有复杂的相互作用，子系统内部又有复杂的相互作用。因此，系统的功能不等于子系统功能的线性叠加，各子系统的性质不能说明该系统整体的性质，整体大于部分之和。这几个关键词集中概括了生物不同于非生物的特点，在很大程度上也决定了生物学不同于其他学科的学科本质[1]。

在中学生物学教育中，生命本质观教育应当引导学生摆脱机械论和还原论的思维惯性，逐步建立生物学和系统科学思维模式下的生命本质观。

2. 生物进化思想和生态学思想

进化思想的主要内容包括：生物不是神造的，现存的包括人类在内的所有生物是由原始的共同祖先不断进化而来的，所有生物之间都有亲缘关系；进化的过程是从简单到复杂，从低等到高等，从水生到陆生；进化的原因主要解释为以自然选择学说为核心的现代生物进化理论；进化的结果表现为分子的进化、物种的进化、生态系统的进化（生物多样性的形成），也表现为生物对环境的适应；进化的方向是多元的，进化的结果是不完美的（适应的相对性），不一定是对环境的适应能力更强，而是占领更多的生态位，更加充分地利用地球上的资源和空间。

进化思想“为人们理解生命的历史、各种生物之间的关系，以及生命依赖于物理环境提供了统一的准则，生物进化的概念提供了将大部分生物学知识构建成一个整体的框架”[2]。

生态学的发展始终与人类面临的资源和环境问题息息相关，现在已经成为可持续发展的理论基础。生态学思想的主要内容包括：生物与环境相互影响、相互依存的整体性，生物与环境关系的复杂性，因果关系的网络性和循环性，结构功能的相对稳定性，生态系统的发展性和可持续性。

生态学的思想观念与进化论是交织在一起的，“有一点非常明确，即达尔文的进化理论是以生态学为基础的”[3]，“达尔文学说强调指出，生物进化是生物与环境的交互作用，是物种竞争和自然选择的产物，这一世

---

[1] 赵占良 . 试论中学生物学的学科本质 [J]. 中学生物教学，2016（1/2）：4-8.

[2] 谭永平 . 中学生物学课程在发展学生核心素养中的教育价值 [J]. 生物学教学，2016，41（5）：20-22.

[3] 沃斯特 . 自然的经济体系：生态思想史 [M]. 侯文蕙，译 . 北京：商务印书馆，1999：193.

界观成为人们认识生物与环境关系的生态学核心思想”[1]。所谓自然选择就是指环境对生物变异的选择作用，自然选择的途径就是生存竞争，生物对环境的适应是自然选择的结果，可见，选择、竞争和适应等进化论的核心概念都是围绕生物与环境的关系提出的。达尔文虽然也认识到趋异进化的存在，但是自然界物种之间“竞争更替，而非趋异和宽容”的观点，一直在达尔文的思想中起主导作用。[2]

与进化思想不同的是，生态学思想强调生物与生物、生物与环境相互依存的整体性，注重将一定空间范围内的生物及其无机环境作为一个整体来研究，因此形成种群、群落、生态系统等核心概念，种群的数量变动、群落的结构和演替、生态系统的能量流动和物质循环等问题，成为生态学研究的中心问题，这在进化生物学中是看不到的。生态学思想对生物之间的关系更加强调的是相互依存，而不是进化论强调的生存竞争，“没有其他物种的帮助，任何有机物或物种都没有机会生存下来”[3]，地球上所有有生命的事物联成了一个共同体[4]。生态学思想不仅影响人们对自然界的认识，而且影响人们对自然界采取的行动，包括自然资源的合理利用和保护等，生态学家是以生命保护者的面目出现的。大哲学家怀特海指出，强调自然界的相关性特性，会教给人们一种相互依存的新伦理道德，“真正的现实是完全彻底的患难与共”。他预言，科学理论中的这种意识将会清除掉西方文化中的道德恶果。[5]

进化思想和生态学思想宛如编织生物学知识体系的经线和纬线，贯穿宏观和微观，纵横交错，浑然一体。

进化思想和生态学思想不仅统摄和凝聚起绝大部分的生物学概念，构成恢宏的生物学概念体系，同时具有极高的德育价值。它们解决了如何看

[1] 于贵瑞，王秋凤，杨萌，等 . 生态学的科学概念及其演变与当代生态学学科体系之商榷 [J]. 应用生态学报，2021，32（1）：1-15.

[2] 沃斯特 . 自然的经济体系：生态思想史 [M]. 侯文蕙，译 . 北京：商务印书馆，1999：200.

[3] 同 [2] 494.

[4] 同 [2] 495.

[5] 同 [2] 372.

待自然界的问题，是辩证唯物主义自然观的基础，自然观则是世界观的重要组成部分。进化思想告诉人们，人类同其他生物一样，都是大自然演化的产物。生态学思想告诉人们，生物与环境是不可分割的整体，牵一发而动全身，人类对自然资源的利用、对生态环境的影响只有控制在环境承载力和生态系统调节能力范围之内，才能与自然和谐相处，经济和社会才能实现可持续发展，同时还告诉我们生物多样性的重要价值，这都直接影响着人们的价值观。进化思想和生态学思想还告诉人们，生命来之不易，包括人类的生命在内，都是亿万年生物的遗传基因与环境相互作用的产物。从宏观到微观的生物学知识也都在引领我们欣赏和感悟生命的神奇和美丽，领略生物与生物、生物与环境的相互依存，告诉我们应当珍爱生命，善待他人，爱护动植物，形成山水林田湖草是生命共同体的意识。这无疑有助于形成正确的世界观、人生观和价值观。

3. 高中生物学课程标准中的生命观念

（1）结构与功能观。

关于结构与功能观，常见的理解是："一定的结构必然有与之相对应的功能存在，且任何功能都需要一定的结构来完成"[1]；"结构是功能的基础，即有什么样的结构，相应地就会有什么样的功能……另一方面，功能的实现依赖于特定的结构"[2]。结合生物学的学科本质来看，这些说法大体正确，但不能绝对化。比如生物体的有些结构，只是进化过程的副产品，无害无益。由于没有选择压力，这些结构在进化中就没有被淘汰，如男性的乳头。

生物学很多思想观念的表述是柔性的，不是刚性的。在生物学上，"结构决定功能"这一提法就稍显绝对。结构是功能的基础，但二者并非总是单向的谁决定谁的关系，功能的发挥过程对结构也有反作用。例如，婴幼儿大脑神经元网络的结构，有赖于他的视觉和听觉。如果整天把他关在黑屋子里边，不让他见人，他的大脑发育一定不好。让他见到听到的东西越

[1] 唐庆圆．例析高中生物中的"结构与功能观"[J]. 中学生物学，2016，32（6）：3-4.
[2] 刘丹．高中生物必修教材中渗透结构与功能观的研究 [J]. 中学生物教学，2016（21）：4-6.

多，对他的大脑发育越有好处，大脑神经元网络的建构就越好。这说明，人并非一生下来就有一个现成的大脑神经元网络决定了大脑能分析、能思考，而是靠不断地使用大脑，不断地听、看、接触新奇的环境，来塑造大脑的结构，使思维功能越来越发达。此外，在结构不变的情况下，执行功能的情况也可能发生变化。例如，人在熟睡的时候身体结构没有变化，但是走路这一功能就不能实现了（除非梦游）。再如，先天性聋哑患者的发声器官很可能是正常的，但由于出生时听觉器官出现了功能障碍，导致不能说话。因此，当一个人不能说话的时候，不一定是他说话的器官出了问题，而有可能是别的器官出了问题。耳朵出问题了，导致不能说话，但耳朵并不是用来说话的。我们不能把某个机体功能与某个器官结构简单而绝对地一一对应起来，那样就有些机械了，就不是生物学的思维了。因此，新课程标准没有用“结构决定功能”这一说法，而是用“结构与功能相统一”[1]或“结构与功能相适应”[2]。

“结构与功能相适应”无疑是生物学上结构与功能观的一种正确表述，但如果将结构与功能观理解为等同于这句话，就过于简单化了。这句话说的是结构与功能的关系，但结构与功能观不仅仅是对结构与功能关系的认识，还包括其他方面的内涵。首先是结构观，其次是功能观，最后才是结构与功能的关系观。

关于结构观，大致包括以下基本认识[3]：①生命系统的结构是以物质作为基础的（这说明结构观与物质观相联系）；②生命系统的结构是有层次的，比如个体具有器官、组织、细胞等结构层次，生物圈具有生态系统、群落、种群、个体等结构层次；③生命系统中的结构与结构之间是有联系的，如细胞内各种膜结构之间相互联系形成生物膜系统，生产者和各级消费者靠食物联系构成生态系统的营养结构；④生命系统中的结构大多是动

---

[1] 中华人民共和国教育部．普通高中生物学课程标准（2017 年版）[M]. 北京：人民教育出版社，2018：12.

[2] 同 [1] 15.

[3] 赵占良．对生物学学科核心素养的理解（一）：生命观念的内涵和意义 [J]. 中学生物教学，2019（11）：4-8.

态的、活的、变化的，如染色体和染色质是同种物质在不同时期的存在状态，它既可以缩短变粗，以便在分裂期向细胞两极运动，也可以解开变细，以便进行复制。关于生命系统的结构观具有生物学的特点， 这种结构观用在物理、化学等学科，有的适用，有的不一定适用。

关于功能观，首先要认识到功能与性质是不同的概念。化学上讲物质的结构决定物质的性质，性质是物质本身的特性；生物学上讲结构具有的功能（即有什么用），功能是作为部分的结构对整体的贡献，这是结构与功能关系的实质。例如，关于叶绿体的功能，我们要看叶绿体对细胞有什么贡献。离开了整体，局部结构的功能就无从谈起。因此，认识某层次结构的功能，不能离开它上一层次的整体。例如，认识细胞器的功能就不能离开细胞；认识器官的功能，就不能离开生物体这个整体。另外，生命体最基本的特征是自我更新和自我复制（即代谢和繁殖），所以对生命体各层次结构的功能，应当大都围绕这两个基本特征去理解。生命系统的维持还依靠三个流：物质流、能量流、信息流。所以对生命系统各层次结构的功能，也可以从这三个维度去分析。这样，结构与功能观就为我们分析生物学的现象和问题，提供了一种思想方法的指导。

在上述结构观和功能观的基础上，才能深入理解结构与功能的关系。第一，如前所述，在生物学上，对结构与功能观不能机械地、线性地去认识。第二，不能孤立地去看一个结构和它的功能，一个结构的功能的实现需要其他结构的配合。例如，哺乳动物的呼吸系统需要循环系统的配合，甲状腺分泌激素的功能受到下丘脑和垂体的控制，等等。第三，功能的实现需要外部条件。有的老师在总结结构与功能观的时候，往往忽略了这一点。例如，叶绿体进行光合作用是它的功能，但是它在黑暗中虽然结构没发生变化，却无法进行光合作用，因为光照是进行光合作用的必要条件。第四，发挥功能的过程可能对结构有反作用，如肌肉的功能是运动，但是运动又可以使肌肉发达，两者相辅相成。总之，柔性的、非线性的、相互联系的、动态变化的、作用与反作用的结构与功能观，才是生物学的结构与功能观[1]。

（2）进化与适应观。

生物是怎么来的？生物是怎样进化的？进化的结果是怎样的？对这些问题的基本看法就是进化观。

适应包括结构与功能相适应、生物与环境相适应两个方面的含义。适应既有普遍性（这是生物区别于非生物的特征之一），也有相对性。适应的方式是具有多样性的。适应就是生物的遗传变异与环境相互作用的结果，也就是自然选择的结果。

进化与适应观影响着人们的世界观、价值观，同时具有方法论价值。比如，认同人类不是神创造的，而是大自然演化的产物（世界观），人类同其他生物一样是自然界的一员，而不是凌驾于其他物种之上的主宰（价值观）；认同每个生物身上都凝聚着数十亿年的进化史，生命来之不易，包括人类的生命在内，都是亿万年生物的遗传基因与环境相互作用的产物，因此应当珍爱生命、敬畏生命（价值观）；认识到自然界的各种生物和生态系统都是协同进化的结果，它们是作为一个有机整体不断发展的，进而认同人类应当尊重自然、顺应自然、保护自然，与大自然和谐共生（价值观）；在面对奇妙的生命现象寻求解释时，比如为什么所有的生物都共用一套遗传密码系统，细胞内叶绿体和线粒体是如何起源的，可以从进化的视角去分析（方法论价值）。

（3）稳态与平衡观。

之所以把稳态与平衡观列为生命观念之一，是因为稳态和平衡是从细胞到生物圈所有层次生命系统普遍存在的特性。在 2017 年版和实验版普通高中生物学课程标准中都有这样一句话："所有的生命系统都存在于一定的环境之中，在不断变化的环境条件下，依靠自我调节机制维持其稳态。"[2] 这句话值得细细品味，它是贯穿新课标"稳态与调节"和"生物

[1] 赵占良 . 对生物学学科核心素养的理解（一）：生命观念的内涵和意义 [J]. 中学生物教学，2019（11）：4-8.

[2] 中华人民共和国教育部 . 普通高中生物学课程标准（2017 年版）[M]. 北京：人民教育出版社，2018：19.

与环境”模块的一条主线。

稳态的概念包括以下几个要点。第一，稳态是指什么。稳态是生命系统维持自身相对稳定状态的特性和能力。这一点很多老师是有误解的，认为稳态是一种相对稳定的状态。其实不论在生理学还是在生态学上，稳态都是指生命系统或生态系统的一种能力和特性。第二，稳态有什么意义。2004 年版人教版普通高中教科书中写道：“稳态是生命系统的特征，也是机体存活的条件。”[1] 生命系统的稳态的意义就是使系统的组分拥有一个相对稳定适宜的环境。比如人体的稳态是使机体细胞拥有稳定、有序、适宜的环境，如果人体内环境的温度、pH、渗透压等出现过高或过低的情况，或者病原体在体内大量繁殖，都会危及细胞的生命活动。第三，稳态如何实现。稳态通过自我调节实现（自稳）。不同类型的生物、不同层次的生命系统，调节机制是多种多样的。比如人体的稳态通过神经调节、激素调节和免疫调节来实现，生态系统的稳态通过种群数量的调节等机制来实现。第四，稳态作为生命系统的显著特征，说明生命系统的内部状态不会被动地随环境的变化而同样程度地改变，这体现了生命的自主性。

生命系统内部存在着各种因素和过程的平衡，这种平衡是动态的平衡。例如，同化作用和异化作用的平衡，营养平衡（血糖平衡、水盐平衡等），生态平衡（生产者和消费者数量的平衡等）。生物体内部各种过程的平衡受信息的调控（遗传信息、激素、神经冲动、细胞因子等），生态平衡也离不开生态系统内部信息的调控。这又与生命的信息观相联系。

在理解稳态和平衡概念的基础上，学生可望通过进一步抽象概括、提炼升华，使之内化为看待事物、分析问题的视角、思路甚至态度倾向，形成稳态与平衡观。例如，认识到人体的稳态“让每一个细胞分享，又靠所有细胞共建”[2]，就会认同共建共享的理念，甚至可以将其迁移至分析人类社会的发展，认同和谐稳定的重要意义，认同人类命运共同体的理念。

---

[1] 人民教育出版社课程教材研究所生物课程教材研究开发中心 . 普通高中课程标准实验教科书 生物 3 必修 稳态与环境 [M]. 北京：人民教育出版社，2004：1.

[2] 同 [1].

认识到生命系统的自我调节能力是有限的，就会转化为做出相关决策时尊重客观规律、把握分寸的意识。

生命系统的稳态与平衡是相互联系的。二者都通过系统的自我调节来实现，而且是互为条件、互为因果的关系。这或许是新课标将二者并列为一条生命观念的原因。

（4）物质与能量观。

关于生命的物质观，首先是认同生命的物质性。生命本身没有什么神秘的非物质的力量来支配。前文所述的一切生命特征，都有其物质基础。生命本质上是物质的，这是辩证唯物主义自然观的基础。如何理解生命的物质性？从元素层面看，没有特殊的生命元素，组成生命体的元素自然界中都有，它们都来自无机自然界。但是，组成生命体的物质又有其特殊性，生命体有选择地从外界吸收有用的物质，生物大分子（如蛋白质、核酸、多糖）是生命体独有的。因此，生命体在物质上跟无机自然界既有联系，又有它的独特性。例如，DNA、蛋白质和多糖等都是生命体内才有的有机物，这些有机物的分工很明确。DNA 是指挥者，蛋白质是执行者，这个过程中需要糖类氧化分解提供能量。生命的物质性，还体现在物质的运动变化是一切生命活动的基础。生命体内部的物质并不是随机堆放在细胞中就能完成生命活动的，而是有序地组织起来，形成结构，结构是物质的有序组织形式，这就是物质观和结构观的联系。生命体的各种结构都有其独特的物质基础，这也是物质观的内容。

生命的能量观需要建立在以下重要概念基础上：①生命过程需要能量驱动，生命系统都是耗散结构，需要引入能量来维持有序性。②生命系统的各个层次都有能量的流动和转换。③能量以物质为载体。细胞内的化学反应有放能反应和吸能反应，二者总是耦联的（通过 ATP 的合成和分解）。④光能是几乎所有生命系统中能量来源的最终源头，但是对大多数生命体来说，光能并不能直接利用，而是要通过化学反应转化为化学能才能被利用（即使在绿色植物体内，也有许多细胞不能进行光合作用）。⑤生命系统的能量流动同样遵循能量守恒定律[1]。

生命的物质与能量观与生命的系统观和生态观有内在联系。生命系统是开放系统，时刻进行着物质和能量的输入与输出。生物之间相互依存、相互竞争，乃至捕食与被捕食，主要也是为了获得生存、繁殖所需要的物质和能量，换言之，生物之间的关系大抵都是围绕获取生存所需要的物质和能量来建立的。

归根结底，上升到生命的物质与能量观的层面，应该认识到生命体是物质的特殊存在形式，它的存在和发展都需要能量来驱动（非生命形态的物质不需要靠外界输入能量来维系），而能量的传递和利用又需要以物质为载体，除此之外，没有什么神秘的不可知的力量来支配生命，这对于树立辩证唯物主义世界观是十分重要的。有了这样的生命观念，面对神秘主义的歪理邪说（如通过一定方式让人体吸收宇宙中的能量），自然就不会盲目信从了。

4. 其他生物学思想观念

生命观念除上述内容外，还包括生命的信息观[2]等其他观念。生命本质上既是物质的，也是信息的。生命系统都是物质、能量和信息的统一体。生命体的组成以物质为基础，生命活动靠能量来驱动，同时也靠信息来控制和调节。包括我们人类在内，有性生殖的生物从亲代那里承接的主要是遗传信息（小小的受精卵里没有多少物质和能量，但是有一整套控制个体发育的遗传信息），人体的神经调节、激素调节、免疫调节都离不开信息的传递。现代生物科技靠掌握的基因序列数据（即遗传信息），就可以人工合成基因，甚至可以人工合成生命。从物种繁衍的角度看，死亡的是个体，代代相传的是遗传信息，换言之，生物个体都是生命长河中遗传信息的临时载体。引申之，对人类之外的生物来说，个体存在的意义就是当好遗传信息的传递者。推而广之，从人类文明发展的角度看，从伟大人物到

---

[1] 赵占良．对生物学学科核心素养的理解（一）：生命观念的内涵和意义 [J]. 中学生物教学，2019（11）：4-8.

[2] 张秀红．核心素养视域下的生物学观念：内涵、价值、内容体系及教学 [J]. 课程・教材・教法，2017，37（9）：91-97.

普罗大众，都会随着生命的结束“还原”为无机物，但他们所继承和创造的文明的信息会绵延不绝，这似可理解为生命的信息观对人生的启迪[1]。

除进化思想和生态学思想之外，生物学中还有其他重要的学科思想，如适度与平衡的思想、群体思想等。适度与平衡的例子比比皆是：过量饮酒伤身，适度饮酒可能于身体有益；过度放牧对牧草有害，适度放牧则对牧草的生长有利；雄鹿的角长一些，容易得到雌鹿的青睐，但角过大就会影响身体平衡和奔跑速度，大角鹿就因此而绝灭；膳食平衡、生态平衡、碳氧平衡、水盐平衡；等等。群体思想认为生命系统是由许多独特个体相互配合组成的群体，每个个体都是独特的（这与本质论有根本区别），同时又离不开其他个体。比如在多细胞生物体内，“细胞的生命历程虽然短暂，却都对个体的生命有一份贡献”。在人体内，内环境的稳态“让每一个细胞分享，又靠所有细胞共建”[2]。在蜜蜂种群内，蜂王、雄蜂和工蜂职能不同，但都是不可或缺的。群体思想启迪人们做好自己就是对群体的最大贡献，个体的意义只有在群体层面才能体现，这与我国自古倡导的敬业乐群思想和现在倡导的社会主义核心价值观有异曲同工之妙。

第二节　生物学的概念体系

生物学的概念浩如烟海，但它们不是漫无规则地堆积在一起的，而是按照一定的层次顺序和内在联系形成的有组织的整体，这个整体就是概念体系。这个体系中的每一个概念，都是在跟许多相关概念的联系中存在的，其意义也只有在概念网络背景中才能得到准确理解。因此，学习概念的过程，也是不断充盈和完善学习者概念体系的过程；学习者头脑中结构良好的概念体系，又是顺利学习新概念的基础。

---

[1] 赵占良．对生物学学科核心素养的理解（一）：生命观念的内涵和意义 [J]. 中学生物教学，2019（11）：4-8.

[2] 人民教育出版社课程研究所生物教材研究开发中心．普通高中课程标准实验教科书 生物 3 必修 稳态与环境 [M]. 北京：人民教育出版社，2004：1.

1. 探析生物学概念体系的基本思路

生物学的概念体系是如此庞大而复杂，此处不可能也不需要做本体论的条分缕析，只是从认识论的角度，探讨它是如何构建起来的，了解它的基本框架结构和特点，而这正是研究生物学概念教学所需要的。

如何确定探析生物学概念体系的基本思路呢？不妨将它与建筑物做类比。如果要了解一座建筑物的基本结构特点，首先需要将这座建筑物从外到里概略浏览一下，有一个总体印象，接下来的工作，恐怕就是要了解它的设计思想：是工作用的还是居住用的；是豪华型的还是经济适用型的；是中式风格的还是欧式风格的；除工作或居住功能外，还有无休闲娱乐等功能；等等。这些设计思想可以说是一个建筑物结构特点的决定因素。设计思想明确之后，还需要了解这些设计思想是如何实现的，四梁八柱是什么样子，建筑材料有什么特点等。如果不按照这样的思路，一下子扎到该建筑物的局部细节层面去考察，费时费力不说，最终也难以总结出该建筑物的总体结构特点。从总体上探讨生物学的概念体系，也应该按照与此类似的思路进行。在总体上对生物学的概念体系的格局有所认识的基础上，重要的不是去梳理每个分支学科有哪些具体的概念，这些概念之间有什么联系，而是找出将生物学众多概念组织起来、凝聚起来形成一个层次化、网络化概念体系的内在逻辑。笔者认为，这个内在逻辑就是生物学的学科思想和核心概念，其中学科思想相当于建筑物的设计思路，核心概念相当于建筑物的主体框架。

2. 生物学总体格局概览

“生物学是研究生命现象和生命活动规律的科学”，这是许多教科书上关于生物学的一致简明定义。因为简明，可能不够全面准确。“生物学是研究生物各个层次的种类、结构、功能、行为、发育和起源进化以及生物与周围环境关系的科学”[1]，这一定义更加全面、准确，但略显烦琐。早期的生物学主要是对生物界的观察和描述，形成的分支学科是分类学和

---

[1] 中国科学技术协会，中国细胞生物学学会，中国神经科学学会，等．生物学学科发展报告：2007—2008[M]. 北京：中国科学技术出版社，2008：3.

按生物类群划分的学科，如植物学、动物学、微生物学等[1]。在此基础上形成按结构、功能以及各种生命过程而划分的学科，如形态学、解剖学、生理学、组织学、细胞学、遗传学、胚胎学等。生命系统是多层次的，从不同层次研究生物学的学科有种群生物学、细胞生物学、分子生物学等。用化学、物理、数学、信息科学的方法研究生命的分支学科有生物化学、生物物理学、生物数学、生物信息学等。研究生物界发展变化和生物与环境关系的有进化生物学、生态学等。以上只是生物学分支学科的主要格局。实际上，生物学的分支学科还有很多。生物学的发展趋势是一方面新的学科不断分化出来，另一方面，这些学科又互相渗透走向融合[2]。

生物学众多的分支学科中，每个学科都有许多概念组成自己的概念体系。各个分支学科的概念体系汇聚为一个更大的整体，才能形成生物学的概念体系。高等学校的普通生物学教材，可以看作是生物学概念体系的概要呈现。

3. 构建生物学概念体系的内在逻辑

生物学各个分支学科相对独立而完整的概念体系，如何汇聚为结构化的生物学概念体系呢？迈尔的以下论述可以给我们启迪。

“拉马克因为他的进化理论和他在 1802 年所创造出的‘生物学’一词（1800 年布尔达赫，1802 年特雷维拉努斯也独立地提出过）常常被誉为将生物学带入一个新的时代的人。从更大的范围来看，生物科学并没有证实这种主张。拉马克的进化理论所产生的影响是极小的，‘生物学’这个词的创造并没有创立生物学这门科学。在 19 世纪的早期，除了拉马克的宏大的体系和德国的一些自然哲学的著作之外，并不存在真正的生物学。这些东西仅仅是将要被创造出来的生物学的发起书。存在的不过是博物学和医学生理学。生物学的统一有待于进化生物学的建立和象（像）细胞学这样学科的发展。”[3] 生物学的统一可以用秦始皇统一中国来类比。国家

---

[1] 吴相钰，陈守良，葛明德 . 陈阅增普通生物学 [M]. 2 版 . 北京：高等教育出版社，2005：6.

[2] 同 [1].

[3] 迈尔 . 生物学思想的发展：多样性，进化与遗传 [M]. 刘珺珺，胡文耕，彭奕欣，等译 . 长沙：湖南教育出版社，1990：117.

的统一绝不仅仅是国土的兼并，更重要的是思想、制度的统一，还有书同文、车同轨，度量衡和货币的统一等。独立发展的博物学各个分支学科和医学生理学等统一为生物学，也需要有统一的思想、理论和一系列共通的核心概念。迈尔在这里提出，生物学的统一有赖于进化论和细胞学的发展。下面我们就分析进化论和细胞学如何为统一生物学提供思想、理论和核心概念。

在 1859 年以前，尽管有少数分类学家小心翼翼地提出一些看起来相似的物种可能来自共同的祖先，但是绝大多数人是本质论者即物种不变论者，对分类学做出巨大贡献的瑞典博物学家林奈也是如此。林奈提出的“自然分类法”其实还是人为分类法，因为他秉持各种生物是造物主创造的，自古至今都没有改变，各种生物之间没有亲缘关系（尽管后来这个信念有所动摇），他只是根据造物设计好的种属的本质不同或相似程度进行分类而已。达尔文提出的共同由来说彻底推翻了物种不变论，让人们认识到现存的生物之间，无论看上去多么相似或者不同，都是由共同祖先进化而来的，哪怕看上去迥然不同的植物和动物之间也有共同的原始祖先。整个生物界被看成是一个彼此有联系的整体，这就为植物学和动物学的统一奠定了理论基础，植物分类学和动物分类学也终于并入了自然分类系统的统一轨道。

如果说进化论揭示了动物和植物在起源上的统一性，那么，细胞学说则揭示了动物和植物在结构上的统一性，而且喻示了共同起源的可能性。下面摘录人教版普通高中生物学教科书中的文字来详述。

细胞学说使人们认识到植物和动物有着共同的结构基础，从而在思想观念上打破了在植物学和动物学之间横亘已久的壁垒，也促使积累已久的解剖学、生理学、胚胎学等学科获得了共同的基础，这些学科的融通和统一催生了生物学的问世。

细胞学说中关于细胞是生命活动基本单位的观点，使人们认识到生物的生长、生殖、发育及各种生理现象的奥秘都需要到细胞中去寻找，生物学的研究随之由器官、组织水平进入细胞水平，并为后来进入分子水平打下基础。

细胞学说中细胞分裂产生新细胞的结论，不仅解释了个体发育，也为后来生物进化论的确立埋下了伏笔。新细胞由老细胞产生，老细胞由更老的细胞产生，如此上溯，现代生物的细胞都是远古生物细胞的后代，小小的细胞内部，凝聚着数十亿年基因的继承和改变。每个细胞，每个生物，都是历史的产物。被恩格斯列入 19 世纪自然科学三大发现的细胞学说和进化论，作为生物学大厦的基石，赋予生物学不同于其他自然科学的独特韵味。[1]

基于以上分析，进化思想、进化理论和细胞学说，是将后博物学时代的动物学、植物学、解剖学、生理学等统一起来建立生物学概念体系的重要思想和理论。这与迈尔所说的功能生物学观念和进化生物学观念构成生物学哲学体系的观点不谋而合[2]。以细胞学说为基础的细胞生物学突出的是功能生物学观念，指向生命现象（功能）的物质和结构基础及功能实现过程，如结构与功能观、物质与能量观、稳态与平衡观等，与之相关的核心概念如细胞的化学组成、结构和功能（代谢、增殖、分化）、DNA 的结构和复制、基因的表达等；进化论突出的是进化生物学观念，如进化与适应观、生物分类阶元（等级、单位）等，与之相关的核心概念如遗传、变异、自然选择、适应、物种、属等。

生物的生存和繁衍都离不开环境，生物与环境（包括生物环境和非生物环境）通过相互作用形成统一的整体。研究生物与环境之间相互关系的科学就是生态学。生态学思想强调生物与环境的整体性，与之相关的核心概念有生态因素、种群及其动态、群落及其演替、生态系统及其物质循环和能量流动等。生态学上的适应、种间关系、群落演替等概念与进化生物学交叉渗透，研究生态因素对动植物生理的影响、生态系统的能量流动和物质循环则又离不开功能生物学的观念和方法。

---

[1] 人民教育出版社课程教材研究所生物课程教材研究开发中心．普通高中教科书生物学 必修 1 分子与细胞 [M]. 北京：人民教育出版社，2019：4.

[2] 迈尔．生物学思想的发展：多样性，进化与遗传 [M]. 刘珺珺，胡文耕，彭奕欣，等译．长沙：湖南教育出版社，1990：72-82.

4. 生物学概念体系的基本框架

上面梳理了构建生物学概念体系的内在逻辑，即生物学思想观念及相关的核心概念。生物学概念体系的基本框架是怎样的呢？尽管没有现成的标准答案，但是我们可以从相关文献中得到启发。

（1）我国中学生物学课程标准。

《义务教育生物学课程标准（2011 年版）》的生物学概念内容框架见表 2-1。

表 2-1　我国义务教育生物学课程标准中的生物学概念框架

主题	重要概念
生物体的结构层次	细胞是生物体结构和功能的基本单位
	动物细胞、植物细胞都具有细胞膜、细胞质、细胞核和线粒体等结构，以进行生命活动
	相比于动物细胞，植物细胞具有特殊的细胞结构，例如叶绿体和细胞壁
	细胞能进行分裂、分化，以生成更多的不同种类的细胞用于生物体的生长、发育和生殖
	一些生物由单细胞构成，一些生物由多细胞组成
	多细胞生物体具有一定的结构层次，包括细胞、组织、器官（系统）和生物个体
生物与环境	生物与环境相互依赖、相互影响
	一个生态系统包括一定区域内的所有的植物、动物、微生物以及非生物环境
	依据生物在生态系统中的不同作用，一般可分为生产者、消费者和分解者
	生产者通过光合作用把太阳能（光能）转化为化学能，然后通过食物链（网）传给消费者、分解者，在这个过程中进行着物质循环和能量流动
	生物圈是最大的生态系统

续表

主题	重要概念
生物圈中的绿色植物	植物的生存需要阳光、水、空气和无机盐等条件
	绿色开花植物的生命周期包括种子萌发、生长、开花、结果与死亡等阶段
	绿色植物能利用太阳能（光能），把二氧化碳和水合成贮存了能量的有机物，同时释放氧气
	在生物体内，细胞能通过分解糖类等获得能量，同时生成二氧化碳和水
	植物在生态系统中扮演重要角色，它能制造有机物和氧气；为动物提供栖息场所；保持水土；为人类提供许多可利用的资源
生物圈中的人	人体的组织、器官和系统的正常工作为细胞提供了相对稳定的生存条件，包括营养、氧气等以及排除废物
	消化系统包括口腔、食道、胃、小肠、肝、胰、大肠和肛门，其主要功能是从食物中获取营养物质，以备运输到身体的所有细胞中
	呼吸系统包括呼吸道和肺，其功能是从大气中摄取代谢所需要的氧气，排出代谢所产生的二氧化碳
	血液循环系统包括心脏、动脉、静脉、毛细血管和血液，其功能是运输氧气、二氧化碳、营养物质、废物和激素等物质
	泌尿系统包括肾脏、输尿管、膀胱和尿道，其功能是排除废物和多余的水
	神经系统和内分泌系统调节人体对环境变化的反应及生长、发育、生殖等生命活动
	人体各个系统相互联系、相互协调，以完成生命活动
	人类的活动对生物圈有重要的影响

续表

主题	重要概念
动物的运动和行为	动物因逃避敌害、争夺食物和栖息地、完成繁殖所进行的活动，是在神经系统和内分泌系统的调节下，由骨骼和肌肉共同完成的
	动物的行为使其能适应环境的变化，提高其存活和繁殖的机会
	动物的行为由先天遗传或后天学习而获得
生物的生殖、发育与遗传	人体的生殖系统可以产生两性生殖细胞，通过受精作用产生新的个体；其分泌的性激素对第二性征的发育和维持具有重要作用
	不同动物发育的方式可能不同。有些动物的幼体与成体形态相似，有些动物的幼体与成体形态差别很大
	生物能以不同的方式将遗传信息传递给后代。一些进行无性生殖，后代的遗传信息来自同一亲本；一些进行有性生殖，后代的遗传信息可来自不同亲本
	DNA 是主要的遗传物质。基因是包含遗传信息的 DNA 片段，它们位于细胞的染色体上
	遗传性状是由基因控制的，基因携带的遗传信息是可以改变的
生物的多样性	地球上生活着各种各样的生物，可以根据特征将生物进行分类
	为了科学地将生物进行分类，弄清生物之间的亲缘关系，生物学家根据生物之间的相似程度，把它们划分为界、门、纲、目、科、属、种等不同等级。“种”是最基本的分类单位
	不同类群的生物各有其特征，在生物圈中具有不同的作用，保护生物的多样性极为重要
	地质学、化石记录、解剖学等从不同方面为进化理论提供证据
	生物的遗传变异和环境因素的共同作用，导致了生物的进化

续表

主题	重要概念
健康地生活	青春期生理和心理均出现一系列变化，青春期的生理、心理健康状态影响青少年的成长
	按照是否有传染性，可将疾病分为传染性疾病和非传染性疾病
	免疫系统可抵抗能引起疾病的微生物、异己物质等。它包括免疫器官、免疫细胞和免疫物质
	个人的生活习惯与行为选择能对一生的健康产生积极或消极影响
	了解基本的急救方法，能减少伤害或挽救生命

从上表可以看出，我国初中生物学课程标准的生物学概念体系可以概括为细胞、生理、遗传、进化、多样性、生态六个方面的重要概念（以命题形式表述）。这一安排与上边分析的生物学概念体系的内在逻辑是基本吻合的，即既有功能生物学观念下的重要概念群（细胞、生理、遗传等方面），又有进化生物学观念下的重要概念群（进化、多样性等方面），还有在综合功能生物学和进化生物学观念基础上突出生物与环境整体性的生态观下的重要概念群（生态方面）（图 2-1）。在课程标准中，每条重要概念都包含若干条更具体的概念，构成了相对完整的生物学概念体系。

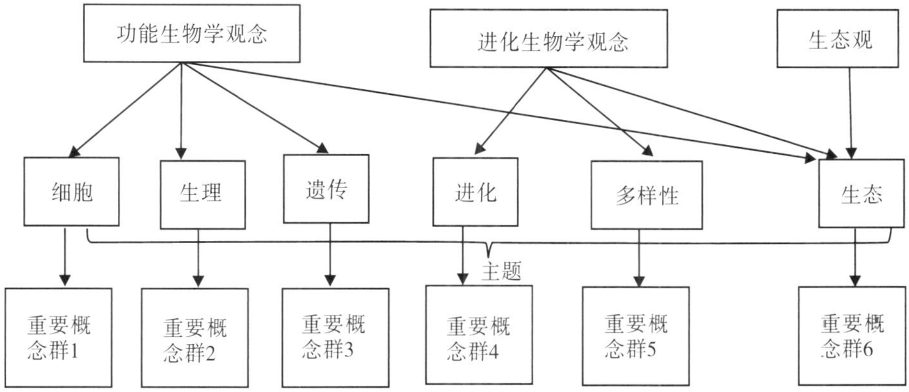

图 2-1　初中生物学概念体系框架示意图

《普通高中生物学课程标准（2017 年版）》在“课程内容”部分，拟定了五个模块、十个大概念、每个大概念下若干个重要概念、每个重要概念下若干个一般概念的概念体系[1]，详见表 2-2（只列到重要概念层次）。

表 2-2　我国高中生物学课程标准中的生物学概念框架

模块	大概念	重要概念
分子与细胞	细胞是生物体结构与生命活动的基本单位	细胞由多种多样的分子组成，包括水、无机盐、糖类、脂质、蛋白质和核酸等，其中蛋白质和核酸是两类最重要的生物大分子
		细胞各部分结构既分工又合作，共同执行细胞的各项生命活动
		各种细胞具有相似的基本结构，但在形态与功能上有所差异
	细胞的生存需要能量和营养物质，并通过分裂实现增殖	物质通过被动运输、主动运输等方式进出细胞，以维持细胞的正常代谢活动
		细胞的功能绝大多数基于化学反应，这些反应发生在细胞的特定区域
		细胞会经历生长、增殖、分化、衰老和死亡等生命进程
遗传与进化	遗传信息控制生物性状，并代代相传	亲代传递给子代的遗传信息主要编码在 DNA 分子上
		有性生殖中基因的分离和重组导致双亲后代的基因组合有多种可能
		由基因突变、染色体变异和基因重组引起的变异是可以遗传的
	生物的多样性和适应性是进化的结果	地球上的现存物种丰富多样，它们来自共同祖先
		适应是自然选择的结果

[1] 中华人民共和国教育部 . 普通高中生物学课程标准（2017 年版）[M]. 北京：人民教育出版社，2018：11-30.

续表

模块	大概念	重要概念
稳态与调节	生命个体的结构与功能相适应，各结构协调统一共同完成复杂的生命活动，并通过一定的调节机制保持稳态	内环境为机体细胞提供适宜的生存环境，机体细胞通过内环境与外界环境进行物质交换
		内环境的变化会引发机体的自动调节，以维持内环境的稳态
		神经系统能够及时感知机体内、外环境的变化，并作出反应调控各器官、系统的活动，实现机体稳态
		内分泌系统产生的多种类型的激素，通过体液传送而发挥调节作用，实现机体稳态
		免疫系统能够抵御病原体的侵袭，识别并清除机体内衰老、死亡或异常的细胞，实现机体稳态
		植物生命活动受到多种因素的调节，其中最重要的是植物激素的调节
生物与环境	生态系统中的各种成分相互影响，共同实现系统的物质循环、能量流动和信息传递，生态系统通过自我调节保持相对稳定的状态	不同种群的生物在长期适应环境和彼此相互适应的过程中形成动态的生物群落
		生物群落与非生物的环境因素相互作用形成多样化的生态系统，完成物质循环、能量流动和信息传递
		生态系统通过自我调节作用抵御和消除一定限度的外来干扰，保持或恢复自身结构和功能的相对稳定
		人类活动对生态系统的动态平衡有着深远的影响，依据生态学原理保护环境是人类生存和可持续发展的必要条件

续表

模块	大概念	重要概念
生物技术与工程	发酵工程利用微生物的特定功能规模化生产对人类有用的产品	获得纯净的微生物培养物是发酵工程的基础
		发酵工程为人类提供多样的生物产品
	细胞工程通过细胞水平上的操作，获得有用的生物体或其产品	植物细胞工程包括组织培养和体细胞杂交等技术
		动物细胞工程包括细胞培养、核移植、细胞融合和干细胞的应用等技术
		对动物早期胚胎或配子进行显微操作和处理以获得目标个体
	基因工程赋予生物新的遗传特性	基因工程是一种重组 DNA 技术
		蛋白质工程是基因工程的延伸
	生物技术在造福人类社会的同时也可能会带来安全与伦理问题	转基因产品的安全性引发社会的广泛关注
		中国禁止生殖性克隆人
		世界范围内应全面禁止生物武器

从上表可以看出，我国普通高中生物学课程标准的生物学概念体系包括细胞、遗传、进化、稳态（生理）、生态五个方面的核心概念（即课程标准所称的“大概念”，“生物技术与工程”模块不在生物学概念体系范围内）。这一安排与初中生物学概念体系基本一致（见图 2-2）。

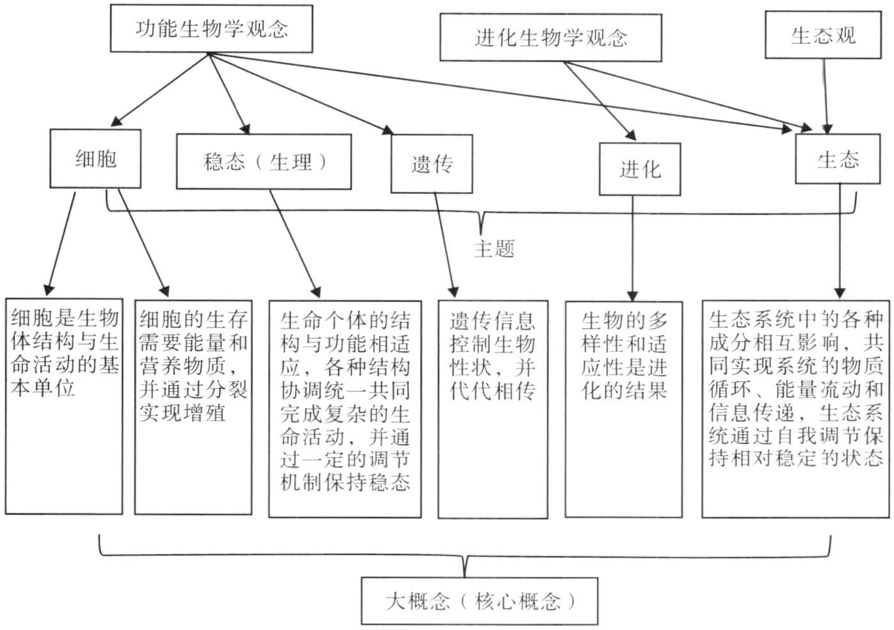

图 2-2　高中生物学概念体系框架示意图

通过以上分析可以看出，我国初中和高中阶段的生物学课程标准构建生物学概念体系的基本思路是一致的，即都是在功能生物学、进化生物学观念指导下，聚焦细胞、生理、遗传、进化、生态等主题下的核心概念，以核心概念统摄众多的一般概念，形成有序的、相互联系的概念层级结构。

（2）国外相关课程文献。

国外与生物学课程相关的文献林林总总，这里选两种有代表性的进行分析：一是美国《新一代科学教育标准》（NGSS），一是温·哈伦编著、韦钰院士翻译并参与编写的《以大概念理念进行科学教育》一书。

NGSS 关于小学、初中和高中阶段的生命科学学习内容，都是围绕以下四个学科核心概念构建的：①从分子到生物体：结构与过程。②生态系统：相互作用、能量和动态。③遗传：性状的继承与变异。④生物演化：

统一性与多样性。这四个核心概念下各有若干子概念（表 2-3）[1]，每个子概念下有一段文字解释它在特定学习阶段应该达成的理解。

表 2-3 NGSS 生命科学核心概念及其子概念

学科核心概念	子概念
LS1 从分子到生物体：结构与过程	LS1A 结构与功能
	LS1B 生物体的生长和发育
	LS1C 生物体的物质流与能量流的组织
	LS1D 信息处理
LS2 生态系统：相互作用、能量和动态	LS2A 生态系统中的相互依存关系
	LS2B 生态系统中物质循环和能量传递
	LS2C 生态系统的动态、运作和恢复力
	LS2D 社会互动和群体行为
LS3 遗传：性状的继承与变异	LS3A 性状的继承
	LS3B 性状的变异
LS4 生物演化：统一性与多样性	LS4A 共同祖先的证据
	LS4B 自然选择
	LS4C 适应
	LS4D 生物多样性与人类

下面以 LS3A “性状的继承”和 LS3B “性状的变异”为例，展示 NGSS 对不同学段核心概念理解水平的说明（表 2-4）[2]。

[1] 美国科学教育标准制定委员会 . 新一代科学教育标准：学科核心概念序列和主题序列 [M]. 叶兆宁，杨元魁，周建中，译 . 北京：中国科学技术出版社，2020：XXIV.
[2] 同 [1] 65.

表 2-4　NGSS 对不同学段核心概念理解水平的描述示例

学段		LS3A　性状的继承	LS3B　性状的变异
小学	一年级	年幼的动物和它们的父辈很像但不完全一样。植物也和它们的父辈很像但不完全一样	同一类别的植物或动物个体之间可以观察到相似性，但它们也可能在许多方面有所不同
	三年级	生物体的许多特征是从它们父母那里继承来的。 而有些特征是个体与环境相互作用的结果，这部分特征的范围涵盖了从饮食到学习。许多特征既涉及继承，又涉及环境	不同生物体的外观和功能有所不同，是因为它们继承了不同的遗传信息。 环境也会影响生物体的性状发展
初中		基因位于细胞染色体上，染色体成对出现，每对染色体上带有很多不同基因并且每种基因都有两个等位基因。 每个基因主要负责特定的蛋白质的生产，而蛋白质影响个体的性状。基因的变化（突变）会引起蛋白质的变化，这会影响生物体的结构和功能，并由此改变性状。 亲代与子代间遗传性状的变异源于基因的不同，而基因的不同是继承得到的染色体子集引起的	对于有性繁殖的生物体，父本和母本各自贡献子代获得的基因的一半（随机）。染色体成对出现，因而等位基因也是成对出现的，其中一个来自父本，一个来自母本。它们可能是相同的，也可能是不同的。 除由有性繁殖而产生的变异外，遗传信息还可能因为突变而改变。虽然罕见，但突变可能引起蛋白质的结构与功能改变。一些改变对生物体是有益的，一些是有害的，还有一些是中性的

续表

学段	LS3A 性状的继承	LS3B 性状的变异
高中	每个染色体包含一个非常长的 DNA 分子，染色体上的每个基因是一段独特的 DNA 片段。DNA 承载着形成物种特征的指令。一个生物体的所有细胞有相同的遗传信息，但是细胞使用（表达）的基因也许会以不同的方式被调控。DNA 并非全部用来编码蛋白质；DNA 的一些片段参与调控或结构性功能，还有一些功能是未知的	在有性繁殖中，染色体有时会在减数分裂（细胞分裂）过程中交换片段，从而产生新的基因组合，并因此带来更多的基因变异。虽然 DNA 的复制被严谨地调控着、非常准确，但错误的确仍然会发生并造成突变，这也是基因变异的一个来源。环境因素也能造成基因突变，存活个体的突变可以遗传。 环境因素能影响性状，因而影响性状在一个种群中出现的概率。因此，观察到的性状的变异取决于遗传与环境两方面的因素

从上表可以看出，同一个核心概念或其子概念，在不同学段要求学生理解的水平是不同的。换句话说，核心概念的内涵是随着学段的递升而不断丰富和深化的，然而，概念体系的基本框架并未发生明显的改变，生命科学的四大核心概念是贯穿从小学到高中的科学课程的。

温·哈伦编著、国际上众多科学教育专家参与研讨的《以大概念理念进行科学教育》一书，选定了贯通小学和中学科学教育的 14 个大概念，其中关于科学知识的大概念 10 个，关于科学本身的大概念 4 个。在关于科学知识的大概念中，生物学占 4 个：①生物体以细胞为基础构成，并具有一定的生命周期；②生物需要能量和物质的供给，为此它们经常需要依赖于其他生物或与其他生物竞争；③生物体的遗传信息会一代代地传递下去；④生物的多样性、存活和灭绝都是进化的结果。其中第②条看似包括生物的能量代谢和物质代谢,实际上是集中于生物与环境的关系，即生态学核心概念（当然，对生态学大概念做如此概括显然是不够全面和准确的）。如此看来，这个框架与 NGSS 是基本一致的。

再将这两份文献与我国的中学生物学课程标准相比较，就会发现，如果将 NGSS 中的第一个科学核心概念“从分子到生物体：结构与过程”中的“结构”与“过程”分开，各列为一个核心概念或主题，那么，这些课程文献中关于生物学概念体系基本框架的设计也就基本一致了。

（3）对中学生物学概念体系的构想。

生物学概念体系格局宏大，分支学科众多，具体的概念更是浩如烟海。中学生物学课程选择哪些概念（按怎样的思路选择概念）、如何将所选择的概念组织成结构化的概念体系，是构建中学生物学概念体系需要研究的主要问题。通过前述研究，笔者提出以下基本构想。

第一，应选择那些帮助学生理解生物之所以是生物的基本概念。这些基本概念是学生将来学习生物学新知识、获取生物学新信息的基础，同时具有广泛的迁移性，有较多的机会用于日常生活和生产活动，用于个人决策和参与社会性生物学议题的讨论。生物之所以是生物，是因为它们具有区别于非生物的特征。按照这样的思路，高等学校的《普通生物学》概念体系（以生物的基本特征为主线）可以作为较好的参考，再结合初中或高中学生的特点进行内容取舍和程度把握。

第二，应当以生物学思想观念作为组织生物学概念的内在逻辑主线。特别是功能生物学观念和进化生物学观念，以及在两大观念基础上突出生物与环境整体性的生态观，分别统摄生命系统的“结构和过程”、“进化”和“生态”。

第三，应当以生物个体为中心点和出发点。在空间维度上向微观和宏观两方面延伸，微观方面是个体→（系统）→器官→组织→细胞，宏观方面是个体→种群→群落→生态系统→生物圈；在时间维度上是生殖、发育、遗传、进化、生命共同体的可持续发展。之所以提出以生物个体为中心点和出发点，是因为：学生最熟悉的生命形式是个体，最想了解的也是个体是如何生活的；关于细胞的概念群固然重要，但细胞的所有结构和过程的意义，都是对个体的意义，而不是对自身的意义；自然选择直接作用的靶子是个体（虽然目前还有争论，但笔者支持这一观点）。按此思路，“生物体的结构层次和生理过程”应当是中学生物学首要的核心概念。

笔者尝试构建的中学生物学概念体系框架如图 2-3。由于不是按学段构建的，不再以表述概念内涵的命题的形式，而是以概念的名称或短语的形式表述概念。

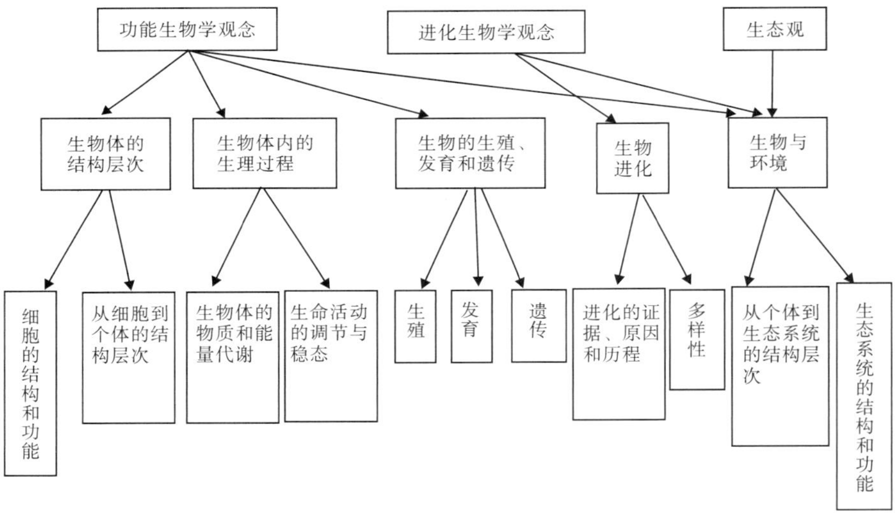

图 2-3　中学生物学概念体系框架设想

第三节　生物学概念的特点

概念教学绝不是解释定义加举例说明这样简单。学生在生物学概念学习中遇到的各种问题，如概念的定义与该概念外延范围内的个例相矛盾，对概念的实质意义理解不到位，不能将概念教学与辩证思维的培养结合起来等，都与不能谙熟生物学概念的特点有关。

笔者基于对生物学概念的哲学、逻辑学和认知心理学分析，结合生物学概念与数理学科概念的比较，总结出生物学概念具有概略性、合目的性、逻辑性、辩证性、隐喻性（具身性）等特点。这些特点虽不完全是生物学概念所独有的，但的确在生物学概念中表现最为突出，最能体现生物学概念的育人价值，而且恰恰是教学容易忽视的。

1. 概略性

生物界有无穷的多样性，生命系统是复杂系统，这就导致生物学概念的定义只是一个大概的说法，即具有概略性（笔者曾概括为“粗放性”，考虑到“粗放”一词似有贬义，在 1996 年发表的文章中将生物学概念和规律的特点一并改称“概率性”，现在仅说概念特点，用“概率性”亦稍欠妥，因此改用“概略性”）。

生物学的进步更多表现为新概念的提出和改进，而不是发现新的规律，因此，生物学中概念繁多而定律极少，这或许也是生物学不同于其他自然科学的一大特点。究其原因，主要是由于研究对象的多样性和复杂性[1]。由于生物界有着无穷的多样性和高度的复杂性，不同类群在进化上的连续性导致类群之间界限的模糊性，因此，作为类的抽象物的概念很难涵盖这一类别下所有个体，这是生物学概念具有概略性的本体论原因。生物学中的概念大多是在观察基础上归纳概括的产物，而不是靠数理逻辑的演绎推理得出的。这是生物学概念具有概略性的认识论原因。

中学生物学中有许多概念因为其有概略性特点，给教学带来困扰。比如，关于有性生殖，教科书上定义为雌雄两性生殖细胞两两结合，形成受

---

[1] 赵占良 . 试论中学生物学的学科本质 [J]. 中学生物教学，2016(1/2)：4-8.

精卵，由受精卵发育成新个体的生殖方式，而蜜蜂等动物的单性生殖（孤雌生殖）也属于有性生殖，就与定义产生矛盾。其实这是由生物界复杂性导致的，如果因为有个别例外就改变定义，比如将有性生殖定义为通过有性生殖细胞产生新个体的生殖方式，又过于笼统，令人费解（还要解释什么是有性生殖细胞，最后导致循环定义），反而与生物界的实际情况离得更远。再比如生态学中消费者和分解者的概念，前者指以动植物为食的动物，后者指腐食性的细菌和真菌等微生物，而蚯蚓偏偏出来“添乱”，它既是动物，又是腐食性的，划归哪一类都有问题。其实消费者也不见得不吃动植物遗体，分解者也不见得不分解活体的物质，生态学上消费者和分解者的概念，只是根据动物和微生物获取有机营养的方式进行大致区分而已，本质上二者都是异养的，都是将获取的有机物氧化分解，利用其中的能量，将产生的二氧化碳和水释放到环境中，都可以看作是分解者。说到底，大自然不是因为人类的存在而存在，更不是根据人类通过思维进行的分类而存在的。分门归类不过是人们认识自然界的一种手段而已。生物学的概念教学如果忽视概念的实质，只顾抠字眼儿，就不可能把生物课上活，弄不好会把生物学教成“死物学”！而让学生理解生物学概念的概略性，有助于他们认识生物界的多样性和复杂性，排除概念学习中的特例困扰，并且有助于发展学生思维的灵活性。

2. 合目的性

包括动植物个体在内的生命系统都是自组织、自生长、自复制的有机整体，而不是单纯靠机械的联结和机械性因果而形成的结构。康德说：“一个有机的自然产物是这样的,在其中一切都是目的而交互地也是手段。在其中，没有任何东西是白费的，无目的的，或是要归之于某种盲目的自然机械作用。”[1] 虽然康德认识到有机体自身的合目的性行为，但是他认为关于自然界的目的性观念只是人类的设想和反思的结果，而不是客观实在性的概念。现在，“目的性”一词已经成为当代生物学分析的强有力工

[1] 毛新志，刘星，向云霞．论康德的自然目的论思想：兼评现代生物学哲学中的目的性思想 [J]. 理论月刊，2009（3）：42-44.

具[1]，它从一开始就把意向性排除在外，探讨的是系统的指向目标的活动。正如胡文耕所说："讨论目的性，是因为指向目标的活动在生物学中尤为重要，它是对传统目的论的否定，又能反映生物学对象的特点。"[2] 本书中"目的性"一词，与胡文耕先生所说的"目的性"基本同义，指的是生物体或其他层次生命系统的结构和生命活动过程的生物学意义，即对维持生命系统存在和延续的意义，而不是指意向性的目的。

生物学概念的合目的性，是指生物学概念往往在概括某一类生物学事实的同时，揭示该类事实的内在必然和生物学意义。例如四分体的概念，如果学生只知道其定义——"联会后的每对同源染色体含有四条染色单体，叫作四分体"，而不理解其生物学意义，那么知道这个名词是没有什么用处的。只有理解减数第一次分裂的目标是两个子细胞各获得一套完整的染色体，以保证减数第二次分裂形成的配子遗传信息的稳定，而四分体就是一对对完成复制的染色体在细胞赤道板位置排好队，是便于每组成对的两条染色体分别被纺锤丝牵拉到两极的一种物质和姿态准备，才是真正理解了四分体这一事实的内在必然性和生物学意义，即这一概念的合目的性。理解到这一层，才可以说是把四分体作为生物学概念来理解了。

正如迈尔所说："有机体如果具有某种特征，这些特征一定是来自祖先的特征，或者是由于这些特征具有选择的优势才获得的。'为什么'的问题在'为了什么'的意义下，对于无生命的客体是没有意义的。我们可以问：'太阳为什么是热的？'但是这只是'怎么发生的？'的意义。与此相反，在生命世界，'为了什么？'的问题具有很大的方法论价值。'在静脉管中为什么有瓣膜？'这个问题有助于哈维发现血液循环。"[3]

在迈尔看来，所有的生物过程都具有功能生物学的近因和进化的远因（引文为"原因"，笔者用"远因"与近因对应），甚至提出有两种生物学：

[1] 毛新志，刘星，向云霞 . 论康德的自然目的论思想：兼评现代生物学哲学中的目的性思想 [J]. 理论月刊，2009（3）：42-44.

[2] 胡文耕 . 生物学哲学 [M]. 北京：中国社会科学出版社，2002：131.

[3] 迈尔 . 生物学思想的发展：多样性，进化与遗传 [M]. 刘珺珺，胡文耕，彭奕欣，等译 . 长沙：湖南教育出版社，1990：78.

提出近因问题的功能生物学和提出终极原因问题的进化生物学。比如关于受精作用，功能生物学认为受精作用的意义是触发新个体的发育，而进化生物学的解释则是受精作用的真正目标是实现父本和母本的基因重组，这种重组产生出的遗传可变性可以作为自然选择的材料[1]。

笔者在阐述生物学的结构与功能观时曾指出，关于物质的研究，化学研究其结构与性质，生物学研究其结构与功能。比如同样是研究分子，化学上讲分子的结构决定性质，生物学上讲分子的结构决定功能。同样是关于水的认识，化学上讲水分子的原子组成、氢原子和氧原子的电子分布、水的性质（是极性分子）等，生物学上侧重讲水对生命的意义、在细胞中的作用等。至于蛋白质和核酸，如果只分析其结构和性质，不研究它们对生命的意义，那就不是生物学了。

在物质层面是如此，在结构、过程等方面也是如此。结构方面如细胞膜、细胞器、细胞核，生物学在研究这些结构时，总是跟它们的功能一起来研究的，学生学习这些概念时，也要将其组成、结构与功能一起来理解。过程方面如光合作用、呼吸作用、DNA 的复制和转录、基因的表达、自然选择、种间竞争等，生物学在研究这些过程时，总是将过程本身与它们对生物体自身、对种群、对生物界乃至地球生物圈的意义一起来研究的。有时先了解意义，为研究生物过程提供指向；有时先研究生物过程，再阐释这样的过程是“为什么”和“为了什么”，学生对这些概念的学习也应如此。

生物学概念的合目的性特点，是由生物学的学科本质所决定的，其背后是有机论和整体论的自然观。生物学概念教学如果忽视这一特点，学生就不能真正掌握生物学概念，他们的概念学习就可能始终停留在事实层面，其自然观也可能长期停留在机械决定论层面，生物学课程的育人价值就大打折扣了。因此，在教学中不仅要重视生物系统中结构和过程的诸多“是什么”和“如何”，更要重视“为什么”和“为了什么”，

---

[1] 迈尔 . 生物学思想的发展：多样性，进化与遗传 [M]. 刘珺珺，胡文耕，彭奕欣，等译 . 长沙：湖南教育出版社，1990：79.

引领学生在概念学习中探寻生命系统结构和过程的原因和意义，提升生命观念和自然观。

3. 逻辑性

概念是思维的基本形式之一，同时也是思维的产物和工具，这就决定了概念具有一定的逻辑性。概念的逻辑特征是内涵与外延，明确概念的逻辑方法有定义、划分、限制和概括。要深入理解一个概念，就需要理解它是如何通过定义明确内涵、通过划分确定外延的，以及如何通过减少内涵来扩大外延、通过增加内涵来缩小外延的。

例如，关于酶的概念，通过属加种差的定义可以是："酶是生物细胞所产生的，具有催化能力的生物催化剂。"[1] 在这个定义中，酶是种概念，催化剂是属概念，"生物细胞产生的生物催化剂"是种差。这个定义突出了酶与无机催化剂的区别。人教版高中生物学教材中的定义是："酶是活细胞产生的具有催化作用的有机物。"[2] 在这个定义中，种概念是酶，属概念是有机物，种差是具有催化作用。从字面上看，这个定义突出了酶与其他有机物的区别，与无机催化剂的区别则退居定义背后了。在教学中，应该将重点放在酶与无机催化剂的区别上，因此对于教材的定义要分析其逻辑特点，将字面上退居定义背后的内涵拎到"前台"。

我国 20 世纪 80—90 年代的高中生物教材中将酶定义为"活细胞所产生的具有催化能力的蛋白质"[3]，与 90 年代后期直至现在使用的高中生物学教材中的定义"酶是活细胞产生的具有催化作用的有机物"相比，后者的外延范围显然扩大了，已经不局限在蛋白质的范畴，扩大到有机物的范畴了。实际除少量 RNA 具有催化功能外，绝大多数的酶都是蛋白质，然而酶概念中这一重要的应有之义，成了此次定义修改的牺牲品。为了弥补这一缺憾，人教版教材在新定义后紧接着补了一句"其中绝大多数酶是

---

[1] 沈仁权，顾其敏 . 生物化学教程 [M]. 北京：高等教育出版社，1993：178.

[2] 人民教育出版社课程教材研究所生物课程教材研究开发中心 . 普通高中课程标准实验教科书 生物 1 必修 分子与细胞 [M]. 2 版 . 北京 : 人民教育出版社，2007：83.

[3] 人民教育出版社生物室 . 高级中学课本（试用） 生物（甲种本） 全一册 [M]. 北京：人民教育出版社，1985：14.

蛋白质”，从 1997 年版到 2019 年版都是如此。

再比如块根和块茎的概念。同样是生长在地下、膨大成块状的植物营养器官，也都是富含淀粉的食物，马铃薯属于块茎，而甘薯属于块根。不少学生对此困惑不解，原因就是未理解根和茎概念背后的逻辑：区分根和茎绝不仅仅是看它们的空间位置（一般来说茎在地上，根在地下，但这只是前概念水平的理解），更主要的是看它们的发生和结构。从发生上看，茎是芽发育成的，马铃薯就是如此；主根是由胚根发育成的，侧根是从主根上生出的，甘薯就是侧根膨大而成。从结构上看，茎上有节，节的位置能生出芽，马铃薯就有芽眼，芽眼部位能生出芽；根上无节，也没有芽眼，甘薯就是如此。假根，一般为低等植物所特有，是具有吸收和固着作用的丝状结构，分枝或不分枝，仅由伸长的单细胞或单列的多细胞所构成，无组织分化，如藻类、真菌就具有这种假根。但是现存的高等植物中，苔藓植物以及蕨类植物的原叶体上也具有假根。真根较之于假根，主要在于有机械、输导等组织的分化。真根植物可以说是由仅有假根的无根类型逐渐进化而来的。一般来说，蕨类的孢子体世代以及种子植物都具有真根。

生物学概念不仅有个体发生方面的逻辑，还有系统发生方面的逻辑，如同源器官的概念。人的上肢、马的前肢、蝙蝠的翼、鲸的鳍状前肢都是同源器官，哺乳动物的前肢和鸟的翼也是同源器官，这反映了这些动物器官在进化上的联系。同源染色体的“同源”也是类似的含义。减数分裂细胞中配对的两条染色体，形态大小一般相同，一条来自父方，一条来自母方，叫作同源染色体。经常有同学提问，既然一条来自父方，一条来自母方，应该是来源不同啊，为什么还叫同源染色体呢？这同样是望文生义而不清楚概念背后逻辑的结果。如果告诉学生，远古人类的细胞中染色体就是 23 对，给每对编上一个序号，不管经过多少代，经过多少次分离和重新组合，人体细胞内还是 23 对染色体，其中属于同一个序号的两条染色体就是同源染色体，学生就明白此处的“同源”不是指直接来源，而是进化上的来源，或称系统发生上的来源。一言以蔽之，生物学概念背后的逻辑就是生命的逻辑，是当下因果和历史因果的统一，是共时性思维与历时性思维的统一。

按个体发生或系统发生的逻辑来理解生物学概念，而不局限于功能生物学就事论事或直接因果的分析，是生物学概念学习的特点，也是难点。

4. 辩证性

生物学或许是自然科学中辩证思维最突出的一门学科。辩证思维离不开辩证概念，辩证概念反映辩证思维。

辩证概念就是能够具体地反映事物内部矛盾及其发展，反映对象多种规定性统一的概念[1]。因为辩证概念是将事物作为变化发展着的事物来反映的，所以它的内涵和外延并不是完全固定的，而是随着反映对象的发展而改变的。例如，人民的概念在不同的历史阶段，其内涵是变化的。因为辩证概念反映着事物的矛盾及其转化，因而其内涵中也包含着矛盾结构[2]。例如生和死的概念，正如恩格斯所说："生命总是和它的必然结果，即始终作为种子存在于生命中的死亡联系起来考虑的。辩证的生命观无非就是这样。……生就意味着死。"[3] 生就意味着死，没有生就没有死，没有死也就没有生，生就是走向死的过程，因此生的概念中有死的成分，死的概念中有生的成分。又如中国古代哲学中阴和阳的概念，阴阳对立互补，相反相成，阳中有阴，阴中有阳，"万物负阴而抱阳，冲气以为和"。

生命系统具有复杂性、动态性和关联性，生命系统本身和生命过程都是许多矛盾的统一体，生命现象是生物体内部的遗传程序与外界环境相互作用的结果。生命世界的这些特点决定了反映这些特点的诸多生物学概念都是辩证概念。下面略举几例说明。

"生长、增殖、衰老、凋亡……细胞的生命历程大都短暂，却对个体的生命有一份贡献。"[4] 这是高中生物学教材"细胞的生命历程"一章的

---

[1] 马佩 . 辩证逻辑 [M]. 开封：河南大学出版社，2006：68.

[2] 同 [1] 75-76.

[3] 恩格斯 . 自然辩证法 [M]. 中共中央马克思恩格斯列宁斯大林著作编译局，译 . 北京：人民出版社，1971：271.

[4] 人民教育出版社课程教材研究所生物课程教材研究开发中心 . 普通高中课程标准实验教科书 生物 1 必修 分子与细胞 [M]. 2 版 . 北京：人民教育出版社，2007：109.

语句，生动概括了生与死、细胞的生命历程与个体生命的辩证关系。细胞的生命历程这一概念中既有生长和增殖，又有衰老和死亡，体现了概念的矛盾结构。个体的衰老是组成它的细胞普遍衰老的过程，但衰老的个体体内也有幼嫩的细胞，年幼的个体体内也有衰老的细胞，这体现了细胞衰老与个体衰老关系的辩证性；细胞的死亡有时对个体有积极的贡献，比如胎儿的手最初像一把肉铲子，后来随着指间细胞凋亡才形成五个手指，这体现了细胞死亡与个体关系的辩证性。

遗传和变异是一对矛盾，遗传具有保持稳定的保守性，变异具有产生新适应的革新性，它们在生物繁衍过程中既对立又统一。遗传是指遗传物质的代代传递，传递过程中出现差错就是变异，这就是遗传概念的矛盾结构；没有遗传，再好的变异也不能传给后代，变异要传给后代离不开遗传，这是变异概念的矛盾结构。没有遗传，经过自然选择保留的优秀基因不能传给后代，生物就不可能进化；没有变异，生物就难以适应变化的环境，当然也谈不上进化。生物的进化就是自然选择作用下遗传物质的定向改变，可见遗传和变异是对立统一的关系。

就生物学概念的合目的性而言，对概念所指事物的生物学意义，一般应取二分法的态度。比如细胞增殖，其主要意义是实现个体细胞数量的增加，是个体生长发育的基础，但恶性增殖会让人罹患癌症。再比如 DNA 复制，碱基互补配对原则让 DNA 精确复制，但偶尔也会发生个别碱基配对错误，可能造成基因突变，而基因突变的生物学意义又是辩证的（大多有害，少数有益）。又如适应的相对性（“适应”中含有一定的“不适应”），生态平衡、人体的血糖平衡和水盐平衡、生物圈的碳氧平衡等（“平衡”中含有一定的“不平衡”），人体的稳态和生态系统的稳定性（“稳定”中含有一定的“不稳定”）。新陈代谢是同化作用和异化作用的对立统一，生态系统是生物与环境的对立统一，人体的稳态是环境变化与人体自动调节能力的对立统一等，都体现了生物学概念的辩证性。

在教学中注重引导学生理解生物学概念的辩证性，对培养学生的辩证思维具有重要意义，辩证思维正是现代社会特别需要的思维品质。

5. 隐喻性

概念隐喻是指人们利用熟悉、具体的经验去构造陌生、抽象的概念，其本质是人类借助于基本的感知觉范畴与经验去发展更高层次的概念，并通过感知觉经验表征抽象概念、思考与加工抽象的信息[1]。换句话说，概念隐喻就是用一个比较具体的概念域中的词汇来描述另一个比较抽象的概念域[2]。具身认知理论认为，所有不是直接源自身体经验的概念在本质上都是隐喻性的。通过隐喻映射机制，主体可以以感知运动经验对抽象概念进行体验式表征与思维[3]。

生物学中有许多概念都有隐喻性。在生态系统中，植物能利用无机物制造有机物，为动物直接或间接地提供食物，称为生产者；动物不能利用无机物制造有机物，只能靠摄取现成的有机物获得生命活动所需的物质和能量，称为消费者。这显然是将自然生态系统与人类社会相类比，用人们熟悉的生产和消费概念来描述生态系统中植物和动物所扮演的角色。生理学中的兴奋、神经冲动等概念，将肌细胞和神经细胞的电化学变化与人们熟悉的自身的兴奋、冲动等相比拟。分子生物学中遗传信息的转录、翻译和基因的表达等概念，显然是用人们日常生活中的抄录、翻译、表达等概念来构建和表征与遗传信息有关的抽象概念。细胞学中细胞壁、细胞核、细胞骨架、内质网等概念中，壁、核、骨架、网都是日常生活中的常见事物，与此相关的经验用来构建和表征细胞相关结构，完美体现了概念隐喻的妙用。概念隐喻还可以举出很多例子，如食物链、食物网、肽链、生态系统的能量流动、靶器官、靶细胞、酶（“媒”的谐音）、基因（“基本因素”）、赤道板、玻璃体、胰岛、遗传密码、信使 NRA 等。除概念的名称外，还有一些揭示概念内涵的命题也是隐喻，如 DNA 是生物体建造自己生命大厦的蓝图，线粒体是细胞的“动力车

---

[1] 殷融，苏得权，叶浩生．具身认知视角下的概念隐喻理论 [J]. 心理科学进展，2013，21（2）：220-234.

[2] 李福印，田聪．概念隐喻理论与概念合成理论在意义构建中的优势和不足 [J]. 外国语言文学研究，2005，5（2）：35-40，60.

[3] 同 [1].

间”，叶绿体是细胞的“养料制造车间”和“能量转换站”，ATP 是细胞中的“能量货币”，等等。

许多生物学概念在有隐喻性的同时还有具身性。具身理论认为人们的概念系统与人的身体的知觉运动系统具有关联性，并强调概念的形成基于主体的身体性经验[1]。人在认知活动时，将身体的推、拉、伸、缩、进、退等动作，对空间、光线、颜色、味道、声音、温度、硬度、大小等的感觉和知觉经验，投射到对事物的认知系统中，就形成了概念。许多具体概念就是感知觉基础上的抽象概括，比如“前肢”“后肢”“上肢”“下肢”，其中的“前”“后”“上”“下”就是源于身体对空间的感知。许多抽象概念又是在具体概念基础上形成的，将具体概念作为抽象概念比拟的对象，因此仍具有具身认知的特点，即具身性。比如有丝分裂的前期、后期，其中的“前”“后”虽然不是空间概念而是时间概念，但却是空间经验在时间概念系统中的投射。

生物学是研究生命的科学，人体也是其研究对象。因此，生物学中概念的具身性更为突出。例如，胞吞和胞吐，吞和吐本是人体的动作，用于描述大分子有机物进出细胞的机制，就是一种具身隐喻；有氧呼吸和无氧呼吸也是如此，细胞并无呼气和吸气的动作，但呼吸作用的实质与人体是一样的，因此用人体的呼吸来比拟细胞的有机物分解释放能量的过程，这显然也是具身隐喻。再如跨膜运输（“跨”是人体的动作）、细胞吸水、蒸腾拉力、花冠（“冠”是人戴的帽子）、根冠、林冠层、上皮细胞、皮下组织（“上”“下”是人的空间经验）、核酸（“酸”是人的味觉之一）、跳跃基因、操纵基因、高等动物、低等动物（高和低都是人的空间经验）等，也是如此。还有一些揭示概念内涵的命题为具身隐喻，比如蛋白质是生命活动的承担者（“担”是人的动作）、气孔既能张开又能闭合（“开”“闭”也是人的动作）等。

了解生物学概念的隐喻性特点，在教学中可以进行适当比拟，联系学

[1] 殷融，曲方炳，叶浩生．具身概念表征的研究及理论述评 [J]. 心理科学进展，2012，20（9）：1372–1381.

生熟悉的事物或概念，帮助学生理解较为抽象的概念。但是，任何比喻都不是完美的，隐喻作为一种比喻也是如此，这是需要注意的。比如讨生态系统的能量流动时，尽管用“流动”一词，切不可以为能量真如液体那样流动；关于食物链和食物网，要让学生理解这是不同生物之间无形的关系链、关系网，而不是有形的实体链和实体网。

根据生物学概念的具身性特点，认识到个体关于世界的概念等认知活动并不是外部现实镜像式的客观反映，而是借由主体的身体经验所形成的，尤其是身体的感觉系统及身体与空间的关系成为概念和意义的本原[1]，那么，概念教学就不能只注重知识的内在逻辑性和系统性，而应当注意营造让学生身临其境的问题情境，注重学生动口、动手、动眼（有时还需要动其他感官）、动脑的活动，通过观察、实验、制作模型等活动增加概念建构的具身成分，还可适当安排一些角色扮演活动。教师在讲解过程中，应多运用手势和其他动作、表情、音调等手段，以调动学生的身体经验和情绪体验，而不只是照着 PPT 或教材上的文字宣讲。当然，也要注意具身隐喻的比喻特点，避免从字面上机械理解。比如有氧呼吸的“呼吸”，就不能理解为一呼一吸的动作；根冠的“冠”却位于根尖的最下方；高等动物的“高”是进化地位的高，而不是个子高[2]。

综上所述，生物学概念具有概略性、合目的性、逻辑性、辩证性、隐喻性（具身性）等特点，在教学中把握好这些特点，能够提升教学质量，彰显生物学课程的育人价值。让学生理解生物学概念的概略性特点，有助于他们理解概念时排除特例困扰，并且发展思维的灵活性；生物学概念的合目的性特点，能够引领学生不仅了解生物界的事物本身，而且探寻其意义，有助于形成结构与功能观、进化与适应观等生命观念和有机自然观；生物学概念的逻辑性特点，能够引领学生在理解和应用生物学概念时既遵循形式逻辑，又依据生物学逻辑，从近因和远因两个视角分析问题，提升学生思维的广度和深度；生物学概念的辩证性特点能够

---

[1] 梁浩 . 具身认知对现代教学的启示 [J]. 学理论，2014（6）：181-182.

[2] 赵占良 . 生物学概念的特点及其教学启示 [J]. 中学生物教学，2021（22）：4-9.

增进学生对事物的辩证理解，发展辩证思维，形成辩证唯物主义世界观；根据生物学概念的隐喻性特点，应当在教学过程中注重比喻、类比等方法的运用，以已知喻新知，注重身体参与和具身认知，提高概念教学的有效性。

第三章

生物学概念教学的目标

目标正确和明晰，是一切行动成功的前提。概念教学也是如此。

概念教学的目标如何界定？仅仅是让学生理解一个个概念的内涵、了解其外延吗？换句话说，概念教学的目标是否只是让学生掌握学科知识？概念教学的目标与学科课程总目标之间是怎样的关系？

对于概念教学目标作为认知领域的目标，国内外文献有各种描述和阐释，如布卢姆（也可译作“布鲁姆”）的教育目标分类学及其修订版、马扎诺的认知目标分类学，以及我国的中学生物学课程标准，各有其目标分类体系。在教学中如何各取所长，科学合理地制订管用、好用的教学目标？确定教学目标的依据是什么？需要考虑哪些因素的影响？如何表述教学目标才能使之可观察、可检测、可评价？

“概念学习的意义在于使个体免受具体刺激的支配。因而这种学习对人类从事的各种智慧活动具有极其重要的作用。”[1]加涅这句富有哲理的话对我们不乏启迪。培养学生的智慧技能，帮助学生在概念基础上形成正确观念，是探究概念教学目标一系列理论和实践问题的出发点和落脚点。

---

[1] 加涅 . 学习的条件和教学论［M］. 皮连生，王映学，郑葳，等译 . 上海：华东师范大学出版社，1999：104.

第一节　相关概念的界定

教学目标的设计是教学设计的重要环节，是设计教学策略、检测教学效果、调控教学过程所不可缺少的基础性工作。在教学实践中常常有这样的情况，有的教师认为教学目标的设计可有可无，有时出于教案格式的需要，参照课程标准或教学参考书中的教学目标列上两三条，然而在教学过程中却束之高阁；有的教师仅仅根据教材来设计教学目标，而对学习环境、学生基础等缺乏必要的分析，甚至不同地区不同学校的教师，就某一节课所设计的教学目标千篇一律；有的教师在课堂上把教学目标告诉学生，或写在黑板的显要位置，然而并没有将目标作为设计和开发教学的关键成分，使目标游离于教学内容之外。之所以出现以上情况，并不一定是教师对教学目标的重要性缺乏认识，大多数情况是教师对如何设计教学目标，特别是对如何处理教学目标设计中的几个关系没有形成清晰的思路。

1. 教学目标

每一门课程都有其总体目标（goal），总体目标的达成依赖于教学过程中各个单元的教学效果。这里所说的总体目标相当于我国现行课程标准中的“课程目标”，是学生在通过学习一门课程所预期获得的学习成果。

《义务教育生物学课程标准（2011年版）》确定的课程目标包括知识、能力、情感态度价值观三个方面，其中知识方面的目标是：“获得有关生物体的结构层次、生命活动、生物与环境、生物多样性、生物进化以及生物技术等生物学基本事实、概念、原理和规律的基础知识。获得有关人体结构、功能以及卫生保健的知识，促进生理和心理的健康发展。知道生物科学和技术在生活、生产和社会发展中的应用及其可能产生的影响。”[1]

2003 年发布的《普通高中生物课程标准（实验）》确定的课程目标包括知识、情感态度与价值观、能力三个方面，其中知识方面的目标是：“获得生物学基本事实、概念、原理、规律和模型等方面的基础知识，知道生物科学和技术的主要发展方向和成就，知道生物科学发展史上的重要事件。了解生物科学知识在生活、生产、科学技术发展和环境保护等方面的应用。积极参与生物科学知识的传播，促进生物科学知识进入个人和社会生活。”[2]

这样的总体目标要靠一个个教学单元来落实。而就某个具体的教学单元来说，这些总体目标显然又过于宏大和遥远，这就需要就该单元制订更为具体的教学目标（instructional objective）。这里所说的教学目标，是指预期学生在完成一个学习单元（或一节课）的学习后所获得的学习结果，或“通过行为观察的学习者可能具有的性能的明确描述”[3]，即学业行为目标（behavioral objective）或作业目标（performance objective）。

例如，初中“生物与环境组成生态系统”一节的教学目标可以描述为：用语言描述草原上的草、食草昆虫、兔、食虫鸟、杂食性鸟和鹰等生物之间的相互关系；用自己的语言说明生态系统的含义；对于给定的生态系统中的各种生物，辨别哪些是生产者，哪些是消费者，哪些是分解者；用自己的语言解释有毒物质会通过食物链不断积累；举例说明生态系统具有一定的自动调节能力；对于教师或学生提供的行为实例，鉴别哪些行为有利于保护自然生态系统。

为进一步说明总体目标和教学目标的关系，不妨打一个比方。譬如从北京去黄山，去黄山是总体目标，决定着旅途的方向，其重要性自不待言，其表述之简明清晰似乎也无可置疑。但是，多长时间到达，什么时刻到达，

[1] 中华人民共和国教育部．义务教育生物学课程标准（2011 年版）[M]. 北京：北京师范大学出版社，2012：5-6.

[2] 中华人民共和国教育部．普通高中生物课程标准（实验）[M]. 北京：人民教育出版社，2003：7.

[3] 加涅，布里格斯，韦杰．教学设计原理 [M]. 皮连生，庞维国，等译．上海：华东师范大学出版社，1999：129.

花多少钱到达，预期到达黄山时自己的身体、心理状态如何，到黄山的什么位置[是山顶的天都峰、莲花峰还是山腰的北海，或黄山市(旧称屯溪)]，是不是请导游等，都是模糊不清的。就拿这一旅程的出行方式来说，是否需要转车或转机，如何转乘等，也都是需要考虑的问题。这些问题的解决实际上就是一个个具体的目标，都需要在启程之前做好打算，当然也需要在旅程中视情况变化而做调整。

上面所说的教学目标与总体目标的关系似乎是显而易见的。但是在教学过程中，不少教师所设计的教学目标，除知识和动作技能目标外，其实都是总体目标，如“培养学生的观察能力、实验能力”“培养学生实事求是的科学态度”等，有的甚至将创新精神和实践能力当作一节课的教学目标，这显然不是一节课或一个教学单元能独立完成的，不宜列为教学目标。

综上所述，教学目标是课程总体目标在特定教学单元即具体教学内容中的具体体现。根据教学内容体系的不同，不同单元的教学目标可以是彼此并列的，共同从属于总体目标，如某些以社会问题为中心的课程，还有综合实践活动课程；又可能是彼此之间有一定的上位和下位关系，按照教学顺序，逐渐靠近总体目标，如传统的学科课程，在学习“三角形”后再学习“等腰三角形”“等边三角形”“直角三角形”等，在学习“细胞是一个基本的生命系统”后再学习“细胞的分子组成”“细胞的基本结构”等内容。

2. 概念教学目标

因为人们一般将概念归为知识范畴，所以很自然就把概念教学目标理解为知识目标。实际上，这种理解已经过时了。正如上边所列举的“生物与环境组成生态系统”一节教学目标的实例，无论是用自己的语言描述、说明、解释生态系统的相关概念，还是辨别生态系统的组成成分，或者辨别有利或不利于保护生态系统的行为，都可以理解为能力目标。正如笔者在多种场合强调的，“概念教学本质上是思维教学”，既然是思维教学，其目标自然是培养学生的思维能力。这一观点可在加涅关于学习结果的分类中得到印证。

加涅等人提出的五种学习结果包括智慧技能（intellectual skills）、认知策略（cognitive strategies）、言语信息（verbal information）、动作技能（motor skills）和态度（attitude）。学习智慧技能意味着学习如何通过思维完成某种智慧行为，所习得的知识一般称为程序性知识[1]。借助智慧技能，学生能够分辨两种事物的异同，按照名称和特征对事物进行分类，能够运用规则解决问题。言语信息是一种我们能够"陈述"的知识，即陈述性知识。言语信息目标只要求学生对特定的问题做出特定的回答，一般只能有一个答案，不需要运用规则来解决问题，如"说出人体各主要器官的名称"。智慧技能和言语信息有时容易混淆。例如，关于"说出单子叶植物与双子叶植物的区别"这一目标，因为表面上含有区分之意，容易归为智慧技能，其实通过教学，这些区别已经作为陈述性知识储存在学生大脑中，回答问题时直接提取即可。如果提供一种学生不熟悉的被子植物标本，让学生辨认它是单子叶植物还是双子叶植物，则属于智慧技能目标了。认知策略是学生赖以选择和调整他们的学习和思想的内部过程。如果说智慧技能（如概念和规则）作用的对象是环境中的客体和事件，那么，认知策略则正好相反，它作用的对象是学习者自己的认知过程。学习者的认知策略在很大程度上决定着他学习的难易程度，以及他调动所学知识的本领和思维的流畅性。

值得说明的是，认知策略虽然对学生的学习非常重要，但是，认知策略是内隐的，其行为表现不能被直接观察，必须通过其他技能的行为表现进行推论，因此，我们可以将认知策略作为教学的隐性目标来处理，不一定在每一个教学单元的教学目标中都明确列出。动作技能的主要特点是通过肌肉活动来达到特定的结果。动作技能是一种习得的能力，以它为基础的行为表现反映在身体运动的速度、精确度、力量和连续性上，往往需要反复练习才能形成；动作技能目标一般不会包含在概念教学目标中。态度一般是指人们在特定情境中做出某种选择或决策的倾向性。这种倾向往往要通过智慧技能、动作技能或言语信息表现出来，也就是说，学生在形成

[1] 加涅，布里格斯，韦杰．教学设计原理 [M]. 皮连生，庞维国，等译．上海：华东师范大学出版社，1999：43.

智慧技能、动作技能或表达言语信息的过程中，往往倾向于某种选择（如积极或消极），因此，有关态度的教学目标可以看作对这种选择的影响；与概念学习有关的态度属于影响概念学习的内在因素或条件，不是概念教学的目标本身。

将加涅等人所说的上述五种学习结果与概念教学相联系，大致可以认为智慧技能是概念教学的目标，言语信息是概念教学不可或缺的基础（例如，知道某一生态系统中具体有哪些生物这一事实，即掌握这一言语信息，才能辨别这一生态系统中生物之间的关系，进而认识到它们是一个整体，为建构生态系统的概念打基础），认知策略是建构概念和运用概念解决问题的方法，态度是学习概念、运用概念的动力。在概念教学目标的界定上，应当主要从智慧技能角度来思考概念教学应该达成的学习结果，一些必要的言语信息（如名称和事实）的学习可视为达成这些学习结果的先决条件或支持条件。

3. 中学生物学概念教学目标

生物学概念教学的目标主要是指希望学生通过生物学概念的学习，在智慧技能上获得的发展结果，或者通俗地说，是学生通过生物学概念的学习，在遇到相关生物学问题时应当表现出的思维能力水平。例如，“能够在公园中指认某种植物”，这就反映了识记水平的思维；“能够解释保护色的形成及其意义”，这反映了理解水平的思维；“能够评价关于转基因安全性的观点”，这是应用水平的思维。这些思维能力水平的背后，是对生物学概念、相关逻辑推理规则的运用。

现实中长期存在的让学生死记硬背概念的定义，机械地进行“刷题”训练，搞题海战术等，都与没有正确界定概念教学目标有直接关系。生物学概念教学的目标不是让学生记住知识，而是发展智慧技能，培养思维能力，特别是分析和解决生物学问题的能力。为了帮助学生记忆，教师有时会编一些顺口溜，或者把复杂过程浓缩为几个关键字作为口诀；有些教辅材料上的练习题，尤其是选择题和判断题，往往在文字表述的细节上大做文章，甚至是玩文字游戏，学生一不小心就掉进坑里了，这都不是概念教学的正道，因为它们都是以机械记忆为目标，而不是以发展思维能力为目标的。

猜谜语能培养思维能力，做数学计算题也能培养思维能力，写作文也能培养思维能力，那么，学习生物学概念所培养的思维能力有什么独特之处呢？笔者认为作为生物学概念教学目标的思维能力，主要是学生围绕生物学概念而展开的认知过程所表现出的思维能力，亦可简称为生物学认知思维能力。

第二节　概念教学目标的分类

同一个概念在不同学段有不同的教学目标。同一个学段不同的概念也有不同的教学目标层次，有些容易掌握的概念，需要将目标定为掌握水平；有些难以掌握的概念，可能只能将目标定为了解水平。这就需要将教学目标进行分类。

我国传统教学长期将概念教学目标分为“了解”、“理解”和“掌握”三类。新课改以后，受国外教育目标分类学的影响，特别是受布卢姆认知目标分类的影响，概念教学目标分类情况发生较大改变。考虑到概念学习目标是认知目标的主要内容，尽管不是全部，这里先将国外学者提出的认知目标分类学作为研究的参考，再结合我国中学生物学课程标准进行综合探讨。

1. 布卢姆教育目标分类学

布卢姆于 20 世纪 50 年代提出的认识领域目标分类学，认为教学目标是递进的台阶型的，较高层级的目标以较低层级的目标为基础，最底层是了解，往上依次是理解、应用、分析、综合、评价。这一分类法在全球产生广泛影响，但人们也逐渐认识到它的不足。例如，这六个层级的目标不一定是线性递进关系，应用未必比分析简单，分析也不一定都比综合容易；过于强调外显行为，对思维过程体现不够等。后来布卢姆的学生安德森等对这一分类法进行了修订，于 2001 年出版了《学习、教学和评估的分类学——布卢姆教育目标分类学修订版》。修订后的布卢姆教育目标分类学在布卢姆知识维度目标的基础上，增加了认知过程维度。

安德森等修订后的布卢姆教育目标分类框架可以用两维表格来表示（表 3-1）[1]。

表 3-1　教育目标分类表

知识维度	认知过程维度					
	1. 记忆	2. 理解	3. 运用	4. 分析	5. 评价	6. 创造
A. 事实性知识						
B. 概念性知识						
C. 程序性知识						
D. 反省认知知识						

在这个分类框架中，知识维度包括事实性知识、概念性知识、程序性知识和反省认知知识（反省认知知识也译为元认知知识）四大类，每一类知识都包括认知过程维度的六级教学目标，分别是记忆、理解、运用、分析、评价、创造。

事实性知识和概念性知识都属于认知心理学中所说的陈述性知识，这里将二者区分开来，将术语和事实等孤立的内容成分知识（“点滴信息”）划为事实性知识，将更为一般的概念、原理、模型等更大的、更有组织的整体知识划为概念性知识，目的是让教师不能只要求学生记忆孤立的、点滴的事实性知识，更要突出要求学生对概念性知识的深刻理解，因为对概念性知识的深刻理解能够帮助学生将所学知识组织好并且迁移运用到新的情境中[2]。程序性知识是指如何做事的知识，这里的“事”范围广泛，从完成固定程序的练习到解决新颖的问题，理科课程中关于科学方法的知识就属于此类目。反省认知知识一般指关于认知的知识，包括策略性知识、关于认知任务的知识和自我知识等。笔者认为，就概念教学而言，目标重点应放在概念性知识的教学上，必要的事实性知识也应纳入目标范围。

关于认知过程维度的六大类目的界定，结合生物学的实例总结为下表

---

[1] 安德森，克拉斯沃尔，艾雷辛，等 . 学习、教学和评估的分类学：布卢姆教育目标分类学修订版 [M]. 皮连生，主译 . 上海：华东师范大学出版社，2008：25.

[2] 同［1］38-39.

（表 3-2）。

表 3-2 认知过程维度类目 [1]

类目	认知过程	替代名称	定义	举例
记忆：从长时记忆中提取有关信息	再认	识别	从长时记忆中找到与呈现材料一致的知识	呈现细胞结构图片，指认其中某结构（说出名称）
	回忆	提取	从长时记忆中提取相关知识	回忆细胞的某个结构及其名称
理解：从口头、书面和图画传播的教学信息中建构意义	解释	澄清、释义、描述、转换	从一种呈现形式（如数字的）转换为另一种形式（如言语的）	如解释种群增长“J”型曲线的含义
	举例	示例、具体化	找出一个概念或一条原理的具体例子	给出单子叶植物的例子
	分类	类目化、归类	确定某事物属于某一个类目（如概念）	将某植物进行分类
	概要	抽象、概括	抽象出一般主题或要点	将细胞学说的发现过程概括为几个要点
	推论	结论、外推、内推、预测	从提供的信息得出逻辑结论	从实验结果中得出结论
	比较	对照、匹配、映射	确定两个观点或客体之间的一致性	比较拉马克与达尔文的进化理论
	说明	构建、建模	建构一个系统的因果模型	解释群落演替的过程和原因

[1] 据安德森等《学习、教学和评估的分类学——布卢姆教育目标分类学修订版》修改，例子为笔者所加。

续表

类目	认知过程	替代名称	定义	举例
运用： 在给定的情境中执行或使用某程序	执行	贯彻	把一个程序运用于熟悉的任务	将对照实验方法应用于熟悉的探究对象
	实施	使用	把一个程序运用于不熟悉的任务	将对照实验方法应用于不熟悉的探究对象
分析： 把材料分解成它的组成部分并确定部分之间如何相互联系以形成总体结构或达到目的	区分	辨别、区别、选择	从呈现材料中区分无关部分和有关部分或者区分不重要部分和重要部分	从习题的题干信息中区分有用和无用信息
	组织	发现一致性、整合、列提纲、结构化	确定某些要素如何在某一结构中的适合性或功能	分别观察血管和心脏并确定动脉、静脉和心脏的联系，说明血液循环是如何完成的
	归属	解构	确定潜在于呈现材料中的观点、偏好、假定或意图	确定一段描述性文字中体现的结构与功能观
评价： 依据标准做出判断	核查	协调、探查、监测、检测	查明某过程或产品的不一致性或谬误；确定过程或产品是否有内在一致性；查明某种程序在运行时的有效性	根据科学史资料，确定某科学家的结论是否来自观察的数据
	评判	判断	查明产品和外部标准的不一致性；确定某产品是否具有外部一致性；查明一个程序对一个问题的适当性	评判某同学作出的假设是否合理； 判断两种方法中哪一种更适合于某个问题的探究

续表

类目	认知过程	替代名称	定义	举例
创造：将要素加以组合以形成一致的或功能性的整体；将要素重新组织成为新的模式或结构	生成	假设	根据标准提出多种可供选择的假设	对某棵树死亡的原因作出各种假设
	计划	设计	设计完成某一任务的一套步骤	设计检验一种或几种假设的实验
	产生	建构	发明一种产品	设计适合某种生物生存的栖息地

新修订的分类学对建构学习中学生学习活动的表现方式做了很好的概括，为突出认知过程的理解与创造及培养问题解决能力奠定了基础。[1] 也有不少学者认为，该分类体系过于强调线性递进的层级性行为表现，缺少心理学的理论基础和实践基础。

2. 马扎诺认知目标分类学

2001 年，马扎诺提出新的人类学习行为模式，这一模式由自我系统、元认知系统、认知系统等三个思维系统组成。其中，起首要作用的是自我系统，主要是指学习者是否接受新的学习任务的态度、信念和情感，如果学习者愿意接受新的学习任务，接下来就是元认知系统的工作，包括明确学习目标、制订学习计划等，第三才是认知系统的运作，主要是对信息进行加工，从知识的简单提取到复杂应用。[2] 马扎诺还指出，这三个思维系统在运作时都离不开知识系统作为基础。[3]

[1] 盛群力，毛伟，贺巍 . 国际教育目标分类研究进展要览及其创新价值 [J]. 数字教育，2015（6）：1-7.

[2] 同［1］

[3] 盛群力 . 旨在培养解决问题的高层次能力：马扎诺认知目标分类学详解 [J]. 开放教育研究，2008，14（2）：10-21.

在马扎诺的三个思维系统中，认知系统由提取、领会、分析和知识运用等四个层次的心理加工水平构成。提取包括再认、再现和执行，领会包括整合和符号表征，分析包括匹配、分类、错误分析、概括、具体应用，知识运用包括决策、问题解决、实验探究、调研。这四个水平目标的类别细分及内涵见表 3-3。

表 3-3　马扎诺认知目标分类学中的目标层次及其心理运作[1]

<table>
<tr><th>思维系统</th><th colspan="3">目标层次及内涵</th></tr>
<tr><td>自我系统</td><td colspan="3">学习动机、兴趣、能力评估等</td></tr>
<tr><td>元认知系统</td><td colspan="3">明确目标、确认对学习任务的理解、自我监控学习过程等</td></tr>
<tr><td rowspan="16">认知系统</td><td rowspan="3">水平 1：提取</td><td>再认</td><td>能识别信息的特征，但并不理解知识的结构或区分其关键差异</td></tr>
<tr><td>再现</td><td>能生成信息的特征，但并不理解知识的结构或区分其关键差异</td></tr>
<tr><td>执行</td><td>能操作某一程序且没有明显错误，但不一定能理解这一程序是如何运作以及为什么这样运作</td></tr>
<tr><td rowspan="2">水平 2：领会</td><td>整合</td><td>能确定知识的基本结构以及关键特征</td></tr>
<tr><td>符号表征</td><td>能做出一个准确的符号表征，区分关键的成分</td></tr>
<tr><td rowspan="5">水平 3：分析</td><td>匹配</td><td>能确定知识之间的关键异同</td></tr>
<tr><td>分类</td><td>能确定相关知识之间的上下位关系</td></tr>
<tr><td>错误分析</td><td>能确定知识呈现或应用中的错误</td></tr>
<tr><td>概括</td><td>能基于知识建构新的概括或原理</td></tr>
<tr><td>具体应用</td><td>能确定知识的具体应用或逻辑后果</td></tr>
<tr><td rowspan="4">水平 4：知识运用</td><td>决策</td><td>能运用知识做出决策</td></tr>
<tr><td>问题解决</td><td>能运用知识解决问题</td></tr>
<tr><td>实验探究</td><td>能运用知识生成与检验假设</td></tr>
<tr><td>调研</td><td>能运用知识实施调研</td></tr>
</table>

[1] 盛群力，毛伟，贺巍. 国际教育目标分类研究进展要览及其创新价值 [J]. 数字教育，2015（6）：1-7.

马扎诺的认知目标分类学在认知系统的分析上与布卢姆和安德森的不同，主要表现在不是从认识难度上划分认知思维过程的层级，而是从认知的心理结构上划分层级，并且将高阶思维的培养贯穿于学习过程；不是从外显行为上描述认知目标，而是从心理运作上描述。这些特点具有更加坚实的认知心理学的基础，科学性更强，但是在操作可行性上难度更高，需要教师有更高的认知心理学修养；在目标的可观察、可检测性上不如后者。此外，马扎诺的认知目标分类学还突出强调了自我系统和元认知系统在学习中的重要调控作用，这一点得到许多研究者的认同，也是值得我们在研究和确定教学目标时借鉴的。

3. 我国中学生物学课程标准关于知识目标的分类

我国的《全日制义务教育生物课程标准（实验稿）》、《义务教育生物学课程标准（2011 年版）》和《普通高中生物课程标准（实验）》都列出了表示教学目标的目标行为动词，这些动词分别指向知识性学习目标、技能性学习目标和情感性学习目标，这三个维度的目标行为动词各分为若干水平层级，这实际上就是一种教学目标的分类。考虑到与本节探讨主题——概念教学目标的关系，对于技能性和情感性目标分类这里不做讨论。将高中生物课程标准中知识性目标动词摘录如下（表 3-4）。

表 3-4　我国普通高中生物课程标准中关于知识目标的分类 [1]

认知水平	各水平的目标要求	对应的行为动词
了解水平	再认或回忆知识；识别、辨认事实或证据；举出例子；描述对象的基本特征等	描述，简述，识别，列出，列举，说出，举例说出，指出，辨别，写出，排列
理解水平	把握内在逻辑联系；与已有知识建立联系；进行解释、推断、区分、扩展；提供证据；收集、整理信息等	说明，举例说明，概述，评述，区别，解释，选出，收集，处理，阐明，示范，比较，描绘，查找

[1] 中华人民共和国教育部 . 普通高中生物课程标准（实验）[M]. 北京：人民教育出版社，2003：5.

续表

认知水平	各水平的目标要求	对应的行为动词
应用水平	在新的情境中使用抽象的概念、原则；进行总结、推广；建立不同情境下的合理联系等	分析，得出，设计，拟定，应用，评价，撰写，利用，总结，研究

义务教育生物学课程标准中知识目标的分类与上表基本相同。这里不再重复摘录。

新课改以来，生物学课程标准提出的教学目标分类系统得到广大教师的认可。许多教师在制订教学目标时，都改变了以前只用“了解”“理解”“掌握（或应用）”三个动词的写法，改用课程标准列出的目标行为动词，而且特别关注课程标准的内容标准部分所列出的概念在教学目标上属于哪一级水平。这一转变对于提高概念教学的有效性起到很大促进作用。但是这一分类体系也有一些不足：（1）了解水平与理解水平的界限不够分明，在《现代汉语词典》（第7版）中，“了解”的释义是“知道得清楚”，“理解”的释义是“懂，了解”，二者基本是同义的。（2）课程标准中列出的行为动词，有不少是从来没有被采用过的，如“排列”“处理”“查找”“示范”等。（3）有些行为动词与相应的认知水平之间匹配度欠佳，让人费解，比如“收集”为何属于理解水平？为什么“描述”属于了解水平，而“描绘”就属于理解水平？（4）各水平的目标要求还需要进一步完善，如“收集、整理信息”似乎不宜列为理解水平的目标，而应当视为达成概念理解的手段。

4. 对中学生物学概念教学目标分类的设想

综合考虑布卢姆、安德森、马扎诺的认知目标分类学和我国中学生物学课程标准关于知识目标的分类，取长补短，聚焦于概念的学习，笔者尝试提出对中学生物学概念教学目标分类的设想（表 3-5）。

这一设想的基本思路是以我国中学生物学课程标准中关于知识目标的分类为基本框架，修正其不足之处；以修订后的布卢姆教育目标分类学的具体表述和呈现形式为蓝本（考虑到目标行为动词有其优势），吸收马扎诺的认知目标分类学的合理成分，同时结合笔者长期进行生物学课堂教学观察积累的经验，尽量用我国中学生物学教师能够理解和运用的词语和定义，并补充生物学教学实例。具体来说，主要有以下几点需要说明：（1）我国课程标准中认知水平分为三级的做法简明易懂，已经被广大教师普遍接受，因此，这里仍将认知水平分为三个水平：识记、理解、应用。将“了解水平”改为“识记”，一是如上所述“了解”一词的模糊性，二是“识记”与对应的认知过程“再认”和“回忆”更加匹配。（2）布卢姆教育目标分类学修订版中的“分析、评价、创造”其实都是知识的应用，说“分析”一定比“运用”高，“评价”一定比“分析”高，“创造”一定比“评价”高，这种线性层级是与事实不符的，现实中很容易找到反例。因此，这里将“分析、评价、创造”都归入“应用”水平。（3）对各个水平的认知过程及其替代名称和定义，都综合上述三种分类体系进行了重组，删除了三种分类法中笔者认为不合理、不易理解、不易操作或不符合中国人语言习惯的内容。（4）补充了更多生物学科的例子，以便于教师理解。

表 3-5　对中学生物学概念教学目标分类的设想

认知水平	认知过程	替代名称	定义	举例
识记：从长时记忆中提取有关信息	再认	识别、辨别、说出、指出	从长时记忆中找到与呈现材料一致的知识	呈现细胞结构图片，指认其中某结构（说出名称）
	回忆	简述、列出、列举、举例说出、描述	从长时记忆中提取相关知识	回忆细胞的某个结构及其名称

续表

认知水平	认知过程	替代名称	定义	举例
理解：从口头、书面和图画传播的教学信息中建构意义，建立知识间内在联系，进行解释和推断等	解释	澄清、释义、转换	从一种呈现形式（如数字的）转换为另一种形式（如言语的）	如解释种群增长“J”型曲线的含义
	说明	构建、建模、阐明	建构一个系统的因果模型，说明现象背后的原因	说明群落演替的过程和原因，说明植物的生长需要水和无机盐
	举例	例示、具体化、举例说明、示范	找出一个概念或一条原理的具体例子	给出单子叶植物的例子
	分类	类目化、归类	确定某事物属于某一个类目，能确定相关知识之间的上下位关系	将某植物进行分类
	概括	概述、扩展	抽象出一般主题或要点，确定知识的基本结构以及关键特征，基于信息建构新的概括	将细胞学说的发现过程概括为几个要点
	推论	推断、得出（结论）	从提供的信息得出逻辑结论	从实验结果中得出结论
	比较	对照、匹配、评述、选出、区别、区分	确定两个观点、客体等之间的一致性	比较拉马克与达尔文的进化理论
	表征	表示、表达	对概念能做出一个准确的符号表征，区分关键的成分	用化学反应式表征光合作用

续表

认知水平	认知过程	替代名称	定义	举例
应用： 在新的情境中使用抽象的概念和规则，进行实验探究、问题解决、分析、评价等活动，通过联想和想象将不同的概念要素重新组合，产生新观点和创造新产品	实施	执行、进行、探究、运用、解决、调查	把概念和规则应用于熟悉的任务	将对照实验概念和原理应用于熟悉的探究对象
			把概念和规则应用于不熟悉的任务	将对照实验概念和原理应用于不熟悉的探究对象
	分析	选择、总结	把事物分解成它的组成部分并确定部分之间如何相互联系以形成总体结构或达到目的	分别观察血管和心脏并确定动脉、静脉和心脏的联系，分析血液循环是如何完成的
	评价	核查、探查、监测、检测、评判、判断、评估	根据已有概念做出判断，将已有概念用于新事物、新观点的评价	根据科学史资料，核查某科学家的结论是否来自观察的数据，评判某同学作出的假设是否合理，判断两种方法中哪一种更适合于某个问题的探究
	创造	生成、假设	根据已有概念提出多种可选择的假设	对某棵树死亡的原因作出各种假设
		计划、设计	设计完成某一任务的一套步骤	设计检验一种或几种假设的实验
		产生、建构、制作	发明一种产品	设计适合某种生物生存的栖息地

笔者提出的上述初步设想，虽然兼顾了各家优长，考虑了我国中学生物学教学实际，但仍然是不完善的，仅是抛砖引玉，期望能够为教学研究者和实践者提供一些参考和助益。

第三节 概念教学目标的确定

教学目标的确定是搞好教学设计和实施的前提。设计者开始任何教学设计之前必须能回答的问题是：“经过教学之后学习者将能做哪些他们以前不会做的事？”或者“教学之后学习者将会有何变化？”。教学目标的明确性不仅是教学设计和实施的需要，也是教学效果交流和教学评价的需要。[1]

1. 基本思路

概念教学是生物学教学的主要内容，其终极目的是育人，即培育有理想、有本领、有担当的时代新人，培养德、智、体、美、劳全面发展的社会主义建设者和接班人。因此，在确定概念教学目标时，应始终将育人放在首位，思考所教概念在学科育人中的地位和作用。具体来说，一是将生物学概念的教学目标主要定位于智慧技能，要着力实现生物学概念教学在启智增慧上的重要价值；二是将生物学概念学习作为培育科学自然观的基础，认识到它会影响学生的生命观念，进而影响学生的世界观、人生观和价值观，在培根铸魂上同样具有重要价值。

为了让概念教学真正成为育人的重要载体和途径，应当将教育目标（培养目标）、课程目标熟稔于心，将中国学生发展核心素养体系和生物学核心素养体系熟稔于心，让生物学概念体系成竹在胸，将每一组概念的教学放在概念体系的整体中、放在课程目标的整体中、放在育人目标的整体中去考量。

[1] 加涅，布里格斯，韦杰. 教学设计原理 [M]. 皮连生，庞维国，等译. 上海：华东师范大学出版社，1999：129.

在具体操作上，应当以课程标准和教科书为依据，结合学生的认知水平和发展需要，对概念教学目标进行层次化整体设计，由学科到主题（模块），由主题（模块）到大概念，由大概念到重要概念再到小概念，或者按教材顺序，由学科到分册再到单元或章，最后落实为每一节课的教学目标。在确定章节概念教学目标时，还要考虑达成目标的条件，概念目标与动作技能目标和态度目标之间的关系，以及与评价的关系。此外，还需要关注概念的类型和特点，对不同类型的概念，学生可能达到的认知水平是不同的。

总之，以课程标准为依据，以教材为依托，从学生的认知水平和需要出发，从整体性、层次性、关联性、可评价性、特异性等方面去思考和把握，才能让教学目标确实符合育人目标和规律，同时具有科学性和可行性。

2. 确定教学目标的依据

关于确定教学目标的依据，我国义务教育和普通高中的课程方案以及生物学课程标准中都一直强调，课程标准是教学的依据。这自然也意味着课程标准是确定教学目标的依据。

崔允漷主编的《有效教学》一书指出："教师确定学习目标的主要依据是课程标准，但对于教师而言，课程标准是上位目标，因此教师需要学会分解课程标准，即如何根据课程标准、教材、学生与资源等具体情况，将课程标准特别是内容标准部分分解成具体的、可操作的、可评价的学习目标。"[1] 在强调课程标准是主要依据的同时，也说明了教材、学生与资源等对确定教学目标的重要性。

毕晓白、张翔升主编的《中学生物学课堂教学设计原理与应用》一书指出，生物学课堂教学中编制教学目标的主要依据有五个：（1）依据生物学知识的主要类型。事实性知识的教学目标最多能达到识记水平，如记住叶绿体的结构、细胞学说的创立者等；"过程、作用和功能"的知识最高只能达到"运用"水平，如运用渗透作用原理解释植物细胞吸水和失水的不同之处；方法性知识的教学目标最高能达到综合水平，但对初中生甚

[1] 崔允漷 . 有效教学 [M]. 上海：华东师范大学出版社，2009：111.

至高中生来说一般没必要达到这么高要求；概念、规律和理论等高度抽象的知识不仅可以达到运用水平，有时还可以达到综合、评价水平。（2）依据知识在学科中的地位或作用。概念性知识一般是教学的重点，教学目标要求也高；事实性知识一般不是教学的重点。（3）依据生物学课程标准。“真正优秀的教师应熟悉课程标准与教材之间的对应关系。因此，在一线教学中教师应该潜下心来深入研究课程标准，把课程标准研究透了，就可以自由地驾驭教学内容，准确地把握教学的目标。”（4）依据学生的认知发展水平。（5）依据学生未来发展的要求。[1] 这是笔者目前所看到的关于确定教学目标的依据最全面的论述，其中依据生物学知识的类型、依据学生未来发展需要等观点颇有见地，给人以启发。不过，依笔者之见，“依据生物学课程标准”应该放在第一条。

皮连生主编的《学与教的心理学》一书中指出：“教学目标设置的依据是社会需要和学生个人发展的需要。所以在确实教学目标之前要做需要评估。”[2] 这一说法对课程研制专家来说是适用的，但对于在教学一线的教师来说可能要求偏高了。

综合上述观点，结合自己多年从事课程标准研制、教材编写和教学观察的经验，笔者认为，确定教学目标的依据主要是课程标准中的内容标准（现在改为“课程内容”）。因为学科特点、概念类型、社会需要、学生发展需要、课程资源状况等，在课程标准研制和修订过程中都给予了充分关注，并且广泛征求了专家学者、社会人士、中小学校长、一线教师和教研人员的意见。在课程标准的内容标准部分，详细列出了学生应当学习的概念条目及其学习水平要求，对概念的选择充分考虑了以上几方面因素，对每条概念的学习水平要求（主要是认知目标）都深入考量了概念的类型和特点及学生的认知水平。当然，这并不是说课程标准就是唯一的依据。课程标准的内容标准，是对课程具体教学内容的基本要求，不是最高要求。

---

[1] 毕晓白，张翔升．中学生物学课堂教学设计原理与应用 [M]. 北京：人民教育出版社，2020：115-118.

[2] 皮连生．学与教的心理学 [M]. 5 版．上海：华东师范大学出版社，2009：176.

教师根据学生的兴趣和能力，适当提高某些内容的教学目标要求是完全合理的；课程标准的内容标准，是对课程具体教学内容的统一要求，概括性很强，各地各校应当将这些统一的概括性的要求，结合本地本校的实际进行具体化，使之能够落地生根；随着国家对教材建设愈来愈重视，“教材是国家事权，体现国家意志”的观念日益深入人心，国家对教材的审核也更加严格，因此，教材在确定教学目标中的依据作用日益凸显。

3. 确定教学目标的基本程序

既然课程标准是确定教学目标的主要依据，教材也是确定教学目标的重要依据，教学目标的确定就应该先从课程标准和教材入手。

（1）从整体上理解课程标准和教材。

每一节课，都是迈向课程总目标的一小步。只有确保每一小步都走在通向总目标的道路上，才能实现有效教学。因此，确定每一节课的教学目标，不能只盯着这节课的内容，而是要放眼全局，将本节课内容放在单元主题水平、学科课程高度上去理解其地位和作用，这就需要首先从整体上理解课程标准和教材。

从整体上理解课程标准，就是要理解课程性质、课程设计理念、课程目标、课程内容、课程实施等各个部分及其内在联系。要弄清楚将要教授的概念内容是如何为单元主题服务的，单元主题又是如何为学科课程总目标服务的。

从整体上理解教材，就是要理解教材是如何对课程标准进行具体演绎的，教材的整体结构是怎样构建的，知识体系的框架和材料是怎样的，较小的从属概念是如何支持重要概念和大概念的。如果对某个概念的理解有一定难度，但该概念对于学生建构大概念起着重要的支撑作用，那么这个概念的教学目标至少要达到理解层次。如果随意降低目标要求，大概念的建构就难以落实，课程目标的达成就会受到影响。

从整体上理解教材，还要注意不同章节、不同册次之间的纵向衔接和螺旋上升。凡是对后续学习打基础的概念，都要更加重视，在教学目标的确定上不能打折扣；同时也要注意深难度的控制，为后续学习留下适当的空间。对概念学习进阶的研究，是当前和今后概念教学的重要着力点，也是做好概念教学目标设计的必修课。

（2）确定教材单元或章的教学目标。

课程标准的内容顺序不等于教材的内容顺序，而教学一般是按教材内容编排顺序线性进行的，新授课尤其如此。在进行一节课的教学设计之前，需要先进行教材中单元或章的教学整体设计，确定单元或章的教学目标。这就需要将课程标准中内容标准的相关主题或大概念与教材相应单元或章的内容对照研读，根据教材内容将课程标准的内容要求具体化为单元或章的教学目标。

因为课程标准与教材的内容不是一一对应的，所以需要根据教材内容将课程标准的相关条目进行适当调整，具体化为单元或章的教学目标。例如，关于人的生殖和发育的内容，课程标准列入主题七“生物的生殖、发育和遗传”中，而未列入主题五“生物圈中的人”；教材则将该内容安排在第四单元“生物圈中的人”中。因此，在确定教材第四单元的教学目标时，就需要按教材内容进行调整。

教材中某些内容在课程标准中并无明确要求，即内容标准中没有相对应条目，在确定该章教学目标时，需要根据课程标准的总目标，或者生物学学科核心素养要求，结合本章教材具体内容来确定教学目标。例如，人教版《普通高中教科书 生物学 必修 2 遗传与进化》第 1 章“遗传因子的发现”，内容包括孟德尔的豌豆杂交实验、分离定律和自由组合定律等内容，课程标准中与此相关的内容要求是：

3.2 有性生殖中基因的分离和重组导致双亲后代的基因组合有多种可能

3.2.1 阐明减数分裂产生染色体数量减半的精细胞或卵细胞

3.2.2 说明进行有性生殖的生物体，其遗传信息通过配子传递给子代

3.2.3 阐明有性生殖中基因的分离和自由组合使得子代的基因型和表型有多种可能，并可由此预测子代的遗传性状

3.2.4 概述性染色体上的基因传递和性别相关联[1]

---

[1] 中华人民共和国教育部．普通高中生物学课程标准（2017 年版）[M]. 北京：人民教育出版社，2018：16.

可以看出，在“3.2”这条重要概念下，只有“3.2.3”是教材第 1 章相对应的内容要求，其他三条内容要求在教材中都安排在第 2 章“基因和染色体的关系”中。由于教材第 1 章重点讲孟德尔的豌豆杂交实验，而这在课程标准中并无明确要求，因此，关于孟德尔的豌豆杂交实验的教学目标就不可能从课程标准中找到，需要另行确定，如写为“总结孟德尔豌豆杂交实验的科学方法”或“说明假说演绎法在孟德尔豌豆杂交实验中的应用”等。

（3）确定节的教学目标。

同确定单元或章的教学目标一样，确定节的教学目标时，可按照从章到节分解目标的思路，当然也需要对照课程标准的相关内容要求。

课程标准中相关内容要求有时一条对应教材的两节或多节，有时两条以上内容对应教材的一节（这种情况相对少见），这时就需要将课程标准的要求进行拆解或组合，具体化为节的教学目标。例如，课程标准中“概述开花和结果的过程”，这条要求看似简单，实则有着丰富的内容，包括花的基本结构、雌蕊和雄蕊的结构和功能、开花和传粉的过程、受精卵的发育、受精极核的发育、子房壁的发育等。因此，在确定教学目标时，就需要将“概述开花和结果的过程”分解成若干细化的目标，以便在教学中落实。

在确定教学目标时，还有一个问题是不容回避的，这就是概念教学目标与其他维度教学目标的关系问题。

每一节课的教学目标都是全方位的，但是，教学内容、教学时间和活动空间等都是有限的。教学目标的全面性与时空的有限性之间存在着矛盾。如何妥善地处理好这一对矛盾，实现二者的对立统一，是进行单元教学设计时不可回避的问题。

首先，应当确定首要目标，这要通过对具体教学内容进行深入分析，在不同教学目标间加以权衡才能做到。例如，初中“种子的萌发”一节，可以将“通过实验，说出影响种子萌发的外界条件，并做出有说服力的解释”作为主要目标，显然，这一目标是属于智慧技能目标。整个教学设计就可以围绕着这一主要目标来进行。如果将“列举影响种子萌发的外界条件，并举实例说明”作为主要目标，教学设计就会走向另一轨道，因为这一目标是属于言语信息领域的，仅靠教师讲授或学生阅读有关信息就可以达成，做实验反而多余了。

其次，对其他目标也不能忽视。其他教学目标与首要目标之间有着密切的关系。其中有的可能是首要目标的前提或条件，可称之为先决技能目标。例如，在“种子的萌发”一节中，“种子的概念”“种子的结构”等言语信息就属于先决技能，教师在课堂上不必讲授，是否让学生回忆，可以视学生情况而定。有的可能对首要目标起支持作用，可以称之为支持性目标。例如，在“种子的萌发”一节中，学生做实验的有关动作技能、是否喜欢做这个实验以及观察是否仔细等态度，都是支持性目标，教师在这些方面制订明确而合理的目标，有利于在教学设计中有的放矢，设计好有关教学环节，从而较好地达到首要目标。

（4）使目标精确化。

确定节的教学目标，在教学实践中常见的做法是直接照搬课程标准之内容标准的对应条目，例如，关于初中“生物圈是最大的生态系统”这一节课的教学目标，直接将课程标准中相对应的内容要求搬过来就是：“阐明生物圈是最大的生态系统。”但是，这样是否就是令人满意的教学目标呢？

确定教学目标的目的：一是为教师的教明确目标和标准，二是帮助教师判断学生是否达成预期目标，三是同行间交流。将“阐明生物圈是最大的生态系统”作为教学目标，显然还不能满足这一要求，因为何谓阐明、如何阐明等问题从这句话中看不出来。“我们不能直接观察某人已经获得了一种新的性能，我们只能通过观察学习者在需要应用某性能的任务中表现出的令人满意的行为来推断该性能已被习得。”[1] 那么，达成“阐明生物圈是最大的生态系统”这一目标需要表现出哪些令人满意的行为呢？又是在怎样的情境或什么条件下完成“阐明”任务呢？这就是“使目标精确

[1] 加涅，布里格斯，韦杰. 教学设计原理 [M]. 皮连生，庞维国，等译. 上海：华东师范大学出版社，1999：131.

化”所要解决的问题。

加涅等著的《教学设计原理》介绍的“五成分目标”给我们提供了确定符合上述要求的教学目标的参考模板。五成分法的关键是确定两个动词：性能动词和行动动词。性能动词即用来界定学习结果的动词，行动动词即用来界定完成学习任务的行动的动词。例如，“通过说出代表性植物各部分的名称来识别根、茎和叶等器官”，其中“说出”是行动动词，“识别”是性能动词。这个例子很清楚地说明了学生通过完成什么样的行动来表明他达成了某个目标（习得某种性能）。教学目标的五种成分是：①情境，即完成任务的场景；②性能动词；③对象，即学习的内容或学习任务；④行动动词；⑤工具、限制和特殊条件，对完成学习任务所需的特殊工具、不准使用的工具和其他限定条件的规定[1]。比如给学生提供五种植物标本，让他们通过指出这五种植物各个部分的名称来识别植物的根、茎和叶。这一教学目标就含有四种成分：情境（呈现五种植物标本），指出（行动动词），识别（性能动词），根、茎、叶（对象）。如果加上需要使用或不能使用放大镜等工具，这一目标陈述就有了第五种成分——工具、限制和特殊条件。

按照这一思路，可以将“生物圈是最大的生态系统”一节的教学目标，确定为包含四种或五种成分的详细版本，以增强其可观察、可检测、便于交流的性能。例如，将目标设计为“在阅读相关图文资料的基础上，通过举例说出森林、草原、河流、农田等不同类型生态系统的联系，以及物质循环的全球性，用自己的语言阐明地球上所有的生态系统组成一个更大的整体——生物圈”。这里“相关图文资料”是情境，“举例说出”是行动动词，“不同类型生态系统以及物质循环”是对象，“阐明”是性能动词，“用自己的语言”是限制。这样表述，教学目标就具体化、精确化了，教学中就容易实施和检测了。这样确定教学目标还体现了层次性。“阐明生物圈是最大的生态系统”是最高目标，达成这一目标的前提是认识到地球

[1] 加涅，布里格斯，韦杰．教学设计原理 [M]. 皮连生，庞维国，等译．上海：华东师范大学出版社，1999：131-133.

上不同类型生态系统之间的联系，以及物质循环的全球性，这可以说是基础性目标。实际上，许多重要概念的教学目标的确定，都需要做这样的层次化处理，否则容易落空。

需要进一步说明的是，上述实例中将“生物圈是最大的生态系统”这一概念的内涵也写在教学目标中了，即生物圈是地球上所有的生态系统组成的一个更大的整体。之所以这样写，是因为在教学中有的教师会将这个概念的内涵重点放在“最大”二字上，甚至会通过让学生做下面的练习题来检测是否达成目标：

下列生态系统中最大的是（　　）

A. 森林　B. 草原　C. 海洋　D. 生物圈

出现这样的偏差就不仅仅是表述教学目标的技巧问题了，而是概念的内涵界定不准确。“生物圈是最大的生态系统”重点不是强调其范围的广大，而是地球上所有生物与无机环境的整体性。可见，概念教学目标的精确化，首先还是对概念内涵的准确把握，其次才是目标表述的方法。

第四节　概念教学目标的表述

概念教学的目标确定之后，明确了一个单元或一节课概念教学的重点内容和作业表现，但是，如何将确定的目标用文字表述出来，还需要一些细节上的研究。

1. 用行为动词叙写

概念教学的目标是让概念内化为学生的心理结构和智慧技能，但概念内化本身发生在学生头脑中，是看不见摸不着的。如果目标表述为诸如“了解花的类型”“理解种子的形成”，我们就很难判断学生是否达到目标。要让表述出来的目标可观察、可检测、可评价，就需要将目标表述为预期学生在完成概念学习后表现出的行为，因此，目标的表述必须使用行为动词，如“说出花的类型”“辨认花的类型”“概述种子的形成过程”“举例说明种子的形成过程”等。

本章第二节对表述概念教学目标需要使用的行为动词进行了一番梳理与探讨，并提出了笔者的初步构想。在具体操作过程中，究竟使用哪一个行为动词来叙写某个概念的教学目标，需要根据课程标准要求、教材内容、学生认知水平等多方面因素来确定。在这个问题上，应该说是没有唯一标准答案的。同样是理解水平的要求，可以用的行为动词有“解释”“说明”“举例说明”“阐明”“概述”“表征”“概括”“分类”“比较”“区分”等。针对某一个特定的概念，我们在选择行为动词时，需要根据教材上的内容、学生的心理特征和教师设计的教学活动，从中挑选最匹配的动词。例如，关于哺乳动物的特征，教学目标可以写为“概述哺乳动物的主要特征”“举例说明哺乳动物的主要特征”“根据一定的特征将哺乳动物与爬行动物和鸟类区分开”等，也可以具体化为两条以上的目标，如“举出五种以上动物作为哺乳动物的例子，并说明理由”“阐明胎生、哺乳、体温恒定的适应意义”等。

2. 在课程标准基础上具体化

我国义务教育和普通高中生物学课程标准的内容标准部分，都对重要概念的学习目标提出了明确要求，同样是使用行为动词。有的教师在表述概念教学目标时，就直接照抄课程标准的相应条目，这就太简单化了。之所以这样说，原因有三个：（1）课程标准阐述的概念学习目标，是学生学习完这门课程应达成的，并不是一定要在某节课达成的；（2）课程标准阐述的概念学习目标是基本要求，认知发展水平较高的学生可以有更高的要求，如由了解水平提高为理解水平，由理解水平提高为应用水平；（3）课程标准阐述的概念学习目标只是预期达到的最终结果，不包括情境、条件、活动等其他成分，也就是说在如何达成目标上，给不同的学校和班级留下了较大的自由空间，而课堂教学是因校、因班而异的。因此，教师在叙写教学目标上，应当根据自己所教授班级的学生的情况以及学校的条件，设计达成目标的具体途径和方式，以及在达成课程标准规定的最终目标前，学生需要先达成的低层级的目标。

例如，关于“生态系统的稳定性”一节内容的学习，课程标准的“内容要求”[1]与该标准附录2“教学与评价案例”[2]中一则案例的写法就不一样（见表3-6）。

表3-6 课程标准中“生态系统的稳定性”教学目标的不同写法

“内容要求”部分	案例1 “生态系统的稳定性”教学目标的制订
2.3.1 解释生态系统具有保持或恢复自身结构和功能相对稳定，并维持动态平衡的能力	1. 通过对案例的分析讨论，能用物质和能量的输入和输出平衡观点，认识具体生态系统的稳定性
	2. 通过对生态系统各种成分功能和营养结构关系的讨论，以及运用反馈调节原理，能初步判断不同生态系统维持其稳定性的相对能力

在课程标准提供的这则案例中，教学目标1中“通过对案例的分析讨论”描述了达成目标需要的情境和途径，情境就是某个具体生态系统的案例，途径就是分析讨论这个案例；“能用物质和能量的输入和输出平衡观点”相当于加涅所说的先决技能条件，相关观点已经内化为学生的智慧技能；“认识具体生态系统的稳定性”是行为目标。当然，此处的“认识”一词略显抽象，如果改为“阐明”或“解释”似更妥当。

教学目标2中“通过对生态系统各种成分功能和营养结构关系的讨论”，同样描述了达成目标需要的情境和途径；“运用反馈调节原理”属于先决技能条件（学生已经学习过的选择性必修1《稳态与调节》模块，讲述了反馈调节原理）；“能初步判断不同生态系统维持其稳定性的相对能力”是行为目标，如果学生能够做出合理的判断，就说明他们已经理解了生态系统结构复杂程度与稳定性的关系，因此，这是可观察、可检测、可评价的行为目标。这一目标的叙写还说明，概念教学的目标并非仅仅让

[1] 中华人民共和国教育部．普通高中生物学课程标准（2017年版）[M]. 北京：人民教育出版社，2018：25.

[2] 同［1］77.

学生理解概念名词的意义，或者单纯获得知识，更重要的是培养学生的智慧技能，如“能初步判断不同生态系统维持其稳定性的相对能力”。

应当指出的是，在课程标准基础上具体化，并不是要没有限制地拓展，而是要始终聚焦于课程标准规定的具体内容标准，具体化是为了根据教学实际更好地落实课标的要求。至于教材上少数章节在课程标准中没有对应要求的内容，要根据其育人立意与课程目标的关系，合理叙写教学目标。

3. 事实性知识可作为支持性目标

为了让学生建构概念，教材中会提供许多事实性材料，有时也会引导学生通过观察、实验等获取事实性知识。由于教材中事实性材料往往占大量篇幅，会让师生误以为掌握这些事实性材料也是重要的教学目标。

下面以人教版《普通高中教科书 生物学 必修 1 分子与细胞》第 2 章第 1 节“细胞中的元素和化合物”为例来说明。

本节教材在节首“问题探讨”栏目提供了组成地壳和组成细胞的部分元素含量表，要求学生分析表中数据提出问题并相互交流；在“组成细胞的元素”部分，提供了组成玉米细胞和人体细胞的部分元素及其含量表，让学生分析二者在元素及其含量上的共同特点；在“组成细胞的化合物”部分，提供了组成细胞的主要化合物及其相对含量图解，学生可以通过此图解看出细胞内含量最多的化合物是水、含量最多的有机物是蛋白质。这些图表中提供的数据都属于事实性知识，它们是为学生认识细胞中元素和化合物特点提供支持的，即通过这些事实性知识认识到细胞中的元素都是无机自然界本来就有的，从种类上看并无特殊之处，说明细胞中并无什么神秘的生命元素，其中的元素归根结底都是来自无机自然界的；但各种元素的比例与无机自然界的大不相同，细胞中 C、H、O、N 四种元素最多，在岩石圈和大气圈中却不是如此，说明细胞在吸收外界物质过程中有一定的自主性和选择性。从化合物层面看，细胞中的化合物有两大特点：一是水的含量最多，区别于岩石圈和大气圈，暗示水对生命的重要性以及与生命起源的联系；二是含有蛋白质、糖类、核酸、脂质等有机物，这是无机自然界所没有的，说明从化合物层面看生命物质组成的特殊性，暗示细胞的生命活动要靠这些有机物分子来完成。

通过上述分析可以看出，教材中的三个图表提供了大量的事实性知识，它们都是为建构细胞生命活动的物质基础这一重要概念服务的，了解这些事实性知识是支持性目标，或者说是手段，不是最终目标。生命的物质基础这一概念建立起来后，细胞中各种元素和化合物的相对含量数值是不需要保存在长期记忆中的。基于这样的分析可见，如果在制订本节教学目标时，将上述事实性知识列入目标，如“说出细胞中部分元素的含量、说出组成细胞的主要化合物的含量”，那就意味着学过本节内容后，不论什么时候问学生这两个方面的问题，学生都应该能说出来。如果只是将了解事实性知识作为支持性目标或先决技能条件来对待，那么，教学目标就可以写成：（1）通过比较组成地壳与细胞的部分元素的含量、组成玉米细胞和人体细胞的元素及其含量，说出细胞在元素组成上的特点；（2）通过分析组成细胞的主要化合物及其相对含量，指出细胞在化合物组成上的特点。这样目标就聚焦在生命的物质基础这个重要概念上，而不是具体的事实性知识上了。将支持性目标或先决技能条件写在要达成的目标前，体现了概念教学与思维活动的联系，也就体现了概念教学目标的实质是提升智慧技能。

4. 适当处理概念目标与观念目标的关系

《普通高中生物学课程标准（2017 年版）》颁布以后，广大生物学教师普遍将培养学生的生物学学科核心素养作为生物学课程的核心目标和任务。课程标准提出，生物学学科核心素养包括生命观念、科学思维、科学探究和社会责任四大素养。课程标准指出，“学生应该在较好地理解生物学概念的基础上形成生命观念，如结构与功能观、进化与适应观、稳态与平衡观、物质与能量观等”。于是，不少教师在表述概念教学目标时，总要将生命观念目标一并写上。例如，“阐明蛋白质的分子组成、空间结构和功能，初步形成结构与功能观”“概述细胞膜的结构，构建细胞膜的流动镶嵌模型，说明细胞膜的选择透过性，初步形成结构与功能观”等，“初步形成结构与功能观”在许多章节都出现了，哪一次才是真正的“初步形成”呢？既然前面章节已经达成“初步形成”的目标，后续章节怎么又将“初步形成”作为目标呢？这种逻辑上显而易见的矛盾常常被忽视，只能说明这样的目标叙写是写给别人看的（听课或检查的人往往只看一节课的情况），不是真正为教学设计所用的。其实，上述例子及类似情况下，只写概念本身的教学目标即可，不必冠以生命观念。生命观念的大目标是深藏于教师心中的，需通过一节节课不断强化。

生命观念目标有时也可以与概念目标写在一起，这往往是在需要学生以某种生命观念为指导去分析问题、理解较复杂的概念的场合。例如前面举的课程标准附录中的案例，“通过对案例的分析讨论，能用物质和能量的输入和输出平衡观点，阐明具体生态系统的稳定性”，就是比较合适的。其他如“能用进化与适应观解释保护色的形成”“能用稳态与平衡观分析人类活动对生态系统的影响”“能用物质与能量观、光合作用和呼吸作用原理解释昼夜温差与水果含糖量的关系”等。

最后需要指出的是，一节课的时间是非常有限的，好钢要用在刀刃上，教学目标叙写要聚焦重要的概念，简单明了，不宜铺陈过多。以前按三维目标写一节课的教学目标，长达半页纸的并不鲜见；现在按生物学学科核心素养的四大素养来写目标，有时就长达大半页甚至一页纸了，这其实对改进教学不一定有多大帮助。教学目标是写给自己用的，不是写给别人看的，我们主张实事求是，聚焦重要概念。

第四章

生物学概念教学过程的设计

目标的达成是一个过程，对过程的规划就是设计。良好的设计可以减少行动的盲目性，提高目标达成的有效性。

传统的教学设计往往是从知识到知识的，从教材中先前章节的知识到新章节的知识，从学生已有的知识到将要学习的知识，设计的任务就是如何将新的知识讲明白，并且让学生能记住、会做题。

现代教学设计是以学生为本的，不仅考虑学生已经知道什么，将要知道什么，还要考虑学生已经能做什么，将要能做什么。从“已经”到“将要”的过程是学生心理发展的内部过程，需要一定的内部和外部条件。教学就是为学生的心理发展提供有利的外部条件。

传统的教学设计往往是经验取向的，教师的主观因素占主导地位。现代教学设计是科学取向的，注重在科学分析学生认知心理的基础上设计教学过程。加涅等倡导的学习任务分析，就是让教学设计走向科学化的体现。

就生物学概念教学而言，如何让教学过程跳出知识教学的窠臼，步入培养学生的智慧技能、发展学生核心素养的轨道，是现今需要深入研究的课题，也是本章内容的主旨。

第一节 学习任务分析

上一章所述教学目标，实际上就是学生的学习目标。学习目标需要让学生通过完成一定的学习任务来达成。完成学习任务需要一定的前提条件，包括学生已有的知识和技能等内在条件。对学习任务的描述和前提条件的分析，就是学习任务分析。学习任务分析是进行概念教学设计的一项基础性工作。

1. 学习任务分析的意义

学习任务分析作为使教学设计走向科学化的一项专门技术，其理论主要来自加涅的学习论和教学论[1]。加涅的教学论的核心是为不同学习结果提供不同的教学，也就是将外部的教学事件与学习者内部的学习结果结合起来，指出这些外部事件如何支持或促进内部学习过程。本书第三章介绍了他提出的五种学习结果，包括智慧技能、认知策略、言语信息、动作技能和态度。他认为不同类型的外部教学事件对五种学习结杲的每一种来说，其作用都是各有不同的，换句话说，五种学习结果所需要的最恰当的起支持或促进作用的外部事件是不同的[2]。究其原因，是因为不同的学习结果需要具备知识和技能等方面不同的学习条件。例如，具体概念的学习需要学习者具有辨别等先决技能和外部情境的刺激物等条件；定义性概念的学习需要学习者工作记忆中具有定义中的相关概念等内部条件和定义表述、正例和反例等外部条件；动作技能需要两个内部条件——

[1] 皮连生．学与教的心理学 [M]. 5 版．上海：华东师范大学出版社，2009：209-210.

[2] 加涅．学习的条件和教学论 [M]. 皮连生，王映学，郑葳，等译．上海：华东师范大学出版社，1999：279-280.

对部分动作技能的回忆和对执行程序的回忆，还需要五个外部条件——言语指导、图片、演示、练习、反馈。因此，对不同学习结果进行其前提条件的分析，就成为设计概念教学的必要环节，否则概念教学就只能停留在凭感觉、凭经验的层面，不能走上科学化的轨道。

在皮连生教授提出的目标导向的教学设计中，任务分析是介于“设置与陈述目标”和“选择与目标对应的教学策略”这两个环节之间的一个重要的教学设计环节[1]。在我国传统教学设计中有教学重点、难点分析，但不存在任务分析这一环节。教师确定教学重点主要依据课程标准和教材，确定教学难点主要根据自己的教学经验。这样确定的重点和难点，主观成分比较多，而如何在教学中突出重点和突破难点，如果仅凭经验或主观设想，其有效性就会大打折扣。如果能够将预期学习结果中的重点和难点内容，根据它们的类型和特点，仔细分析达成此结果的前提条件、前提条件的前提条件，直到确定学生在认知和技能上的学习起点，再分析如何通过教学支持来促成这些条件，这样，达成重点、难点目标的过程就成为按照一定程序完成一个一个具体任务的过程，大目标分解为小任务，教学的有效性就有了设计上的保障。

2. 学习任务分析的内容

通俗地说，任务分析就是把学习内容分解成小的构成部分并确定这些部分的顺序的过程[2]。但是，如何把学习内容分解成小的构成部分，如何确定这些部分的顺序，是需要理论指导的。根据皮连生教授的建议，在具体概念、定义性概念、规则等智慧技能的学习中，可以按加涅的智慧技能学习层级论，分析智慧技能学习的先决条件，包括必要条件和支持性条件，得出学习的子目标（又称使能目标）及其类型，并对它们的学习顺序进行排序；在言语信息（或陈述性知识）的学习中，可以按奥苏贝尔的认知结构同化论，分析知识点的上下位关系和横向并列关系[3]。加涅本人也曾提出这样的

---

[1] 皮连生．智育心理学 [M]. 2 版．北京：人民教育出版社，2008：307.

[2] 埃根，考查克．教育心理学：课堂之窗：第 6 版 [M]. 郑日昌，主译．北京：北京大学出版社，2009：543.

[3] 同［1］314.

观点[1]。下面重点探讨智慧技能意义上的概念性知识的学习任务分析。

加涅在将学习条件分为内部条件和外部条件的基础上，还将学习者的内部条件分为支持性条件和必要条件。所谓支持性条件是指某些先前习得的性能能够为新的学习提供必要的支持，如认知策略、态度等，但这些性能本身不会成为所学内容的一部分。所谓必要条件就是先前习得的某些能力，它们不仅是学习的条件，而且被纳入新学习到的能力中，成为新习得能力的一部分而保存下来。例如，学生先前具备了概述DNA的结构的能力，这种能力既是学习“DNA的复制”的前提条件，还将成为“概述DNA的复制”的一个组成部分。如果按加涅的理论来分析，DNA复制的核心是以一条母链为模板，按碱基互补配对原则合成一条子链，这一原理就是加涅所说智慧技能中的“规则”，学习规则的前提条件就是理解相关概念，要理解DNA复制的规则，首先要理解DNA的结构（两条DNA单链按碱基互补配对原则结合为双链）这一概念；在阐明DNA复制机制时，仍然要先阐述DNA的结构特点，否则不可能阐明DNA的复制。像这样，既为新的学习提供不可或缺的支持，同时其本身又能结合到新的学习结果中去的学习条件，加涅称之为“真正的前提条件”。

“DNA的结构”概念是“DNA的复制”规则的前提条件，这个前提条件的达成又需要其他前提条件，如说出碱基的种类、氢键、脱氧核糖、脱氧核苷酸等。这些前提条件的达成又需要相关的化学知识作为前提条件。因此，“DNA的复制”这一节的学习任务可以分解为一个个程序化的步骤，每一个步骤的行动都可以看作是整个学习任务的前提条件。每个前提条件都是使最终学习结果能够达成所不可缺少的。如果学生在开始新的学习时，某些前提条件尚不具备，就需要将这些前提条件当作一个个独立的学习任务先去完成，此时，这些作为前提条件的学习结果就称为使能目标[2]。例如，在“DNA的复制”一节中，让学生运用假说演绎法分析DNA复制的

[1] 皮连生．智育心理学[M]. 2版．北京：人民教育出版社，2008：327.

[2] 加涅．学习的条件和教学论[M]. 皮连生，王映学，郑葳，等译．上海：华东师范大学出版社，1999：273.

实验证据，是学生理解 DNA 半保留复制（而不是全保留复制）的关键，而对这个实验结果的预测和分析是有一定难度的，要用到假说 – 演绎法这一程序性知识、氮的同位素的知识、不同同位素相对原子质量与相应物质密度关系的知识、离心的原理等，因此，这个实验分析活动的学习结果可以作为本节课的一个使能目标。在达成这一使能目标的过程中，如果学生因为先前知识或方法欠缺而遇到困难，还需要补充这一使能目标的前提条件，即形成更低层级的使能目标。

按照以上思路，学习任务分析的主要结果就是陈述前提条件的学习层级[1]。对于智慧技能的学习来说，其学习前提就是目标技能的下位技能，即比较简单的规则或概念。对每一个下位技能，还要分析和揭示出那些依次类属于它们的规则和概念。这样就可以界定学习的层级，形成层级化的学习任务图。当然，这样的学习层级只是学习者必须获得的前提条件（纳入新习得技能），而那些支持性条件并未纳入其中。在此基础上，如果将完成学习任务所需要的认知策略、态度等支持性条件做具体分析，就更加完备了。

3. 学习任务分析的案例

通过以上分析可知，学习任务分析是指从学习目标（预期学习结果）出发，通过分析达成学习结果需要的前提条件，形成层级化的若干个具体学习任务，并结合完成这些学习任务所需要的支持性条件，为设计教学活动即提供支持和促进学习的外部条件打下较好的基础。

下面以 2012 年版人教版《义务教育教科书 生物学 七年级 下册》第四章第一节“流动的组织——血液”为例，进行学习任务的分析（限于本书主题，主要从概念学习角度来分析）。

学习目标

概述血液由血浆和血细胞构成，具有物质运输、防御和保护作用。

子目标 1：说出血液是由血浆和血细胞组成的。

子目标 2：概述血浆具有运输血细胞、维持生命活动所需的物质和代

[1] 加涅 . 学习的条件和教学论 [M]. 皮连生，王映学，郑葳，等译 . 上海：华东师范大学出版社，1999：274.

谢废物的作用。

子目标3：说出血细胞包括红细胞、白细胞和血小板，从形态上辨别这三种血细胞。

子目标4：概述红细胞具有运输氧的功能。

子目标5：概述白细胞具有防御病菌的功能。

子目标6：概述血小板具有止血功能。

学习结果类型

这6个子目标就是具体的学习结果，也可以看作6个使能目标。按加涅的学习结果分类法，子目标1和子目标3中，血浆、血细胞、红细胞、白细胞和血小板都是概念的名称，对这些名称所指的事物，只要求学生通过形态和数量等方面的特征归类即可，不用下定义，因此属于智慧技能中的具体概念。

子目标2、4、5、6都是理解血液成分的功能，包括功能是什么、为什么具有该功能，或者如何执行该功能，这些学习结果都属于智慧技能中的规则。

学习条件

1. 必要条件

对子目标1和3来说，具体概念的先决技能是辨别，因此，需要学生观察血涂片以及示意图、模式图等，弄清血液、血浆和血细胞的关系，辨别各种血细胞。

对子目标2、4、5、6来说，规则的先决技能是理解规则所包含的概念，例如，“红细胞运输氧”这一规则，就包含了红细胞、运输、氧三个概念，学生必须理解这三个概念，才能理解这一规则；要理解红细胞为什么或如何运输氧，还需要了解红细胞的特点，即富含血红蛋白，血红蛋白含铁，在含氧量高的地方容易与氧结合，在含氧量低的地方容易与氧分离；肺部含氧量高，红细胞在此获取大量的氧，然后随血液循环运至全身各处的毛细血管，那里含氧量低，红细胞将携带的氧释放出来，供机体细胞利用；如果体内缺铁，就不能合成足够的血红蛋白，就会造成缺铁性贫血，影响健康（体现规则的应用）。

2. 支持条件

（1）学生应具备操作显微镜的动作技能，能够在显微镜下观察血涂片。

（2）学生具有一定的归纳和概括能力，能够在了解血液各成分的功能基础上，得出血液由血浆和血细胞构成，具有物质运输、防御和保护作用这一总括性结论。

（3）学生具有了解血液成分及其作用的兴趣和愿望，意识到学习这些知识对维护自身健康的重要意义。

起点能力

学生已经学习了关于人体的消化和呼吸的内容，能够说明机体细胞的生命活动需要各种营养物质和氧，具有感染病菌、伤口止血等经验。

上述学习任务分析结果可用图 4-1 来表示(图 4-1 中支持性条件从略)。

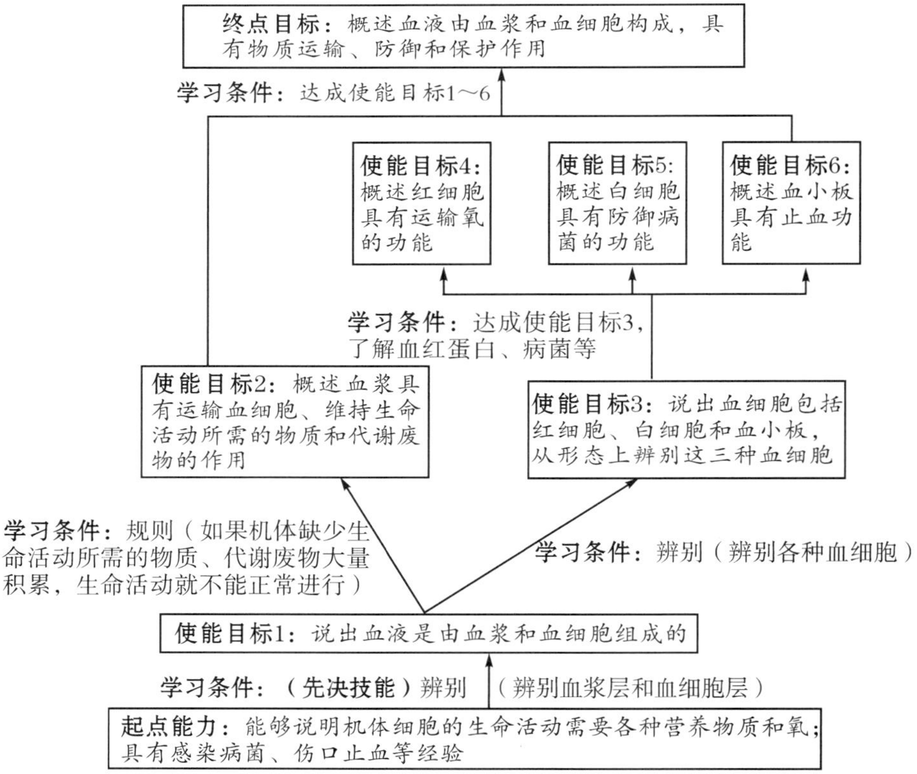

图 4-1　“流动的组织——血液”一节的学习任务分析

第二节　教学过程设计

在确定教学目标和分析学习任务之后，需要研究通过怎样的教学过程让学生完成学习任务、达成教学目标，这就是教学过程的设计。

一、几个现有教学过程模型的分析

关于教学过程应当包括哪些环节，这些环节之间应当遵循怎样的顺序，国内外有着不同的流派，并且各自在一定地域范围、一定历史阶段产生影响。

1. 经典的教学过程模型

受苏联凯洛夫教育学影响，我国教师在长期的教学实践中，形成了五步教学过程模型。该模型主张所有的教学过程应当按顺序由以下步骤组成。

第一步：组织上课。教师组织学生在心理上和物质上做好上课的准备。

第二步：检查复习。检查上节课学过的内容，视学生掌握情况进行简要梳理和补充，以温故求知新。

第三步：讲授新内容。

第四步：巩固新内容。检查学生对新内容掌握情况，及时解决存在的问题。

第五步：布置作业。

皮连生教授指出，这一模式在我国长期广泛流行，但它只反映了陈述性知识学与教的规律，没有反映知识向智慧技能和认知策略转化的规律，忽略了学习与教学过程的多样性，从现在学习科学的视角看，可以说有严重的缺陷[1]。

2. 加涅的教学过程模型

加涅等基于现代认知理论中的信息加工理论，提出了学习者的学习模型，认为教学过程就是通过一系列教学事件影响学习的各环节。

加涅等认为，学习者的学习过程包括一系列信息处理事件：（1）通过接受器接受刺激；（2）通过感觉登记器登记信息；（3）在辨别各种信

[1] 皮连生 . 智育心理学 [M]. 2 版 . 北京：人民教育出版社，2008：333-334.

息基础上选择性知觉信息，使所选择的信息进入短时记忆；（4）通过复述保持短时记忆的信息；（5）对短时记忆中的信息进行语义编码，使之成为有意义的信息，进入长时记忆；（6）通过信息提取，长时记忆中的信息又回到短时记忆，用于做出反应，此时的短时记忆称为工作记忆；（7）工作记忆中的信息进入反应生成器，然后进入效应器（肌肉），以便转化为行为；（8）学习结果以行为形式表现于学习者的环境中；（9）这一过程的信息处理受到学习者执行策略的控制。这一学习模型如图 4-2 所示。

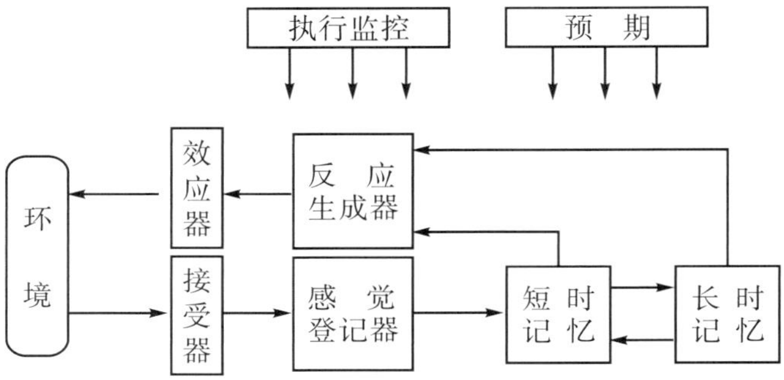

图 4-2　基于现代认知（信息加工）理论的学习与记忆基本模型 [1]

加涅等认为，教学就是要通过一系列教学事件来影响上图信息流所蕴含的内部学习过程。与上述各环节相对应，加涅等提出的教学过程模型包括以下按顺序进行的各种活动 [2]。

（1）引起注意，确保学习者能够接受刺激。

（2）告知学习目标，使学习者建立适当的预期。

（3）提示学习者从长时记忆中提取先前学习过的内容，即从长时记忆中提取信息至工作记忆。

（4）以清晰和生动的方式呈现刺激材料，确保选择性知觉的形成。

（5）教师对刺激材料进行意义解读，即以适当的语义编码指导学习。

---

[1] 加涅，布里格斯，韦杰．教学设计原理 [M]. 皮连生，庞维国，等译．上海：华东师范大学出版社，1999：9.

[2] 同［1］11-14.

（6）引导学习者做出反应，表现出接受刺激后产生的行为。

（7）提供学习结果的反馈，即对上一步呈现的行为给予反馈。

（8）评估作业，即进行简单练习，要求学习者另外再表现出行为并给予强化。

（9）提取并概括化，安排多种练习以帮助学习者将来的提取和迁移。

加涅的教学过程模型的突出特点是将智慧技能作为教学设计的主要框架，按加涅本人的说法，这样的教学框架具有明显的优点：一是在这样的教学过程中智慧技能可以在短时期内形成，这是传统的知识教学（让学生查阅并记忆许多资料、教师通过言语指导学生理解知识）所无法比拟的，后者无法培养学生的智慧技能；二是这样的技能彼此相关并形成累积的内部智慧结构，一种技能不仅能用来解决某个特定的问题，而且有助于学习另一种较高级的技能，因此，智慧技能具有丰富的迁移效果；三是智慧技能相对容易被可靠地观察，掌握一种智慧技能，在行为上就能有相应的表现，这与言语信息的学习有明显区别，因此，以智慧技能作为教学过程设计的主要框架，便于在教学实践中检测和评估教学效果。

结合第一节“学习任务分析”的内容可知，加涅的教学过程模型与其任务分析理论是一脉相承的，采用这一模型设计教学，有利于将任务分析的结果有效运用在教学过程设计中，提高教学设计的科学性。

当然，如果每节课都按这九大步骤来设计，有时也会有烦琐之感，在实践中存在一定难度。教师可以根据教学内容的实际情况，将某些步骤整合，或将某个步骤省略，使之简洁明快。例如，将第八步和第九步整合为一步，即练习和应用环节，其中既有简单的变式练习，又有较为复杂的迁移至新情境的问题解决。对第二步“告知学习目标”，笔者不认为它适用于所有学科，也不认为它适用于一个学科的所有内容。理由稍后阐述。

3. 皮连生的广义知识学与教的一般过程模型

皮连生教授在综合了布卢姆的教育目标分类学（及其修订版）、加涅的学习结果分类理论（及信息加工心理学）、奥苏贝尔的有意义学习理论（及其认知同化论）等理论的基础上，提出了广义知识分类理论，并据此提出广义知识学与教的一般过程模型。

（1）广义知识分类模型。

该分类模型将广义知识学习结果分为陈述性知识、作为程序性知识的智慧技能（对外办事）和作为特殊程序性知识的认知策略（含反省认知）。其中陈述性知识包括布卢姆所说的事实性知识（基本等同于加涅所说的言语信息）、概念性知识和程序性知识的记忆和理解水平。这一理论的特点是将学习结果的类型与学习阶段结合起来分析，强调了不同类型知识之间的密切联系和相互转化。皮连生教授认为，广义知识的学习分三个阶段：习得阶段、巩固与转化阶段、迁移与运用阶段。事实性知识在学习的各个阶段都属于陈述性知识，它们可以通过从长时记忆中提取和再现，可以用言语来表达，但不能转化为分析和解决问题的技能。概念性知识在习得和巩固阶段属于陈述性知识，通过在变化的情境中练习和运用，可以转化为指导人们办事的规则，即产生式规则，这时概念性知识就由陈述性知识转化为智慧技能，即程序性知识。在知识的迁移和运用阶段，不同类型的知识用于解决不同的问题。陈述性知识用于解决“是什么”和“为什么”的问题；一部分程序性知识用于解决对外“怎么办”的问题（即智慧技能），一部分程序性知识用来解决对内“怎么办”的问题（即认知策略，亦称策略性知识），如图 4-3 所示。

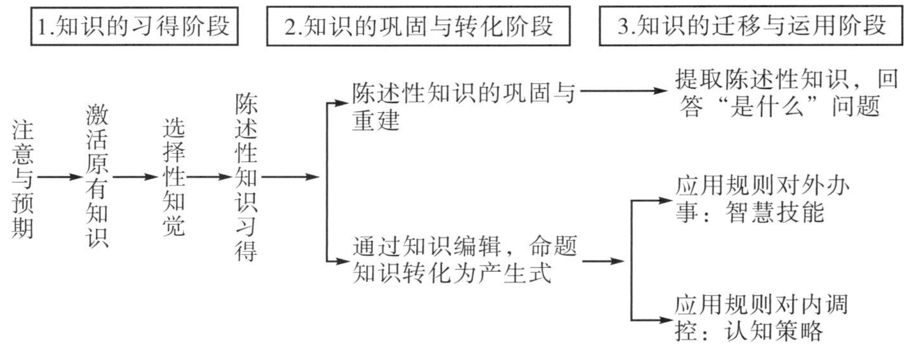

图 4-3　广义知识学习阶段与分类模型[1]

[1] 皮连生．智育心理学 [M]. 2 版．北京：人民教育出版社，2008：128.

（2）广义知识学与教的一般过程模型。

在上述知识分类和知识学习阶段研究的基础上，皮连生教授提出了广义知识学与教的一般过程模型（图 4-4）。这一模型的突出特点：一是将学和教统一纳入一个过程模型中，鲜明地体现了教是为学习提供外部条件的思想；二是体现了陈述性知识和程序性知识在学与教的过程中的区别和联系。该模型按照学生知识学习的三个阶段，设计了教师教和学生学的六个步骤，因此也称为六步三阶段教学模型。

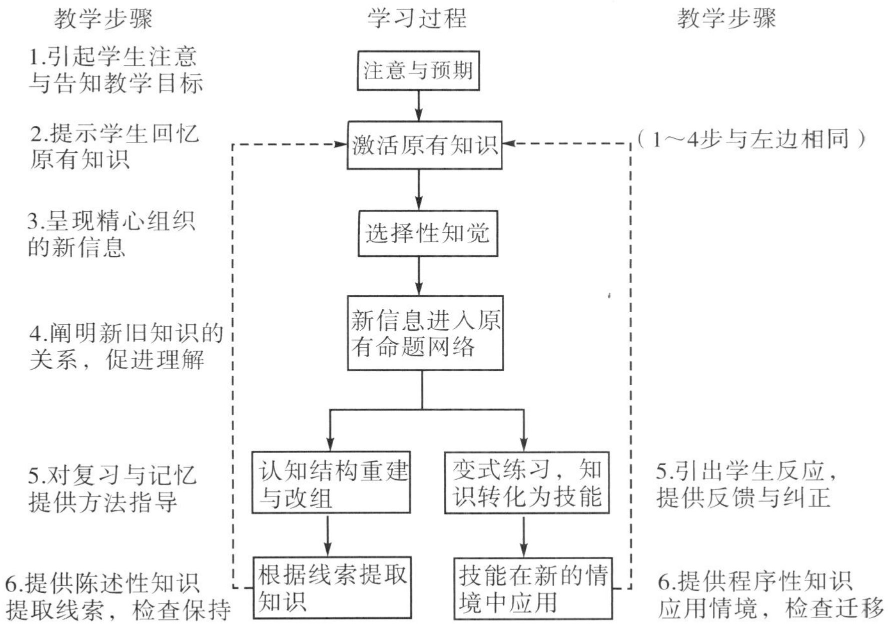

图 4-4　广义知识学与教的一般过程模型 [1]

阶段 1　知识的习得。本阶段共四个步骤，陈述性知识的学习与程序性知识的学习在本阶段都是相同的四步。

第一步：引起学生注意与告知教学目标。

第二步：通过复习、提问等方法引导学生回忆先前已经具备的相关知识。

第三步：呈现与目标有关并经过精心组织的新信息（相当于加涅所说

[1] 皮连生 . 智育心理学 [M]. 2 版 . 北京：人民教育出版社，2008：335.

的提供刺激材料）。

第四步：阐明新旧知识的联系，促进学生理解新呈现的信息。

阶段 2　知识的巩固与转化。在本阶段和下个阶段，陈述性知识的学与教，与程序性知识的学与教，具体目标和方法都是不同的。

第五步：对陈述性知识的学习来说，这一步是知识结构的重建与改组，相应的教学事件是教师指导学生总结和记忆新学知识。例如，在学习“血液的成分和功能”后，教师引导学生填写如下表格（表 4-1），就能起到总结和记忆所学知识的目的。

表 4-1　血液的成分及其主要功能

<table>
<tr><th colspan="2">血液成分</th><th>主要功能</th></tr>
<tr><td colspan="2">血浆</td><td></td></tr>
<tr><td rowspan="3">血细胞</td><td>红细胞</td><td></td></tr>
<tr><td>白细胞</td><td></td></tr>
<tr><td>血小板</td><td></td></tr>
</table>

对程序性知识来说，这一步是陈述性知识阶段向智慧技能的转化，相应的教学事件是教师提供变式练习，让学生将新学概念向产生式规则转化。例如，学生在步骤 4 已经理解了血小板具有凝血作用，此时可让学生回答：“如果血小板减少，伤口止血的时间会发生怎样的变化？”教师对学生的回答进行反馈或纠正，促进陈述性知识向智慧技能的转化。

阶段 3　知识的迁移与运用阶段。

在本阶段，对陈述性知识的学习来说，是新学知识的提取，也就是将新学的知识从长时记忆提取到工作记忆中。例如，学习了“流动的组织——血液”一节后，学生在遇到血液有哪些组成成分这一问题时，就会提取所学知识来回答。

在本阶段，对程序性知识的学习来说，是技能在新的情境中的应用。例如，人教版教材“流动的组织——血液”一节后的练习题：人在大量出汗或严重腹泻的情况下，血液中主要丢失了什么成分？通常采用什么方法来补充血液丢失的这些成分？

应当指出的是，陈述性知识和程序性知识的划分并不是绝对的。同一个知识点，既可以作为陈述性知识来教学，也可以作为程序性知识来教学，选择的依据就是教学目标。例如，对于义务教育阶段的学生而言，关于各种血细胞的形态特点的知识，可以作为陈述性知识来学习；而对于培养从事血液化验的医师的课程来说，学习者需要依据不同血细胞的形态特点来检测各种血细胞的数量，这些知识就需要作为程序性知识来学习了。

皮连生教授提出的广义知识分类教学模型，揭示了陈述性知识向程序性知识转化的原理，这为我们设计适于深度学习的概念教学课程提供了宝贵线索。

当然，在教学实践中应用广义知识教学模型时，有些问题还需要进一步研究。例如，一节课的教学往往包含多个知识点，其中有的是陈述性知识，有的是程序性知识，是分别安排六步教学过程还是整节课按六步进行？如何界定一个概念属于陈述性知识还是程序性知识？如何考虑学生的个体差异？等等。

4. 施瓦布首倡后不断发展的科学探究教学模式

1961 年，美国生物学家、课程专家、芝加哥大学教授施瓦布在哈佛大学的一次演讲中，首次提出“作为探究的理科教学”的观念，认为传统的科学课程只是对科学进行静态的、结论式的描述，学生所学习的只是静态的以权威结论形式出现的知识，而不能理解科学的本质：科学是一个动态发展的过程，科学知识是一定阶段人们对自然界的认识，具有真理的相对性，其结论有可能被修正甚至更改。施瓦布极力主张要积极地引导学生像科学家那样进行探究，即教师要进行科学探究教学。这样的教学，其目标不仅是获得科学知识，更重要的是体验和理解科学探究的过程，领悟科学探究的方法，习得科学探究的技能；这样的教学，对学生来说是一个主动参与的自主、合作探究的过程，教师在这一过程中应当起合作者和促进者的作用，而不是传授者的作用。在施瓦布等人的推动下，探究式教学在自然科学课程中得以蓬勃发展，先后涌现出几种著名的探究教学模式，如萨其曼的探究训练模式、施瓦布的生物科学探究模式、卡普拉斯等提出的学习环模式和贝比等提出的 5E 教学模式[1]等。

（1）探究训练模式。

萨其曼于 20 世纪 60 年代初提出探究训练模式，这一模式是通过观察、分析科学家的创造性探索活动之后，结合教学的因素概括而成的。它遵循的程序是“问题—假设—验证—结论”，这一过程中要展开讨论和对话，从而进行探究方法和思维方式的训练[2]。

（2）生物科学探究模式。

施瓦布所领导的生物科学课程研究机构（Biological Science Curriculum Study，简称 BSCS），在 20 世纪 60 年代初开发出的适用于高中生物教学的生物科学探究模式，主张引导学生通过模拟科学家的探究过程来学习生物学，具体包括以下四个阶段。①确定研究范围：给学生提供调查的范围和问题情境，引发学生的认知冲突，激发学生的好奇心和求知欲[3]。②学生构想问题：在教师引导下，学生根据自己的已有知识和经验，对上述范围或情境中可能蕴含的问题进行思考，提出一定数量的可探究的问题。③学生确定要探究的问题：学生对问题进行深入思考、分析，推测问题症结，确定自己想探究并且可探究的问题。④学生找出解决问题的方法和途径，通过自己的探究（做实验、收集资料等）来解决问题[4]。

（3）学习环模式。

卡普拉斯等 1974 年提出的学习环模式，是针对小学科学课程的教学而设计的[5]，其过程依次为探索、概念引介和概念应用三个阶段。在探索阶段，教师提出问题，提供所需材料，学生自主开展探究活动，探索问题的答案。在概念引介阶段，教师引导学生根据探究活动所获得的信息，通过推理得出结论，形成观点，建构概念［正因为在此阶段强调由学生来建构概念，教师只是介绍相应概念的名称（术语），所以后来有专家将这个

---

[1] 李森，于泽元. 对探究教学几个理论问题的认识 [J]. 教育研究，2002（2）：83-88.

[2] 同［1］.

[3] 陈建刚，王谷仙. 生物科学探究模式探析 [J]. 中学生物教学，2015（24）：14-16.

[4] 同［3］.

[5] 卡琳，巴斯，康坦特. 教作为探究的科学 [M]. 北京：人民教育出版社，2008：88.

阶段改为“名词引介”]。教师在此阶段，可对学生的结论、观点等进行补充和修正，帮助学生建构完整、准确的概念。在概念应用阶段，学生将前一阶段获得的概念应用于新的情境来解决新问题，从而巩固和提高概念理解水平。实践研究表明，这一模式能够提高学生的学习成绩，但人们也发现它的某些不足之处，如不能有效地帮助学生实现概念的转变等[1]。

（4）5E 教学模式。

5E 教学模式是美国生物科学课程研究所（BSCS）的主要研究者贝比等，在卡普拉斯学习环模式的基础上，吸收了建构主义和概念转变理论，于 1989 年在 BSCS 教材中提出的[2]，是自 20 世纪 90 年代初至今广泛流行的一种科学探究教学模式，也称 5E 学习环。其教学过程包括以下 5 个阶段[3]。

①诱发参与（engagement）。这一步是为了引发学生的好奇心，明确后续学习活动的目标；明确要探究的问题，问题可以由教师提出，也可以由学生提出；之后，教师了解学生的已有知识和前概念，帮助学生建立新旧知识之间的联系，制订探究计划。

②探究（exploration）。学生自行开展探究活动，包括操作材料、进行观察、生生或师生之间交流等。教师在这期间仅仅是观察者、提问者，根据需要提供指导，不应直接讲解探究方法或者直接指出学生的错误。

③解释（explanation）。教师指导学生解释上一阶段的观察结果和产生的问题。首先，让学生描述观察到的现象，解释现象产生的原因。在学生发言基础上，教师再正式向学生解释现象，包括其中涉及的概念。也就是教师帮助学生在探究所得证据的基础上学习新概念，运用新概念进行描述和解释，回答最初提出的问题。

④迁移（elaboration）（另有“精致”或“精致化”等多种译法）。这一阶段鼓励学生在新情境下运用新学习的概念和技能，解决各种新颖有趣的问题，从而加深对新知识的理解。强调学生应该将知识视为要进行应

---

[1] 袁维新，吴庆麟 . 关于学习环模式的研究综述 [J]. 心理科学，2007，30（3）：632-635.

[2] 卡琳，巴斯，康坦特 . 教作为探究的科学 [M]. 北京：人民教育出版社，2008：130.

[3] 同［2］130-133.

用的程序，而不是要记住和回忆的信息。

⑤评价（evaluation）。这一阶段，教师用正式的或非正式的方法评价学生对新知识的理解和能力发展。在教学过程的任何时候都可以进行即时反馈评价，这是一种非正式评价，目的在于确保学生活动的方向或鼓励学生对探究过程进行反思。比较正式的评价，包括纸笔测验和表现性任务，也用于为学生和教师提供反馈。同时，允许学生自己评价自己在小组合作探究中的表现、概念掌握情况等。

同卡普拉斯的三段学习环相比，5E学习环增加了诱发参与（直译为“参与”，或译为“引入”“吸引”）环节，目的是了解学生的前概念并且激发学生的好奇心和求知欲；还增加了评价环节，体现了现代教学重视过程性评价的理念。

二、生物学概念教学的基本过程

加涅和皮连生所提出的教学过程模型，虽然主要是针对认知领域的，却适用于大多数学科，包括语言类学科、数学、社会科学等。生物学学科与其他学科既有共性，又有不同。5E学习环等科学探究教学模式对生物学概念教学有重要参考价值。探讨生物学概念教学的基本过程，还需要考虑生物学概念的特点。

本书前面的章节已经阐明：生物学概念具有概略性、合目的性、逻辑性、辩证性和隐喻性等特点；生物学概念体系中既有大量的具体概念，又有许多定义性概念；通过生物学概念性知识的教学，可以培养学生的科学思维，提高学生思维的灵活性、辩证性和深刻性（生物学学科在这方面有其独到的优势）。培养学生的思维能力，其实就是培养他们的智慧技能。因此，加涅和皮连生强调的智慧技能的概念教学过程模型都是我们探讨生物学概念教学过程的重要参考。

1. 关于两个相关问题的思考

在正式讨论生物学概念教学过程之前，拟先讨论两个问题。

问题1　在上课伊始，是否需要告知学生教学目标？

在加涅和皮连生的教学过程模型中，告知学生教学目标都是重要的教学环节。从理论上说，告知教学目标能让学生明确学习的目标指向，减少学习活动的盲目性和随意性，有利于目标达成。有证据表明，同不告知教学目标相比，告知教学目标能提高教学的有效性，提升学生学习成绩。但是，在教学观察中，笔者发现，教师在告知学生教学目标时，学生往往表现出不够积极的状态。在有的课堂上，教师在上课伊始即将教学目标写在黑板上，其内容与教案上写的教学目标完全一样，学生安静地看着教师的板书，没有任何反应。究其原因，主要是这样的教学目标是写给教师自己的，不是写给学生的，其中涉及的概念术语，对学生是完全陌生的。例如，在“基因指导蛋白质的合成”一节，教师告知的教学目标是：

（1）概述遗传信息的转录和翻译过程。

（2）计算 DNA 碱基数目、RNA 碱基数目与氨基酸数目之间的对应关系。

（3）阐明中心法则的具体内容，认同科学是不断发展的。

（4）基于地球上几乎所有的生物都共用一套遗传密码的事实，认同当今生物可能有着共同的起源，形成生物进化观。

转录、翻译、中心法则等名词，对学生来说是完全陌生的，像这样告诉学生一些他们并不明白的教学目标，究竟有多少意义呢？听课时的感觉是，这样的教学目标形同虚设。

正是基于平时的教学观察，笔者在主编人教版中学生物学教材时提出，教材编写要变目标驱动为问题驱动，高中教材每节起始位置的旁栏安排“本节聚焦”栏目，初中教材每节起始位置安排“通过本节学习，你将知道”栏目，这两个栏目名称不同，性质和功能相同，都是以问题形式来明确本节的认知目标。例如，高中生物学教材“基因指导蛋白质的合成”一节的“本节聚焦”内容如下[1]：

基因如何指导蛋白质的合成？

中心法则是如何描述遗传信息的传递规律的？

---

[1] 人民教育出版社课程教材研究所生物课程教材研究开发中心．普通高中教科书 生物学 必修 2 遗传与进化 [M]. 北京：人民教育出版社，2019：64.

几乎所有生物共用同一套密码子的基本事实，给我们什么启示？

人教版教材的这一做法与英美国家的同类教材也明显不同。例如，美国麦格劳希尔出版公司出版的高中生物学教材《科学发现者·生物：生命的动力 中册》“从 DNA 到蛋白质”一节，就在节的起始位置明确列出本节的学习目标[1]：

把基因的概念与 DNA 的核苷酸序列相联系。

对蛋白质合成的步骤进行排序。

中美教材在这一环节处理的差异，反映了中美教材编者在教学理论上的不同思考。从我们所做的问卷调查和教师访谈来看，人教版教材的这一做法得到了广大师生的认可。由此可见，在一节课的起始环节，提出能够引起学生学习兴趣和探究欲望的问题，远比告知学生几条生硬刻板的教学目标更有实效。这些问题无疑是指向教学目标的，但它们本身不是目标，因为目标是预期的学习结果，是通过探究这些问题而在认知等领域所得到的发展。

当然，笔者并非一味排斥告知教学目标的做法。比如在以培训动作技能为主要目标的教学单元中，告知目标就是必不可少的教学环节。例如，在“练习使用显微镜”的教学中，就需要在上课伊始明确告知学生以下教学目标：练习使用光学显微镜，学习规范的操作方法。

问题 2　在中学生物学的概念教学中，教学过程是按知识的类型还是按智慧技能的水平来设计？

加涅的教学过程模型的突出特点是将智慧技能作为教学设计的主要框架，皮连生的目标导向教学过程模型是以广义知识分类为基础，针对不同类型的知识设计教学过程。这两种理论都不是针对生物学这个特定学科提出的。那么，生物学教学过程是按知识的类型还是按智慧技能的水平来设计呢？

关于生物学概念教学，传统的观点认为其内容主要是介绍各种生物的形态、结构和生理等特点，因此是以陈述性知识的教学为主的学科。对生

[1] 比格斯，等 . 科学发现者·生物：生命的动力 中册 [M]. 曾立，等译 . 杭州：浙江教育出版社，2008：512.

物进行解剖、观察、标本制作、分类，以及运用遗传定律来推算基因型和表现型等，无疑属于程序性知识，但它们在生物学教学中占的分量不多，而且一般不将它们归入概念教学范畴。在目前倡导核心素养的理念下，认为中学生物学是以陈述性知识的教学为主的观点明显过时了。《普通高中生物学课程标准（2017 年版）》提出的生物学学科核心素养包括生命观念、科学思维、科学探究和社会责任四大素养，生物学课程的目标就是发展学生的这些核心素养，提高学生适应社会发展和个人发展需要的正确价值观、必备品格和关键能力。生物学中陈述性知识的学习是为学生发展核心素养打基础的，也可以理解为核心素养的培育需要以陈述性知识的学习为载体。

按照皮连生教授基于广义知识分类的教学过程模型，事实性知识（相当于加涅所说的“言语信息”）、了解和理解阶段的概念性知识都属于陈述性知识，应用、评价、创造阶段的概念性知识则属于程序性知识，而陈述性知识和程序性知识的教学过程，前四步是相同的，后两步是不同的。这样就带来一个问题，就许多要达到应用以上水平的概念的教学来说，因为应用水平需要建立在理解水平的基础上，那么，是不是首先要为达到理解水平按陈述性知识进行六步教学，再为达到应用以上水平而按照程序性知识进行教学呢？对于大多数中学生物学教师来说，按照广义知识分类理论来区分陈述性知识和程序性知识是有很大困难的。

生物学是一门自然科学。自然科学的目的是了解自然。了解自然的目的是尊重自然、顺应自然、保护自然，与自然和谐共生。生物学的研究对象包括人自身，因此学习生物学的目的还有了解人体，增进人类健康。正确处理人与自然的关系和增进人类健康，是生物学概念教学的终极目标。从这个意义上讲，生物学概念教学应当跳出知识教学的窠臼，步入发展学生核心素养的轨道。

如何让生物学概念教学步入发展学生核心素养的轨道？笔者认为至少要朝以下几个方面去努力。

（1）重视与现实生活的联系。只有重视与现实生活的联系，学生才能意识到所学生物学知识不是象牙塔之中的学问，而是用于解决现实生活问题的利器。这里所说的现实生活，包括人类的生产和生活、人与自然的关系、人的生命安全与健康等。应当将生物学概念的学习和应用尽可能置于现实生活的情境中，从情境中产生学习生物学的兴趣和动机，将所学应用于分析和解决真实情境下的问题，将概念学习的结果落实为分析和解决实际问题的能力，也就是落实为加涅所说的智慧技能，同时培养学生的社会责任素养。

（2）内容聚焦大概念。生物学概念林林总总，只有突出大概念的统摄作用，让众多一般概念的学习指向重要概念，重要概念的学习指向少数几个大概念，才能让所学知识形成良好的层级结构，实现概念学习的形散神聚。我们知道，大概念是最接近于观念的东西，内容聚焦大概念，不仅能实现学习内容的少而精，还有利于学生形成生命观念。

（3）注重让学生通过探究建构概念。探究是学习科学的中心环节。相比于教师直接传授的概念，学生通过自身的探究活动建构的概念，由于有对事物或事实本身的直接接触而具有更多的感性成分和表象编码，有的还融合了学生的具身体验，从而具有理解的深刻性和记忆的长久性。通过探究来建构概念，还能让学生有更多的机会养成科学态度，领悟科学方法，训练科学思维和动作技能，发展以思维能力为核心的科学探究能力。按加涅的学习结果分类理论来看，学生在探究的过程中会经历感知事实、进行辨别、形成具体概念和定义性概念、运用规则和问题解决等阶段，因此，通过探究来建构概念是将概念学习目标落实为智慧技能的有效途径。

基于以上考虑，笔者认为，生物学概念教学过程的设计应以智慧技能水平作为主要框架，以科学探究教学模式为基本路径，同时注意在过程中引导学生形成生命观念，养成实事求是的科学态度，提升担当社会责任的意识和能力。

2. 生物学概念教学的过程模型

在综合不同教学设计过程模型优长的基础上，笔者结合生物学教学的特点，特别是发展学生核心素养的要求，提出生物学概念教学的基本步骤如下。

（1）创设问题情境，提出问题。

这是概念教学的起始环节，相当于加涅教学过程模型的第一和第二步，皮连生教学过程模型的第一步，即引起注意和告知教学目标。所不同的是：第一，本模型强调从现实生活或自然出发创设真实的情境，激发学生的学习兴趣，引出问题，而不是平淡地直接告诉学生学什么；第二，以问题的形式提出教学目标，体现问题驱动的学习，问题指向重要概念，而不是以陈述句的形式直接告知学生这节课要学习的概念，更不是以精心选择的目标行为动词告诉学生达成目标的程度；第三，问题中不一定出现（或者说尽量不出现）学生还未学习的概念的名称，以使问题能激活学生的思维，利于学生主动学习，而不是被动地接受和完成学习任务；第四，情境和问题是有层次的，一章或一个单元教学伊始可创设一个大的问题情境，提出本章或本单元的几个中心问题，一节课伊始可以创设本节的问题情境，提出本节要探讨的中心问题，一节课内还可以根据任务分析中确定的各个使能目标（子目标）创设更小的问题情境，提出更具体的问题；第五，问题既可以由教师提出，也可以由学生提出，鼓励学生提出问题，师生共同分析确定本节探讨的问题。当然，在呈现问题情境之前，教师用简短的导入语点出本节课要学习的主题，也是应该肯定的。本模型的这一环节相当于5E 教学模式的第一步“诱发参与”。

（2）引导学生回忆相关知识，尝试回答问题。

这是概念教学的第二步，相当于加涅教学过程模型的第三步或皮连生教学模型的第二步，与这两种模型相同的是，这一步同样有引导学生从长时记忆中提取相关知识到工作记忆中，明确学生的起点能力，或者激活原有知识，用以与新知识建立联系的作用。不同的是本模型中这一步更强调暴露学生的前概念或已有知识的不足，引发学生的认知冲突，为有效建构新概念或实现概念的转变打下良好的心理基础。需要补充的是，学生的生活经验也是这一步骤需要调动的资源。

（3）让学生感知新的信息，引导学生进行思维加工。

这是概念教学的第三步，相当于加涅教学过程模型的第四、第五步——以清晰和生动的方式呈现刺激材料，确保选择性知觉的形成；教师对刺激材料进行意义解读，即以适当的语义编码指导学习。皮连生教学过程模型的第三、第四步与此类似：呈现与目标有关并经过精心组织的新信息；阐明新旧知识的联系，促进学生理解新呈现的信息。加涅和皮连生的这两个步骤是面向包括文科课程在内的许多学科的，未能体现生物学教学的特点。

本模型的这一步骤首先是“让学生感知新的信息”，而不是“呈现刺激材料”或“呈现与目标有关并经过精心组织的新信息”。“让学生感知信息”包括由教师向学生呈现相关信息，比如提供相关事实性材料、出示标本或模型，或者让学生阅读教材上相关图文信息；更提倡让学生通过亲身参与的观察、实验等探究活动来直接获取相关信息，这些信息是用来回答第一步所提问题的直接证据。这两种“让学生感知信息”的途径和方式，正是接受式学习和发现式学习的分野。当然，本模型对这两种学习方式并无厚此薄彼之意。不管接受式学习还是发现式学习，只要能促进学生的意义建构，都是有意义的学习。具体采用哪种方式进行教和学，要视概念内容的特点、学生的能力水平、课时多少及学校条件而定。

本模型的这一步骤接下来是引导学生进行思维加工，初步建构使能目标所指概念。此处与加涅和皮连生的模型相同的是，教师都需要引导学生通过思维活动对信息进行加工，即加涅强调的对信息进行语义编码，皮连生强调的新信息进入命题网络；不同的是本模型更加强调科学推理，即面对教师呈现或学生观察到的事实性材料，如何得出结论、得出什么样的结论，需要教师给予思维上的引导。例如，同样是在显微镜下观察到植物和动物的多种细胞，在认识细胞的统一性时，教师应当引导学生找各种细胞的共同特点；在认识细胞的多样性时，教师应当引导学生找各种细胞的不同特点。又如，对于具体概念的学习，教师只需要让学生能够辨别概念的实例和非实例即可；而对于定义性概念的学习，教师则需要引导学生在感知事实性材料基础上，通过抽象和概括，对概念下定义，或者教师解释定义，由学生根据定义去判别概念的实例和非实例。在基于核心素养的概念教学中，这一步骤是训练学生的科学思维的好机会，归纳和演绎、抽象和概括、比较和分类、分析和综合等思维方法，应当让学生在从事实到结论、从建构概念的思维过程中去领悟和习得。

如果学生通过探究直接获得信息，本模型的这一环节则相当于 5E 教学模式的第二步“探究”。

（4）交流和总结概念性知识，进行简单的练习和检测。

这是概念教学的第四步，相当于加涅的教学过程模型的第六、第七、第八步：引导学习者做出反应，表现出接受刺激后产生的行为；提供学习结果的反馈，即对上一步呈现的行为给予反馈；评估作业，即进行简单练习，要求学习者另外再表现出行为并给予强化。也相当于皮连生的教学过程模型的第五步——对复习与记忆提供方法指导。

在生物学概念教学实践中，学生在经历了第三步“感知信息并进行思维加工”之后，接下来教师就会组织学生交流思维加工的结果，如探究的结论、分析教材或教师提供的资料所得的结论等，在交流过程中，教师会对学生的发言做出即时反馈，肯定正确的，纠正错误或不准确的。然后教师一般就会对目标知识进行全面总结，有时也引导学生进行总结。如果所学知识是逻辑学意义上的概念，教师就会在此时明确阐述概念的内涵和外延。如果所学知识是其他概念性知识，如原理、规律等，教师就会讲清楚其中的因果关系及相关条件。总结之后往往要进行简单的变式练习，例如让学生判断概念的实例和非实例等，以达巩固知识之功效。至此，相关使能目标已经达成。如果是一章或一个单元的最后一课，教师还常常对本章或本单元进行总结，特别要总结概念之间的内在联系，进而概括出重要概念和大概念，体现概念的层次性和网络化。在这一环节，概念图就成为常用的策略。一节课所学概念较多时，也应当运用这一策略，引导学生建立本节的概念网络。

可见，在教学实践中，交流（含教师反馈）、总结、练习是一气呵成的，并且三者之间顺序可以灵活变通或相互穿插，总结中可以有师生交流，练习后还可再总结。本模型将三者并为一个步骤，而不是像加涅的教学过程模型那样分成次序固定的三步，就是基于这样的考虑。至于广义知识学与教的一般过程模型中第五步 “对复习与记忆提供方法指导”，笔者认为它可能更适合于其他类型的课程（如语言类课程），在生物学概念教学不宜突出强调。相反，诸如编好顺口溜或口诀，让学生记忆某些生物学知识（如减数分裂各时期特点）的做法，与“为理解而教”的理念相悖离，恰恰是不可取的。

（5）让学生在新的情境中应用知识，分析和解决新的问题。

概念需要在应用中加深理解。陈述性知识需要在应用中转化为智慧技能。让学生在新的情境中应用知识分析问题和解决问题，是概念教学过程的最后一步，也是至为重要的一步。对大多数概念性知识的教学来说，这是达到终点目标的关键一步。

这一步的性质和作用相当于加涅和皮连生分别提出的教学过程模型的最后一步。要说明的是，在本模型中，这一步和第四步一样，并未将陈述性知识和程序性知识分开设计，主要理由前边已经述及，就是将智慧技能作为概念教学设计的主体框架和主要目标，智慧技能不同于知识的简单提取，而是应用所学知识分析和解决问题的能力。同 5E 教学模式相比较，这一步则相当于后者的第四步“迁移”。

按照加涅的理论，智慧技能从低到高依次为辨别、具体概念、定义性概念、规则和高级规则（问题解决）。欲使概念学习结果真正成为学生的智慧技能，需要注意概念向规则的转变。例如，生态系统的自动调节能力是概念，“生态系统的自动调节能力是有限的”是这一概念的重要内涵，将这一概念转化为规则就是：“如果外界干扰超过了生态系统自动调节能力的限度，生态系统的稳定性就会遭到破坏，甚至会出现生态系统崩溃的后果。”用这一规则来分析前些年某些地区出现环境问题的原因，如太湖和滇池的富营养化、某些河流变成臭水沟等，并且提出治理和预防的对策，就体现了概念由陈述性知识向智慧技能的转化，而这也正是概念教学的终点目标之所在。

智慧技能水平有高低之分，这就要求概念教学的最后一步的设计，在情境的复杂程度、问题的难易程度上也要有适当的难易梯度。训练辨别、具体概念等技能时，可用简单情境下的低难度问题；训练规则和问题解决等技能时，应当用复杂情境下的较高难度问题。

当然，生物学教材中陈述性知识容量很大，既有课程标准明确规定为课程内容的重要概念及其从属概念，又有许多事实性知识或加涅所称言语信息，在教学中不可能也没必要将所有陈述性知识都迁移到新的情境中去应用。有些事实性知识或言语信息只是建构某个概念的支持性材料，既不是后续概念学习的重要基础，又少有在现实生活中迁移应用的机会，就不应提升到智慧技能的高度去设计其教学。

至于5E教学模式中第五步“评价”，考虑到评价应贯穿整个概念教学过程，因此未将它单独列为一个环节。

笔者提出的生物学概念教学过程模型可用图4-5表示。这个模型图解只是示意性地呈现生物学概念教学的大致过程，在实际教学过程中，有时可省略某个步骤，或者灵活调整其顺序；有时一节课只集中探讨一个问题，完成一个重要概念的教学，有时一节课可以探讨数个环环相扣、逐级深入的问题，也可能探讨数个呈并列关系的问题；有的概念需要教师给出明确的定义，有的则不需要。如何根据每节课具体教学内容的特点来设计概念教学的过程，要视任务分析的结果和学生的具体情况而定。

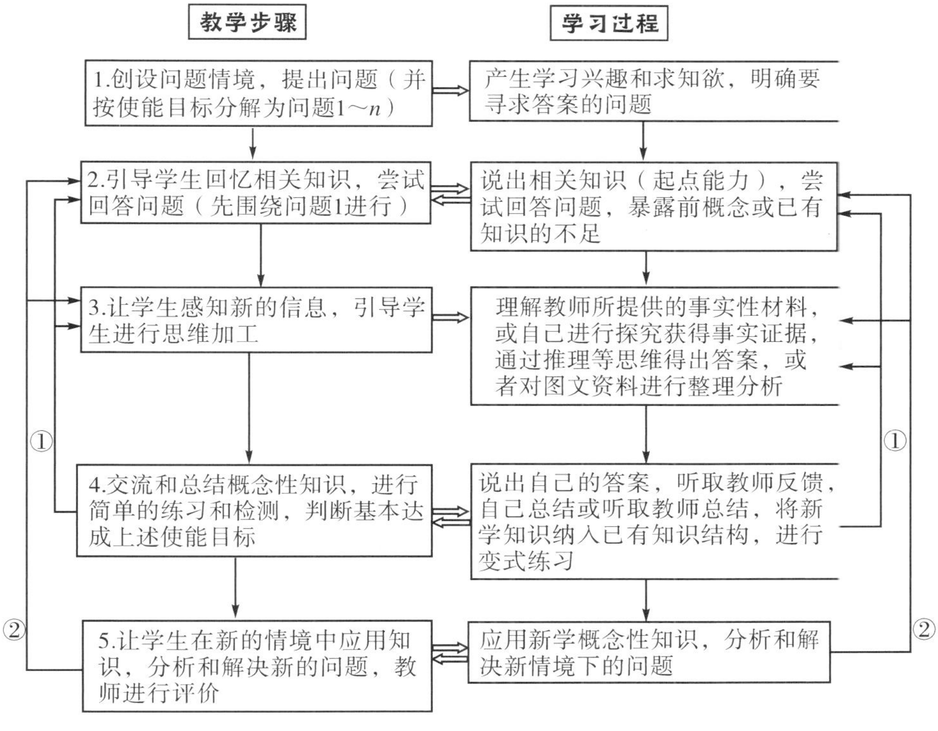

图4-5　生物学概念教学过程模型

关于图4-5的说明：围绕一节课的重要概念创设情境、提出问题后，为便于学习，应当根据任务分析中确定的各个使能目标，将问题分解为几个环环相扣的子问题。针对问题 1 的学习过程进行至第 4 或第 5 步后，进行问题 2 的学习。箭头①和②分别表示在一个概念的教学完成或基本完成后，进入第二个概念及后续概念的教学，从步骤 2 或步骤 3 开始重复相同的步骤。有时或许还需要重新创设情境、提出问题，那样就从步骤 1 开始整个过程。

第三节　教学过程设计案例及评析

前面以人教版《义务教育教科书　生物学　七年级　下册》“流动的组织——血液”一节为例进行了任务分析。下面呈现的是配套教师用书中这一节的教学设计[1]，由郑州市第八中学章旗老师提供。教学设计表（表 4-2）中最右侧一栏是笔者所做的评析。

表 4-2　“流动的组织——血液”教学设计

教学过程	教师活动	学生活动	评析
复习导入	复习人体营养和呼吸的有关知识，引导学生产生疑问：食物中的营养物质和空气中的氧被人体吸收后，怎样才能运输到全身各处的组织细胞中？组织细胞在生命活动中产生的二氧化碳和其他废物又怎样运离细胞？由此导入第四章“人体内物质的运输”。 运输业需要车、船、飞机等搭载货物，人体内物质的运输，靠什么工具来“搭载”呢？由此导入第一节“流动的组织——血液”。	回忆所学知识，建立和新知识的联系。	导入简练自然，联系学生刚学习过的内容，按生物学的逻辑自然引出本节课主题，引起学生注意和预期，符合加涅等提出的教学设计原理。此处提出的问题，不属于笔者提出“创设情境，提出问题”环节的问题，而是疑问句式的导入语，不需要学生思考和回答。

[1] 人民教育出版社课程教材研究所生物课程教材研究开发中心．义务教育教科书教师教学用书　生物学　七年级　下册 [M]. 北京：人民教育出版社，2013：117-120.

续表

教学过程	教师活动	学生活动	评析
初步感知血液	引导学生谈一谈已知的关于血液的知识，鼓励学生积极发言，激发学生学习兴趣。 提出教材“想一想，议一议”的问题，引发学生思考：“当我们去体检或去医院看病的时候，常常需要抽血做血常规的检查。为什么血液化验可以作为判断是否健康、诊断疾病的重要依据呢？”	自由发言，交流从生活经验或课外获取的有关血液的信息，初步感知血液和健康的关系。	在没有问题情境的条件下，直接让学生谈一谈关于血液的已有知识，难以激发学生的兴趣。因此，这一步应该放在提出教材“想一想，议一议”的问题之后。也就是将这一步安排为笔者提出的过程模型的第二步：引导学生回忆相关知识，尝试回答问题。
血液的组成成分	结合学生发言，教师提出问题：为什么失血过多会导致死亡？为什么血液一旦出现问题就会影响人的健康？引导学生一起探究血液的组成成分。 1. 展示经抗凝剂处理后出现分层现象的血液（课前已经准备好加入抗凝剂的鸡血样品），介绍演示实验方法，并为每组提供一份。提示学生在观察分层血样时注意各部分的颜色和大致比例。 2. 引导学生阅读“资料分析”（详见附录1），强调重点看化验单“项目”一栏。	1. 观察思考。 2. 自主学习：学生自学教材第51页的“资料分析”，细心观察分层的血样，思考第51页讨论题1～2。	可改为“结合学生发言，教师梳理思考的逻辑：血液化验结果可以作为判断健康、诊断疾病的重要依据，说明血液的组成成分与我们的健康有关系。那么，血液都有哪些组成成分呢？这些组成成分分别与健康有什么关系呢？换句话说，这些组成成分在生命活动中起什么作用呢？我们先来探究第一个问题：血液有哪些组成成分？” 这样修改突出了结构与功能观，也就是突出了本书第二章所讲的生物学概念背后的逻辑之一——功能生物学逻辑。

续表

教学过程	教师活动	学生活动	评析
血液的组成成分	3. 巡视、解疑。 4. 根据学生的发言，总结归纳血液的成分，进一步提问：为什么把血液称为流动的组织？	3. 合作交流：按四人小组交流讨论题的答案，并作补充及评价。尝试归纳血液的组成成分，小组推荐同学在全班发言。 4. 通过复习组织的概念，结合血液的组成成分，分析总结并回答问题。	这样修改体现了笔者提出的过程模型中将本节中心问题分解为子问题的思路。 这一环节的 1、2、3、4 步与笔者提出的过程模型的第 3 步相吻合，通过观察和分析血液化验单，让学生感知新的信息，并进行思维加工，归纳血液的组成成分，形成血液是一种组织的概念，体现了引导学生自主建构概念、以辨别为具体概念的先决条件的概念教学思路。
血浆的成分及功能	大屏幕展示血浆成分示意图。 引导学生观察教材第 52 页图 4-31，通过血浆的成分来推测血浆的功能。	分析血浆成分示意图，了解血浆的成分，理解血浆的功能。	此处应首先明确要探究的第二个子问题：血液的各种成分分别具有什么功能呢？从而引导学生感知相关信息，进行思维加工（即回到笔者提出的过程模型的第 3 步）。 血浆的成分是学生难以直接感知的，通过让学生读图来获取相关信息的方法是可行的。建议此环节加强思维的引导，比如根据图中标出的水、葡萄糖、氨基酸、无机盐等，提示学生回忆其重要作用，说明它们都是生命活动不可缺少的营养物质。再让学生思考“等”字的含义，说明血浆中还有代谢废物。

续表

<table>
<tr><th>教学过程</th><th>教师活动</th><th>学生活动</th><th>评析</th></tr>
<tr><td>观察光学显微镜下血细胞</td><td>当我们生病去医院，有时医生会让我们去验血。化验科医生会将采集的血样做成涂片在显微镜下观察。让我们也来看看。
1. 强调实验注意事项，引导学生带着问题有目的地进行观察，使学生从感性上认识红细胞和白细胞的形态、数量。
2. 巡视指导，反馈矫正。</td><td>1. 按照教师的指导，阅读教材第52页“实验”，明确实验目的要求、方法步骤，带着问题进行实验操作，观察并思考。
2. 按四人小组交流观察现象，讨论第52页的讨论题（见附录2）。</td><td>这一环节创设的小情境很好，笔者在前文中提出，章节起始可以创设大情境，节内可以创设小情境。
让学生在显微镜下观察血涂片，从形态上辨认各种血细胞，符合具体概念的教学思路，通过感官获得表象，对表象直接加工就形成具体概念，不用下定义。此环节也体现了加涅提出的具体概念的先决条件是辨别。</td></tr>
<tr><td>血细胞的形态结构特点及功能</td><td>提问：为什么通过化验血液能够在一定程度上检查人的健康状况或诊断疾病？引导学生带着问题，通过自主学习和合作探究进一步认识血细胞的功能和特点。
1. 自主学习教材第52～54页，填写表格。
<table><tr><td></td><td colspan="2">形态、结构</td><td>功能</td></tr><tr><td></td><td>有无细胞核</td><td>大小</td><td>正常数量</td></tr><tr><td>红细胞</td><td></td><td></td><td></td></tr><tr><td>白细胞</td><td></td><td></td><td></td></tr><tr><td>血小板</td><td></td><td></td><td></td></tr></table></td><td>1. 自主学习：阅读教材第52～54页并思考，独立完成表格。</td><td>这个问题与前面重复了，应修改为更具体化的问题。例如：“医生说你的白细胞数量偏高，说明有炎症。医生是如何区分各种血细胞的？为什么白细胞数量与炎症有关呢？”以此来引导学生阅读教材相关内容，理解不同血细胞的形态结构特点和功能。</td></tr>
</table>

续表

教学过程	教师活动	学生活动	评析
血细胞的形态结构特点及功能	2. 合作探究，小组讨论。 （1）贫血患者会表现出哪些症状？根据血红蛋白的成分，在饮食中应注意什么？ （2）身体某处有外伤时，不注意卫生会出现什么现象？为什么？应怎样处理？ （3）为什么身体患了炎症，血液中白细胞数量会增加？ （4）身体有了小伤口，伤口流血后会自己止血，为什么？ 3. 播放教师教学用书配套的视频片段：红细胞运输氧的过程；白细胞吞噬细菌的过程；血小板参与止血的过程。	2. 合作探究。 针对教师提出的问题，小组进行讨论。通过自主学习和讨论，应用所学知识去解释有关贫血、化脓、炎症和伤口处血液逐渐凝固等生活中常见的现象。 3. 观看视频，通过感性认识，加深对知识的巩固和理解。	这个小组合作活动设计得很好，体现了“自主、探究、合作”的理念，让学生讨论的问题紧密联系生活实际，能够有效地促进概念理解向智慧技能发展的转化。 让学生观看这样的视频资料非常重要，可以增加抽象知识的具象成分，体现双重编码理论在概念教学中的应用。
知识应用	教师小结上一环节知识并布置表现性作业：通过学习，我们知道了各种血细胞的功能、特点和正常值，明白了医生为什么能根据血液化验单诊断疾病。老师这儿有一些病人的化验单，哪位同学想当一回医生，为他们诊断一下？ 给学生提供课下收集的血液化验单（贫血、炎症等）。	一位同学上讲台，拿出血液化验单，请其他同学都来当一次医生。同学们需要根据化验单信息说出病因和治疗方法，并说出预防措施，由此达到运用知识、巩固知识的目的。	这一环节的设计十分巧妙，与本节课开始提出的问题首尾呼应，体现了情境的贯穿性。更为重要的是，这是概念性理解向智慧技能转化的生动体现。

续表

教学过程	教师活动	学生活动	评析
小结	组织学生总结归纳本节所学内容，总结血液的功能。	归纳血液的组成及血浆、血细胞的功能，形成系统的知识网络结构。	这一节学习的概念比较多，概念之间有的是从属关系，有的是并列关系，这样的总结很有必要，也只有通过这样的总结概括，才能明确血液的功能。建议引导学生画概念图。
布置课外作业	1. 什么是干细胞？造血干细胞有什么功能？ 2. 为什么血液到体外就会凝固而在体内不会凝固？	课下完成教材本节练习之后，阅读材料“干细胞和造血干细胞研究”的内容，查资料、交流。	这两道课外作业题属于拓展性的，是否布置要看学生的实际情况。建议先让学生完成教材上的练习题。

从这个教学设计案例可以看出，设计者虽然未明确表明设计的理论基础和模型参照，但很多环节与上一节所述生物学概念教学过程模型不谋而合，这说明本书提出的生物学概念教学过程模型是可以应用于平时的课堂教学设计的。从笔者所做的评析可以看出，按照生物学概念教学过程模型，可以使教学设计更好地由经验取向迈向科学取向，更加有效地达到通过概念教学而育人的目标。

附录 1

人教版义务教育教科书生物学七年级下册第 51 页的“资料分析”

资料分析

分析下面的资料。

❶将一定量的人的血液放入装有抗凝剂的试管中，用离心机离心或者静置一段时间后，可以观察到血液有明显的分层现象（见右图）。

❷下面是某人去医院看病做血常规检查时的一张化验单（示部分内容）。请重点阅读“项目”和“测定值”这两栏。

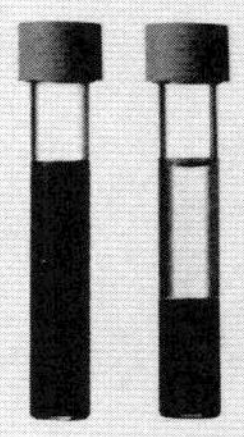

血液分层图

13100

医院检验科报告单（一）№ 0031220

姓 名 张×× 性 别 男 年龄 41 病案号____ 科____ 病房____ 床号____

临床诊断____

送检物____

检验目的____

送检人____ ____年__月__日__时

医 师____

化验费____ 收费章

检查结果： 急 普通 检号

项目	测定值
RBC	$3.59\times10^{12}/L$
WBC	$4.8\times10^{9}/L$
Hb	127 g/L
PLT	$140\times10^{9}/L$
……	

报告日期____月____日 检验者____报告者____

0031220 检号____ 姓名____ 序号____ 病案号____

注：这里只摘录了报告单的一部分内容。报告单中的RBC、WBC、Hb、PLT分别是红细胞、白细胞、血红蛋白和血小板的英文缩写。

讨论

❶含有抗凝剂的血液，离心或静置一段时间后分成了几层？为什么会出现这种分层现象？

❷综合上面的资料，你认为血液可能是由哪几个部分组成的？常规化验单上所列的血液成分，应分别位于哪一层？

❸为什么把血液称为“流动的组织”？

附录 2

人教版义务教育教科书生物学七年级下册第 52 页的讨论题

1. 你所观察的人血永久图片中数量最多的是哪种细胞？

2. 你是怎样区别红细胞和白细胞的？

第五章

生物学概念教学的策略及案例

策略，通俗地解释就是对策和谋略的意思。然而，对于什么是教学策略，却难以找到一个大家公认的标准定义。刘恩山教授主编的《中学生物学教学论》中说："教学策略（instructional strategy）在教育心理学中是指教师教学时有计划地引导学生学习，从而达成教学目标所采用的一切方法。"[1] 裴娣娜教授主编的《现代教学论》认为，"教学策略是指在现代教学观的指导下，教师根据一定的情境，在合理处理教学各因素的关系的基础上而采取的工作方式，从而实现对教学模式的超越"[2]。在这本专著中，还列举了顾明远、张大均、顾泠沅、崔允漷、黄高庆、申继亮等众多专家对教学策略的定义，这些定义都不是完全一致的。

对于"教学策略"这样一个大家耳熟能详的词语，下定义竟如此困难，本章要阐述的概念教学策略，就更是一家之言了。下面分节阐述的概念教学策略未必全面，但都是基于如何让学生的概念学习更有效、更有趣、更有用，如何使概念学习摆脱知识记忆的窠臼、进入发展智慧技能的轨道而提出的。

---

[1] 刘恩山 . 中学生物学教学论 [M]. 北京：高等教育出版社，2003：79.

[2] 裴娣娜 . 现代教学论：第一卷 [M]. 北京：人民教育出版社，2005：272.

第一节　情境创设策略

传统的教学观念认为，概括化的知识是学习的核心内容，这些知识可以从具体情境中抽象出来，让学生脱离具体情境去学习[1]，即去情境化地学习。于是，在教学中让学生反复背诵概念的定义、机械地刷题进行强化训练成为常态。传统观念还认为这样进行概念的学习达到熟练程度以后，就可以自然地迁移到各种具体情境中。实践证明，这样习得的概念常常难以灵活地应用于解决现实世界中的真实问题。

一、情境创设的必要性

笔者在教学观察中发现，有的教师在教学中忽视问题情境的创设，甚至连问题都不提，只是照本宣科地按教材内容讲授，讲的都是干巴巴的知识，学生常有注意力不集中的表现，教师不得不频频提示学生要专心听讲。出现这样的问题，原因主要是教师对创设情境的必要性缺乏认识。

1. 概念本身的情境性

知识来源于实践。建构主义者认为，“知识存在于具体的、情境性的、可感知的活动中。它不是一套独立于情境的知识符号（名词术语等），不可能脱离活动情境而抽象地存在。它只

[1] 陈琦，刘儒德．当代教育心理学 [M]. 3 版．北京：北京师范大学出版社，2019：135.

有通过实际情境中的应用活动才能真正被人理解”[1]。

笔者在本书第二章论述生物学概念的特点时谈到，“许多生物学概念在有隐喻性的同时还有具身性。具身理论认为人们的概念系统与人的身体的知觉运动系统具有关联性，并强调概念的形成基于主体的身体性经验”，“根据生物学概念的具身性特点，认识到个体关于世界的概念等认知活动并不是外部现实镜像式的客观反映，而是借由主体的身体经验所形成的，尤其是身体的感觉系统及身体与空间的关系成为概念和意义的本原，那么，概念教学就不能只注重知识的内在逻辑性和系统性，应当注重营造让学生身临其境的问题情境”。正是在这样的情境中，学生调动自己的感官去感知具体的事物（具体事物总是在一定情境中出现的，其自身也是学生所感知的情境的一部分），才能在感性经验基础上，通过抽象、概括等思维建构概念。

正如饮酒者和不饮酒者关于酒的概念有很大不同一样，在显微镜下观察过细胞的学生，与只是从文字或图片上了解细胞的学生，关于细胞的概念是大相径庭的。学生如果经历了撕取叶表皮、制作装片、在显微镜下观察植物细胞的活动，他对细胞本身的认识、对细胞与个体的关系等，就有了真切的了解，他所建构的概念，或多或少总是有当初观察细胞的情境在其中的。染色体的概念从字面上看就有被特定染料染上颜色的情境在内。即使对于 DNA、基因、光反应、暗反应等微观而抽象的概念，如果在学习过程中融入一定的情境，如科学家的研究过程或实验现象，学生对概念的理解也会更加深入。可见，从生物学概念本身的特点来看，概念学习应当让学生在具体情境下进行。

应当注意的是，如果学生只是在一种单一的情境下学习某个重要概念，有可能导致习得的概念对情境的依附性，其结果是只能在这种情境下理解和应用概念，难以实现概念的迁移。因此，在学生学习概念的过程中，呈现多种不同的情境，引导学生归纳某类事物在不同情境中的共性，或者在学生初步习得概念之后，提供多种不同的情境进行概念的变式练习，提高

[1] 陈琦，刘儒德．当代教育心理学 [M]. 3 版．北京：北京师范大学出版社，2019：136.

学生概念理解的灵活性、准确性、全面性、深刻性和可迁移性。也就是说，从情境化事实中抽象出概念的内涵，即通过去情境化，达成对概念的初步建构，再迁移至多情境的应用，才能真正达成对概念的深度理解。

2. 激发学生的兴趣、好奇心和求知欲

生物学的许多内容都与人们的现实生活密切相关，甚至与学生的生活实际密切相关。学生在学习生物学课程之前，已经积累了许多相关的感性经验。如果在教学时联系人们的现实生活，特别是学生的生活实际、呈现真实的情境，提出相关问题，就能激发学生的学习兴趣，引发学生的好奇心和求知欲，从而使学生产生积极的学习动机。例如，在进行“血液的成分”教学时，出示某同学的血液检验报告单，让学生看看报告单上各项指标的情况，再提出问题：“为什么通过检验血液的成分能够判断一个人的健康状况呢？”学生就会很想知道答案，从而为本节教学奠定良好的情意基础。

加涅等学者认为，认知领域学习的第一步是引起注意。可以设想，上课伊始，与一段抽象的理论阐述相比，一个新奇的、真实的、生动的情境显然更能引起学生的注意。例如，在 2004 年举办的中国教育学会生物学教学专业委员会的学术年会上，有一节关于蛋白质的结构和功能的观摩课，执教教师从当年我国某地劣质奶粉导致出现多例“大头娃娃”的事件导入新课，“大头娃娃”的照片、厂家商家销售劣质奶粉的行为、家长的悲情控诉等，这些情境一下子抓住了学生的注意力，为后续讲解蛋白质的结构和功能打下良好的情意基础。显然，这一情境既起到了引起注意的作用，同时也是说明蛋白质作用的例证，对学生建构蛋白质的概念起到了重要作用。

3. 引发认知冲突，“助燃”概念转变

传统教学观念认为，概念学习就是将新信息填加到个人记忆中的过程。奥苏贝尔的概念同化理论认为，知识学习就是将新知识纳入已有知识结构的过程。现在科学教育界普遍认同的概念转变理论则认为，传统观点只适用于一部分新概念的学习，这些新概念与学习者原有概念不发生冲突，只是在原有知识结构中增加了新内容，例如学习某概念的更多的下位概念；还有许多新概念的学习，由于新概念与原有概念之间是不相容的，学习者必须摒弃原有的错误概念，通过概念转变过程来学习新概念。概念转变的

实质是新的心理模型取代已有的心理模型，这里所说的心理模型是一种认知表征，是概念在头脑中的存在形式。

概念转变理论的创立者波斯纳等认为，发现异常情况是科学学习的第一步[1]。也就是说，学习者只有意识到已有概念的不足，即目前的心理模型不足以解释所观察到的事实或面对的现象和结果，才有可能摒弃原有的概念；否则即使学习了新概念，也理解了新概念的意思，但原有概念还会持续发挥作用。概念转变的第二步是建构新模型，第三步是使用新模型，此处不展开。

发现异常情况是概念转变的第一步，“异常情况”通常存在于具体情境中，或者说就是情境的一部分。创设情境的重要目的之一就是让学生发现其中的异常情况，即用原有概念（心理模型）解释不了的情况，从而引发学生的认知冲突，为学生迈向科学概念学习的第二步“建构新模型”奠定认知基础。例如，在学习表观遗传的概念之前，学生基于孟德尔遗传定律的认识，普遍认为基因决定性状，有什么样的基因型就有什么样的表现型。为了实现概念转变，教材呈现了这样一个来自遗传实验的真实情境：

某种实验小鼠的毛色受一对等位基因 A^{vy} 和 a 的控制，A^{vy} 是显性基因，表现为黄色体毛，a 是隐性基因，表现为黑色体毛。将纯种黄色体毛的小鼠与纯种黑色体毛的小鼠杂交，子一代小鼠的基因型都是 $A^{vy}a$，却表现出不同的毛色：介于黄色和黑色之间的一系列过渡类型。[2]

这个情境呈现的就是“异常情况”，学生用已有知识无法解释，就会产生认知冲突，从而为建构新概念奠定基础。

4. 深化理解，训练思维，检测学习结果

使用新模型是概念转变的第三步，即让学生在新情境中运用新概念分析和解决问题，这一步也需要创设情境。

概念的转变往往不是一蹴而就的。学生在学习新概念前，原有概念已

---

[1] 迈耶. 学科教学心理学 [M]. 姚梅林，译 .2 版 . 南京：江苏教育出版社，2010：168.

[2] 人民教育出版社课程教材研究所生物课程教材研究开发中心 . 普通高中教科书 生物学 必修 2 遗传与进化 [M]. 北京：人民教育出版社，2019：73.

伴随其多时（例如认为物体在没有外力作用时会保持静止状态，重物比轻物下落快）。学习新概念后，即使认识到原有概念的不合理处和新概念的合理性（如物体在没有外力作用时会保持静止或匀速直线运动，重物与轻物下落加速度相等），原有概念也不会一下子彻底清零，还会时常压倒新学习的科学概念。因此，为了让学生真正理解科学概念，就需要给学生提供新的情境，让学生在新情境中运用科学概念进行判断和推理，多次运用之后，新的心理模型才能牢固地建立起来。

概念是思维的工具，学生是否真正掌握了概念，关键要看他是否能正确运用概念进行科学推理，将知识层面的理解转化为智慧技能。例如，关于细胞膜，学生往往认为它是细胞表面一层类似塑料薄膜的结构，这显然是错误概念，细胞膜的流动镶嵌模型认为细胞膜主要是由磷脂双分子层和蛋白质分子构成的动态膜，它不是静止不动的，而是具有流动性的。学生在学习了"细胞膜的流动镶嵌模型"之后，尽管也理解其内容，但并不一定能彻底摒弃静态膜的心理模型。因此，教材在习题中呈现了一个新情境，让学生运用细胞膜概念判断新情境下的命题是否正确：

向细胞内注射物质后，细胞膜上会留下一个空洞。[1]

通过这一新情境的练习，帮助学生进一步巩固关于细胞膜结构特点的新的心理模型。如果创设更为复杂的真实的情境，则不仅能起到巩固概念的作用，还能训练科学思维，培养智慧技能。

创设情境也是检测学生概念学习结果的一种手段。前述各章已经反复强调，熟记概念的定义不一定真正理解概念的实质。因此，直接问学生某概念的定义性表述是否准确，或者让学生填写概念的定义，并不是考查学生概念学习成果的最好办法。可以通过给学生呈现新的实例，让学生判断它是不是所学概念的正例，而这个例子往往就是情境性的。上述关于细胞膜的判断题，则是稍微复杂一些的情境，考查意图更为隐蔽，因而在检测概念学习成果上更为有效。还可以创设一些来自生产、生活、科学研究等

---

[1] 人民教育出版社课程教材研究所生物课程教材研究开发中心．普通高中教科书　生物学　必修 1　分子与细胞 [M]. 北京：人民教育出版社，2019：46.

领域的真实情境，考查学生综合运用所学概念分析问题、解决问题的能力。

5. 迁移应用，培养学生应用概念分析和解决问题的能力

要使概念的学习结果成为学生的智慧技能，必须给学生提供运用概念解决真实情境下较复杂问题的机会。真实情境中往往存在多种影响某一事物发展的因素，因此，真实情境下的问题往往是复杂的，需要学生综合运用所学多个概念甚至是多学科的概念来分析和解决。在这种情境下可能产生结构不良的问题，即存在多种可能答案的问题，这对于培养学生多角度、辩证地思考问题的能力是十分重要的。

例如，2019 版高中新教材必修 2“生物的进化”一章的一道章末习题：

褐花杓兰和西藏杓兰主要分布于我国西南地区，且分布区域有一定交叉。典型的褐花杓兰，花是深紫色的；典型的西藏杓兰，花是紫红色的。此外，它们还存在花色从浅红到深紫等一系列过渡类型。研究人员通过实验发现，这两种植物能够杂交并产生可育后代。请回答下列问题。

（1）这两种兰花的花色存在一系列过渡类型，能否用二者在自然状态下可以杂交来解释？如果能，能否确定过渡类型就是二者杂交形成的？

（2）研究人员建议将它们合并为一种。这一建议有道理吗？[1]

回答这些问题需要基因、性状、环境三者关系的知识，遗传规律的知识，还需要进化生物学上物种的概念等知识。杂交可能是产生一系列过渡类型的原因，土壤等条件的差异也可能是产生花色差异的原因；进化生物学上将能够相互交配并产生可育后代的一群生物称为一个物种，不同物种之间有生殖隔离，但分类学上种的概念与此不尽相同。研究人员建议将这两种兰花合并为一个种，从进化生物学上看是有道理的，但分类学家至今仍未将它们合并为一个种，自然也有分类学的考虑。

教材中类似的习题还有很多，充分体现了创设真实情境、提供概念迁移应用机会的重要意义。

---

[1] 人民教育出版社课程教材研究所生物课程教材研究开发中心 . 普通高中教科书 生物学 必修 2 遗传与进化 [M]. 北京：人民教育出版社，2019：126.

二、情境创设的原则及其案例

关于情境创设的原则，许多研究者和一线教师都有论述。谭永平认为好的情境应有以下特点：第一，真实，即情境应该是真实的、可靠的，而不是虚假的；第二，理蕴，即情境中的道理深刻，需要调动思维；第三，适宜，即基于情境提出难度适宜的问题；第四，情深，即具有人文关怀；第五，意远，即立意高远，促进人的发展，而不仅仅是知识的学习[1]。这五个特点也可以说是情境创设的五条原则。朱斌提出问题情境创设的四条原则：目的性原则（与教学目标一致）、适宜性原则（与教学内容、现实生活密切相关，有利于思维训练）、趣味性原则、启发性原则[2]。袁国强提出问题情境创设的三条原则：目的性原则、层次性原则、难度适宜原则[3]。阿兰兹认为，情境的选择需要考虑以下几点：（1）这个情境必须能引发一个能通过因果分析进行解释的问题，或者为学生提供提出假设和推测的机会；（2）这个情境是否能自然地激起学生的兴趣，是否符合学生的智力发展水平；（3）是否能用学生理解的方式来描述问题情境，并能很好地突出问题的“困惑性”；（4）这个情境引发的问题是否具有可操作性，即学生能否在给定的时间内，利用可找到的资料或其他可行途径，进行充分的调查研究[4]。

笔者综合各家观点，结合自己多年教学观察的经验，提出问题情境创设的四条原则。

1. 引发问题

问题情境是问题产生于其中的情境，其功能是为问题的提出做铺垫，因此，情境中应当蕴含着激疑生趣、让学生产生好奇心和兴趣的要素。这些要素大致分为以下几种类型。

一是新奇有趣。例如学生对动物捕食植物的情境已经司空见惯，不会有任何新奇感，但对捕蝇草、猪笼草等食虫植物就会十分好奇，很想一探

---

[1] 谭永平 . 试论中学生物学教材和教学中的情境创设 [J]. 中学生物教学，2019（11）：8-10.

[2] 朱斌 . 谈高中数学概念教学中问题情境的创设 [J]. 中学数学（高中），2021（3）：88-89.

[3] 袁国强 . 高中生物教学中问题情境创设的方法和原则 [J]. 山西教育（教学），2017（2）：60-61.

[4] 阿兰兹 . 学会教学：第 6 版 [M]. 丛立新，等译 . 上海：华东师范大学出版社，2007：345.

究竟。好奇心是科学探究的内在动力，科学教学中通过创设情境来引发学生的好奇心是非常必要的。

二是与原有认知矛盾，能诱发认知冲突。有的情境虽然不一定新奇，但是蕴含着让学生暴露前概念或错误概念的机会，从中可以提出与学生前概念相矛盾的问题，为学生实现概念转变明确目标。例如，人教版教材“两栖动物和爬行动物”一节，在节首“想一想，议一议”栏目中，呈现了乌龟和青蛙共同生活在一个湿地生态系统中的情境，水中和陆地上都有它们的身影，图旁文字写道：

青蛙和龟既可以在水中游泳，也可以在陆地生活，然而，青蛙属于两栖动物，而龟却属于爬行动物，这是为什么呢？[1]

这就是利用学生的前概念营造的认知冲突。因为不少学生认为，两栖动物就是既能在水中生活又能在陆地上生活的动物。龟也是营水陆两栖生活的，但它却不属于两栖动物，而属于爬行动物，这一结论与学生的前概念是矛盾的，造成认知冲突后会激发学生一探究竟的欲望。

三是境中有情，情深意远，能让学生产生共情，强化主动参与概念学习和问题解决的愿望。例如，教材中“尝试对生物进行分类”一节，在节首“想一想，议一议”栏目中，图片呈现了五本书的书脊：动物学、无脊椎动物学、生物学、昆虫学和蝴蝶。图旁文字写道：

如果你想了解菜粉蝶的生长发育和行为，在这几本书中，你会选择查阅哪一本？要是想了解蛾、青蛙的相关资料，又该查阅哪几本呢？[2]

对学生来说，有问题查书是十分熟悉而自然的事情，因此，对这一问题情境容易产生共情，乐于去思考答案，尽管这一情境既谈不上新奇有趣，又不会引起多大的认知冲突。这个问题情境的意义却不简单，其目的是让学生感悟生物分类的思想方法。再例如，教材“认识生物的多样性”一章，“想一想，议一议”图片呈现了三北防护林遭遇虫害的情境，文字写道：

三北防护林早期采用的树种大多数是单一的杨树，饱受星天牛肆虐之

[1] 人民教育出版社课程教材研究所生物课程教材研究开发中心 . 义务教育教科书 生物学 八年级上册 [M]. 北京：人民教育出版社，2013：96.

[2] 同 [1]25.

苦；虫灾严重地区树木被蛀得千疮百孔，树木大面积干枯死亡。为什么树种单一的人工林比天然林容易发生严重的虫害呢？[1]

教材“保护生物的多样性”一章，呈现了白鳍豚的照片，文字写道：

白鳍豚是我国特有的珍稀水生动物，在长江里生存繁衍了两千多万年，然而，近几十年来，它们的数量迅速减少。2006 年，科学家沿着长江专门调查白鳍豚的数量，结果连一头都没有发现。

一个经受了漫长岁月考验的物种，为什么会在最近这短短几十年中走向灭绝呢？[2]

这些境中有情、情深意远的文字，启迪学生在情感共鸣中展开理性思考，为学生理解与生物多样性有关的重要概念开启思维的闸门。

2. 目标一致

在教学观察中经常遇到这样的情况，教师一开始上课就播放一段引人入胜的视频，森林中虫鸣鸟唱，莺歌燕舞，或草原上猎豹飞奔，雄鹰盘旋，而讲课的主题却与这些内容相距甚远。诸如细胞的分裂和分化、基因的显性和隐性等，都常用类似的引入方式。学生在观看视频时不时惊叹，心情愉悦，但看完后却不能产生任何疑问，更不能将思维集中到本节课需要探讨的问题上来。这是情境创设与教学目标一致的反例。

问题情境与教学目标的一致性，首先是指与节的教学目标的一致性。这就需要将节的概念教学目标转化为本节的中心问题，再围绕中心问题寻找合适的情境素材，使学生能从呈现的情境中自然产生指向中心问题的疑问。在此基础上，还要考虑问题情境与更大目标的一致性，包括与章或单元的教学目标、课程目标和总体育人目标的一致性。例如，在“人类活动对生物圈的影响”一章中，章引言提出了本章的中心问题：同样是生物，人类对生物圈的影响远远超过了其他生物，这是为什么呢？同样是人类，现代人类对生物圈的影响远远超过了远古的人类，这又是为什么呢？人类活动对环境产生怎样的影响？怎样才能实现人与自然的和谐相处？ 该章

[1] 人民教育出版社课程教材研究所生物课程教材研究开发中心．义务教育教科书 生物学 八年级上册 [M]. 北京：人民教育出版社，2013：106.

[2] 同 [1]110.

第一节“分析人类活动对生态环境的影响”安排了让学生分析人类活动影响生态环境的事例的内容，这部分内容以对开页的形式排印，通过大量图版来呈现问题情境，将横跨两页的大图作为背景，大图上有各种自然生态系统，还有城市、农田、工厂、高速公路等，在这个背景图上，以小图形式展示了人类活动影响生态环境的若干事例（表 5-1）。

表 5-1　教材中情境与目标一致性示例[1]

左侧页面（第 104 页）		右侧页面（第 105 页）	
情境	问题	情境	问题
图片：老人面对砍伐后的森林一脸愁容	滥伐森林会对当地的自然环境造成什么影响？对生物圈有什么影响？	图片：三北防护林与其紧邻的沙漠	有人认为，植树造林就是为了获取大量木材。你赞同这种看法吗？近几十年来，我国植树造林取得了哪些重要成果？
图片：工厂烟囱冒出滚滚浓烟	有些工厂将大量烟雾直接排到大气中，这会对环境造成哪些影响？	图片：经救治康复的鸟重新飞向蓝天 文字：对受伤的野鸟进行救治和喂养，待鸟康复后，将它放归大自然。	这样做有什么意义？
图片：水华严重的水域，几只鸭子吃力地游动 文字：近些年来，我国不少湖泊发生严重的污染现象，导致蓝藻等大量滋生，形成水华，一部分湖水变臭，鱼虾难以生存。	造成这种状况的原因有哪些？采取哪些措施才能使这些湖泊恢复清澈秀美的原貌？	图片：某自然保护区景观	你知道哪些自然保护区呢？建立这些自然保护区的主要目的是什么？

[1] 人民教育出版社课程教材研究所生物课程教材研究开发中心 . 义务教育教科书 生物学 七年级下册 [M]. 北京：人民教育出版社，2012：104-105.

续表

左侧页面（第 104 页）		右侧页面（第 105 页）	
情境	问题	情境	问题
图片：被人们挂网捕获的猛禽	不法分子还用哪些手段捕杀鸟类？如果鸟类日益减少，自然环境将会发生哪些变化？		

从表 5-1 可以看出，教材中 7 个问题情境不仅指向本节的教学目标，而且都指向本章的中心问题。尤其值得注意的是，左边页面的情境都是反映人类活动对生态环境的负面影响的，从中可以看出环境意识和法治观念淡薄给生态环境造成的危害；右边页面的情境都是反映人类活动对生态环境的正面影响的，从中可以看出国家和民众在保护生态环境方面正在付出巨大的积极的努力。如果只有左边页面的情境，就会让学生产生片面的认识，甚至会产生悲观绝望的情绪。引导学生辩证地看待人类与环境的关系，使学生既正视问题，又看到光明的前景，进而满怀信心地投身于美丽中国的建设，这是超越章节甚至学科课程层面的宏大的育人目标，体现了问题情境创设的目标一致性原则的应有之义。

与教学目标的层次性相对应，情境也是有大有小的。大者统摄整个单元主题，或者贯穿于教材的一章或一节，小者可以仅用于一道选择题。其作用一般都指向概念性知识的理解或应用。

2019 年版高中生物学新教材许多章的引言都创设了“大情境”，用以引出本章的中心问题，指向了本章概念理解的主要目标。例如，必修 1 第 4 章的章引言写道：

下面的文字摘自治疗某高血压药物说明书：“本品为二氢吡啶类钙通道阻滞剂，抑制血管平滑肌和心肌细胞的跨膜钙离子内流，但以血管作用为主。本品引起冠状动脉、肾小动脉等全身血管的扩张，产生降压作用。”

许多药物都是针对细胞膜上物质运输的通道研发的，你知道这是为什么吗？

细胞是一个开放的系统，系统的边界——细胞膜不仅是将细胞内外隔开的屏障，也是控制物质进出细胞的门户。

细胞膜是怎样控制物质输入和输出的呢？不同的物质跨膜运输的方式一样吗？这与细胞膜的结构有什么关系呢？[1]

高血压是大家熟知的，但治疗高血压的药物，其原理竟与细胞膜上的物质运输通道有关，这是学生所不知的，这一情境必然让学生感到十分新奇，从而产生探究细胞膜结构和功能的兴趣。由这一情境引发的三个问题，是本章的核心问题，体现了情境与章教学目标的一致性。

探究从问题开始，而问题来自情境。因此，在探究教学中创设情境也是必要的。例如，必修 1 第 4 章的“探究植物细胞的吸水和失水”，其情境是这样创设的：

将有些萎蔫的菜叶浸泡在清水中，不久，菜叶就会变得硬挺。将白菜剁碎做馅时，常常要放一些盐，稍过一会儿就可见到有水分渗出。对农作物施肥过多，会造成“烧苗”现象。这些现象都说明，植物细胞也像动物细胞一样，会发生吸水或失水现象，吸水或失水同样与外界溶液的浓度有关。[2]

将这些生活或生产中的现象作为探究的情境，会引导学生思考植物细胞吸水或失水与外界溶液浓度的关系，为他们探究水分进出植物细胞的原理提供思维的支架。

3. 真实可信

学习的目的是了解真实存在的事物，提高在客观环境中行动的能力。如果学生所探讨的问题不是真实的，而是虚假的，是关于这个世界上根本不存在的事物的问题，那学习还有什么意义呢？真实问题只能来自真实的情境，在不真实的情境下只能提出虚假的问题，如“天堂中有没有玫瑰？”“如何制造永动机？”。

---

[1] 人民教育出版社课程教材研究所生物课程教材研究开发中心 . 普通高中教科书 生物学 必修 1 分子与细胞 [M]. 北京：人民教育出版社，2019：61.

[2] 同 [1]64.

在教学过程中，一旦学生认为教师创设的情境是不真实的，他们就会失去进一步思考和探究的兴趣。当然，这里所说的真实，并不一定都是从现实世界中原原本本照搬过来的事物，而是只要理论上这事物是可能存在的，就可以认为是真实的。文艺作品中也存在类似的情况，历史上尽管未必真有贾宝玉和林黛玉其人，但他们的一切特点都是可能存在的，我们就认为这两个人物是真实可信的。

真实不等于不能有虚拟的成分，虚拟的情境只要合理，也可以视为是真实的。高中教材上就有一个虚拟的情境，那是“生态系统的能量流动”一节的引言所创设的：

假设你像小说中的鲁宾逊那样，流落在一个荒岛上，那里除了有能饮用的水，几乎没有任何食物。你身边尚存的食物只有1只母鸡、15 kg玉米。

讨论

你认为以下哪种生存策略能让你维持更长的时间来等待救援。

1. 先吃鸡，再吃玉米。

2. 先吃玉米，同时用一部分玉米喂鸡，吃鸡产下的蛋，最后吃鸡。[1]

教材上这个情境在教学中广受欢迎，学生们往往展开热烈的讨论，并且初步理解能量沿食物链流动过程中逐级递减的特点。这样的虚拟情境也是真实情境。

值得注意的是，虚拟不等于虚假。完全杜撰的没有科学依据的情境就是虚假情境。下面就是一个虚假情境的例子。

在“昆虫的发育”课上，执教教师创设了这样一则情境：一只昆虫妈妈和它的宝宝走散了，昆虫宝宝到处找它的妈妈，但是因为它年龄太小，没有记住妈妈的特征。你能根据不同种类昆虫的特征帮它找到妈妈吗?

教师出示了一个表格，列出了这个昆虫幼虫的特征和几种昆虫成虫的特征，让学生找出其中的对应关系。

我们知道，昆虫成体在产卵之后，就完成了生殖的任务。在卵发育为

[1] 人民教育出版社课程教材研究所生物课程教材研究开发中心 . 普通高中教科书 生物学 选择性必修2 生物与环境 [M]. 北京：人民教育出版社，2020：54.

幼虫直至成虫的过程中，亲代昆虫是没有任何抚育行为的。因此，根本不存在亲代个体和幼体走散的问题。即使根据特征找到了与该幼虫同属一种的成虫，也不能说明这个成虫就是该幼虫的“妈妈”。虚假情境只能引发虚假问题，表面看似有趣，实则有损概念建构和科学思维的培养。

4. 难度适宜

欲实现从情境引发问题，不论是学生提出问题还是教师提出问题，情境必须是学生可以理解的。如果学生根据已有知识和经验，无法理解情境的意思，问题的引发就无从谈起了。例如，新课引入或者习题试题的情境，经常取材于生命科学史或科技研究新进展，甚至将科学家发表的论文加以改造作为情境素材，此时如果不注意通俗化，就会造成学生理解上的困难。

欲实现从情境引发问题，情境不能过于简单。学生一目了然的情境，不会引发任何疑问。因此，情境要具有一定的新颖性和思维挑战性。即使是学生熟悉的情境素材，也要在表述或呈现时适当变换一下视角，突出其中容易引起认知冲突的成分。大象和老鼠都是学生熟悉的动物，同样能引发具有一定思维挑战性的问题。教材在“细胞增殖”一节的情境创设就是这样做的。本节教材在“问题探讨”栏目呈现了象与鼠的照片（尽管未完全按照真实比例，仍可看出二者个体大小差异非常悬殊），文字写道：

象与鼠的个体大小相差十分悬殊。

讨论

1. 请推测象与鼠相应器官或组织的细胞大小是否也有很大差异。

2. 生物体的长大，是靠细胞数量的增多还是靠细胞体积的增大？[1]

对于从宏观视角看平淡无奇的事物，从微观视角看却产生一定的认知冲突，从而能够激发学生的求知欲，这样的情境同样是难度适宜的。

“情境和问题需与学生头脑中已有的前科学概念关联，对学习者来说要有一定难度，它所包含的学习内容，学习者要有部分了解，但是又不能完全了解。学习者应感到要完成这样的学习任务既不会轻而易举，也不是

---

[1] 人民教育出版社课程教材研究所生物课程教材研究开发中心 . 普通高中教科书 生物学 必修 1 分子与细胞 [M]. 北京：人民教育出版社，2019：110.

毫无可能。”[1] 创设的情境是学生能看懂的，它所引发的问题处于学生感到有所困惑又有希望找出答案的水平，就可以认为它是难度适宜的。

要做到问题情境的难度适宜和目标一致，就需要对原始的情境素材进行要素提取，去粗取精，剔除与目标关系不大的内容，将过于专业的内容进行通俗化处理，省略烦琐的细节，突出与教学目标或评价检测目标密切相关的要素或信息点，以提高概念教学的有效性以及概念学习评价的效度。

第二节　问题驱动策略

上课总免不了设问和提问。设问是搞好启发式教学的关键。好的问题能激发学生强烈的好奇心，活跃学生的思维，为整堂课的学习打下很好的情意和认知基础。然而在实际教学中，有些教师对问题的设计却不尽如人意。常常是问题很随意，或很生硬，不能起到激发兴趣、启迪思维的作用。有时提问过于烦繁，学生应接不暇，不仅来不及思考，而且迷失在许多枝节性的问题中，不知道这节课主要探讨什么问题，建构什么重要概念。要用好问题驱动策略，首先要做好问题设计。

一、问题设计的原则和思路

1. 问题设计的原则

问题设计要综合考虑多方面的因素，还需要根据课型来设计。实验探究课，教师应该首先明确探究的问题（也可以引导学生提出问题），学生的任务就是制订探究方案并实施。讲授式或讨论式的课型，需要教师设计一系列的问题，以问题来驱动学生的概念学习。下面探讨的问题设计原则主要就是针对这类课型的。

关于问题设计的原则，研究者和一线教师提出了各种观点，如胥开提

[1] 谭永平 . 试论中学生物学教材和教学中的情境创设 [J]. 中学生物教学，2019（11）：8-10.

出的“目的性、层次性、开放性”三项原则[1]；马艳明提出的“逻辑性、层次性、适度性、趣味性、启发性、目的性、准确性、有效性”八项原则[2]；何百通提出的“数学化、可行性、层次性、探索性、模块化”五项原则[3]；江炜炜提出的“明确目标、有的放矢，了解学情、因材施教，引导探究、启发拓展，注重梯度、循序渐进”四项原则[4]；屠旭滨提出的“针对性、明确性、挑战性、层次性、构建性、开放性”六项原则[5]；毛浙东提出的“素养指向性、层次梯度性、内在关联性”三项原则[6]；等等。崔允漷教授提出的关于有效提问的九条建议——“设计提示课文结构和指导的关键问题；问题的措词必须清晰、明确；提出的问题要符合学生的能力水平；要有逻辑地、连续地提问题；设计的问题要有水平区分度；问题要紧跟学生的反馈；回答问题时，要给学生充分的思考时间；采用能调动更多学生参与积极性的问题；鼓励学生提问”[7]。这些建议对思考问题设计的原则也有很高的参考价值。

笔者综合上述观点，结合多年课堂观察经验，总结出概念教学的问题设计原则如下。

（1）聚焦目标，形散神聚。

问题设计首先应当考虑的是教学目标的有效达成。就概念教学来说，单元（章）或节的核心目标就是习得本单元（章）的大概念或节的重要概念，相关从属概念和事实性知识的教学都应指向大概念和重要概念的建构，围绕从属概念和事实性知识设计的问题也应如此。与大概念或重要概念关

[1] 胥开 . 问题链的设计原则 [J]. 语数外学习（高中版上旬），2020（6）：56.

[2] 马艳明 . 高中生物学教学中的问题链设计策略研究 [D]. 扬州：扬州大学， 2019.

[3] 何百通 . 数学分析教学中“问题链” 设计原则 [J]. 长春师范学院学报（自然科学版），2006，25（1）：119-121.

[4] 江炜炜 . 精心设计“问题链”，有效提高问题价值：例谈初中数学问题链的设计原则 [J]. 中学数学研究，2019（24）：24-25.

[5] 屠旭滨 . 例谈物理高效课堂问题设计的原则 [J]. 物理教学探讨，2020，38（2）：28-31.

[6] 毛浙东 . 基于核心素养问题设计的三个原则：以利用待定系数法求多项式最值问题设计为例 [J]. 中学数学研究，2020（11）：6-8.

[7] 崔允漷 . 有效教学 [M]. 上海：华东师范大学出版社，2009：159.

系不大的较小的概念和事实性知识，在问题设计中要适当精简，尽量减少它们出现在问题链中的机会。

例如，在进行“开花和结果”[1]一节的教学时，需要让学生开展观察花的结构的活动，然后学习传粉、受精、果实和种子的形成等内容。本节的教学目标主要是让学生理解花、果实和种子作为被子植物的生殖器官，各自具有的结构和功能，理解从开花到结果的过程。实际上就是让学生认识被子植物有性生殖的过程。因此，本节要建构的概念性知识是：被子植物的花最重要的结构是雄蕊和雌蕊，它们分别产生精子和卵细胞，经传粉和受精过程形成受精卵，受精卵发育为胚，胚就是一个植物的幼体；胚开始发育前要得到一定的保护，它藏在种子的内部，种子位于果实中。果实是由雌蕊的一部分——子房发育成的，种子是由子房中的胚珠发育成的，受精卵是在胚珠中发育为胚的。学生要建构这些有着丰富内涵和严密的生物学逻辑的概念性知识，必须将认知过程集中在花的与有性生殖有关的结构和过程上。关于花的结构和功能，本节教材出现的概念名词有 20 多个：花柄、花托、萼片、花瓣、雌蕊、柱头、花柱、子房、雄蕊、花药、花丝、胚珠、花粉、传粉、自花传粉、异花传粉、花粉管、精子、卵细胞、受精、子房壁、果皮等，课文中还穿插了介绍虫媒花和风媒花的图文资料、阴雨连绵天气为何常会导致果树减产的思考题等。如果教师在本节教学的问题设计中，不能将问题聚焦于围绕生殖的重要概念，而在众多概念名词和其他枝节性内容上面面俱到，学生会迷失在散乱纷杂的名词术语和事实性材料中，不知道本节课主要探讨什么问题，思维过程就没有明确的方向。

其实，教材已经注意到这个问题，请看本节教材的问题设计。首先在引言中这样写道：

被子植物生长到一定时期就会开花。许多花在凋谢以后，在花着生的位置会出现小小的果实。看来，开花和结果是一个连续的过程。花是怎样变成果实的呢？要弄清这个问题，首先要研究花的结构。

---

[1] 人民教育出版社课程教材研究所生物课程教材研究开发中心．义务教育教科书 生物学 七年级上册 [M]. 北京：人民教育出版社，2012：103-107.

“花是怎样变成果实的呢？”这就是根据本节教学目标和重要概念确定的本节教学的中心问题。

接下来，教材安排了一项“观察与思考”活动，让学生观察一朵桃花（或其他类似的花）的基本结构。这个活动的讨论题是：

（1）花的哪一部分将来发育成果实？

（2）对于植物繁衍后代来说，花的哪些结构是最重要的？

问题直指与有性生殖有关的结构和过程，至于花的其他结构，如花柄、花托、萼片、花瓣等，显然不是重点。教材中相关内容的处理也印证了这一观点。

本节教材在上述内容之后，图示了桃花的基本结构，用黑体字写道：“花的主要结构是雄蕊和雌蕊，雄蕊花药里面有花粉，雌蕊下部的子房里有胚珠。”在做问题设计时，应当按着教材这一思路，围绕花的主要结构——雄蕊和雌蕊继续设问，自然过渡到传粉和受精的教学。如果围绕花柄、花托、萼片等结构设问，如花托的作用是什么，萼片有几片，等等，就偏离了本节课的主要目标。

问题设计聚焦教学目标的原则，是提高概念教学有效性、使教学形散而神聚的基本原则，切记不要走向它的反面——眉毛胡子一把抓。

（2）激疑生趣，活跃思维。

概念是思维建构的产物，也是思维的工具，概念教学的目标是提高学生的智慧技能。之所以倡导问题驱动的教学策略，是因为问题能激发学生的好奇心和学习兴趣，产生概念学习的内在动力；问题能活跃学生的思维，启发和引导学生的思维，使他们的认知一步步接近概念学习的目标。

怎样才能提出激疑生趣的问题？首先需要创设能引发认知冲突的情境。我们还以“开花和结果”这一节课为例。

教师呈现给学生一朵桃花和一个桃子（果实），让学生仔细观察。此时学生就置身于一定情境中了。教师提问：“你们看这朵桃花和这个桃子有什么地方相像吗？”（学生摇头）

教师接着说：“事实是桃子就是由桃花的某个部位发育成的，不信你看！”

教师开始通过电子白板播放一株桃树上某朵桃花由盛开至凋谢，一颗小小、青青的果实在凋谢的桃花处慢慢长大为一个桃子的过程的视频。这又是一个情境，学生相信了桃子是由桃花变来的，心里可能在想：到底是咋变的呢？

教师提问："你心里可能在想，这个桃子是由桃花的什么部位发育成的呢？要想弄清楚这个问题，还需要仔细观察桃花的结构。如果你不清楚桃花有哪些结构，自然就无法回答这个问题了。"

学生开始按教材上"观察与思考"的要求，观察花的基本结构，并讨论相关问题。通过观察、思考和讨论，学生大致可以推断桃子是由桃花的子房发育成的。但是，他们对子房如何发育为果实仍然是不清楚的。这时，观察的结果就又成为新问题的情境，教师可以接着提出问题，引导学生对子房和桃子进行解剖并对比观察，初步得出子房壁发育为果皮，胚珠发育为种子的结论。种子又是如何形成的呢？这得从传粉和受精说起，由此过渡到本节最核心的内容。

问题设计还需要尽可能活跃学生的思维。如果问题都是封闭的，也就是指向唯一答案，学生思维的活跃程度就会受到限制。如果穿插一些开放性问题，也就是有多种合理答案的问题，学生你一言，我一语，思维就会十分活跃。

例如，本节课讲了虫媒花的内容后，教师可以问："大家想想哪些植物的花是靠昆虫传粉的？除蜜蜂外，还有哪些昆虫能够帮助植物传粉？这些虫媒花是靠什么吸引昆虫的呢？"

前两个问题开放性很大，学生可以展开回忆和联想，说出多种答案。最后一个问题也有一定的开放性，可以答"花蜜""花冠艳丽的色彩""花冠很大很鲜艳""芳香的气味"等，还可以回答不同植物的花各显神通。如果在前边认识花的基本结构时，教师指着图中的花瓣说："这是花瓣。大家说说桃花这些艳丽的花瓣有什么功能？"这个问题就是封闭的了，学生只要回答吸引传粉昆虫即可，这样设问虽然亦无不可，但活跃学生思维的功能显然不如"虫媒花是靠什么吸引昆虫"来得强大。

当然，开放性设问并不是越多越好，一节课上提出的封闭性问题和开放性问题应当有适当的比例。封闭性问题对于学生掌握事实性知识和简单的概念有利，开放性问题对于培养学生的高阶思维有利。有研究者认为，对于那些要求掌握概念、模式和抽象理论的行为，一般运用开放性问题，在布卢姆教育目标分类学中，这些问题属于分析、综合或创造的层次。[1]

（3）层层递进，环环相扣。

一节课的问题链应当围绕核心问题整体设计，在内容上由浅入深，层层递进；在逻辑上顺理成章，环环相扣；在难度上由易到难，有一定梯度。上述“激疑生趣，活跃思维”原则下所例示的一段问题链，实际也体现了这一特点。下面我们就按“层层递进，环环相扣”的原则，续写这个未完成的问题链。

教师讲述：“种子又是如何形成的呢？这得从传粉和受精说起。

我们知道，花是被子植物的有性生殖器官。什么是有性生殖？有性生殖就是雌雄两性生殖细胞两两结合形成受精卵，由受精卵发育为新个体的过程。雄性生殖细胞叫精子，雌性生殖细胞叫卵细胞。它们分别是花的什么部位产生的呢？”

至此，提出了一个简单的问题，请同学们看着花的基本结构示意图进行指认。

预期学生回答：“精子是在雄蕊中产生的，卵细胞是在子房里边产生的。”如果学生回答不出正确答案，教师可以告诉学生：雄蕊会产生许多花粉，花粉中有精子；卵细胞位于子房内部的胚珠内。

教师设问：“卵细胞藏在子房内部的胚珠里边，那么雄蕊产生的精子怎么能与卵细胞结合呢？”

这个问题就有一定难度了，学生可以展开想象尝试回答，但很难说出正确答案。此时教师可按照生物学的逻辑来引导学生思考：“精子不可能一下子钻到胚珠里边吧？是不是首先要让花粉落在雌蕊的柱头上呢？所以在受精之前首先要完成传粉。”教师简要介绍自花传粉和异花传粉。然后提问：“花粉是不能自由运动的，花柱内部也没有一条中空的管道直达胚

---

[1] 崔允漷 . 有效教学 [M]. 上海：华东师范大学出版社，2009：155.

珠内部。那么，精子是如何进入胚珠的呢？”

这个问题提出后，教师应停顿片刻，让学生充分发挥想象力，尝试作答。对这个问题，学生的前概念是精子靠自己的运动往里钻，教师可让学生思考：花粉有没有可能自己长出一条伸进花柱内部的管道呢？然后推测：花粉是由活细胞构成的，很可能有生长、分裂的能力，如果它能长出一条不断伸长的管道，从生物学逻辑看完全是可以理解的，有些植物的根系还能长进岩石里呢！（不要小看这个环节，这是体现生物学思维不同于物理和化学思维的地方，这里“环环相扣”的逻辑不都是数理逻辑或形式逻辑，是具有生物学特点的逻辑。）

然后，教师呈现图片或演示动画，介绍以下过程：“事实是这样的，花粉落到柱头上，在柱头上黏液的刺激下萌发出花粉管，花粉管不断生长、伸长，就穿过花柱先进入子房，然后进入胚珠，花粉管中的精子与胚珠里的卵细胞结合，这样就完成了受精，形成受精卵。受精卵发育为胚，胚就是新植物的幼体。以后条件合适时，种子萌发，其中的胚就发育为幼苗。”

至此，本节最核心的学习任务就基本完成了。

（4）难易适度，疏密有致。

课堂教学观察中经常发现，教师提出一个问题，全班学生不假思索立即齐答；或者全班学生都茫然无措，不知如何回答。前一种情况的设问是多余的，无助于学生概念的建构；后一种情况的设问是无效的，宛如在认知的道路上树起一道高墙。因此，设问一定要难易适度，最好处于学生的“最近发展区”，即让学生“跳一跳能摘到桃子”的水平。

设问的难易程度与教学目标和问题类型有关。一节课上，最好是既有较容易的问题（但不能容易到学生不用思考就能回答），也有有一定难度的问题。有些问题是针对事实性知识的，如“你看到这朵桃花有哪些结构呢？”属于较容易的问题。有些问题是针对概念（概念水平的智慧技能）的，如“对于植物繁衍后代来说，花的哪些结构是最重要的？”要回答这个问题，头脑中要进行一系列概念的推演：繁衍后代—有性生殖—雌雄两性生殖细胞（精子、卵细胞）—雄蕊（产生精子）—雌蕊（产生卵细胞）—受精—受精卵。显然，这就是较难的问题了。“教师提问的问题类型应取决于他们所要教的学生，以及他们所要达到的教育目标……强调事实性问题对提升年幼孩子的成绩更有效，特别是在初步掌握基本技巧的时候。强调较高水平的认知性问题对于培养学生的独立思考更有效。”[1]

杰尔·布罗菲和汤姆·古德指出，教师在决定要使用哪一种难度水平的问题时，应该考虑三个原则：①教师所提出的大部分问题（也许多达四分之三的问题）必须在一个班级里的学生都能给出正确答案的难度水平；②其他四分之一的问题的难度水平，必须能让学生给出一些答案，即使答案是不完整的；③不能提问那种学生完全无法回答的问题。[2]

课堂教学中提问的密集程度也是一个值得关注的问题。新课程改革之前，“满堂灌”的现象比较普遍，基本上是教师在讲授知识，很少提出问题让学生思考。现在则又有另一种倾向——满堂问。一节课下来教师在不停地发问，能问好几十个大大小小的问题，学生应接不暇，其实其中很多提问是无效或低效的。大量的相关研究表明，在一定范围内，教师高频率发问对学生学习有重要的积极作用。例如，一项关于初中数学教学的研究显示，高效教师一节课平均问 24 个问题，而低效教师平均问 8.6 个问题。高效教师更多地会问过程性问题，如“解释你是如何得出这一结论的？”，一节课平均会有 6 个这样的问题；而低效教师只问一两个[3]。

关于一节课提问频率究竟应该多少合适，恐怕没有标准答案，要根据教学内容、教学目标和学生情况而定。以上的调查研究数据只能作为一种参照。

（5）表述明确，收放结合。

问题设计中的语言表述是影响学生理解问题的关键因素。课堂教学中经常会出现学生答非所问的情况，其实质主要是学生没有真正弄清楚教师所提的问题。研究表明，教师表述问题的清晰程度将会影响学生作答。问题表述的语法结构复杂，或包含抽象、笼统、过于概括的成分，都会让学

[1] 阿兰兹．学会教学：第 6 版 [M]. 丛立新，等译．上海：华东师范大学出版社，2007：371.

[2] 同 [1].

[3] 崔允漷．有效教学 [M]. 上海：华东师范大学出版社，2009：157.

生觉得问题模糊不清，理解起来有一定困难。教师一次提出一连串的问题，学生找不出其中的关键问题，也会造成学生对问题理解的困难[1]。因此，在教学设计环节，需要字斟句酌地把问题写出来，必要时可课前找一两位同学试问一下，看他们是否理解。

激疑生趣、层层递进等原则，适用于课堂教学开始到展开的进程，在这个过程中，要尽量让学生的思维活跃起来，并且不断深入，可以说是一个“放”的过程。在课堂结束环节，要通过提问引导学生对本节课所学概念进行总结、概括，通过少量检测题评估学生的概念学习水平，可以说是一个“收”的过程。“放”能给学生的思维提供广阔的空间，“收”又让学生的思维聚焦于概念学习的目标，二者应当有机结合，不可偏废。现在课堂上经常看到下课铃响了，师生还沉浸在探究和讨论中，或者离下课还早，教师也未和学生一起总结概括本节课内容，而是让学生做教辅或导学案上的习题，这都是只注重了“放”，未关注“收”的表现。

2. 问题设计的基本思路

概念教学的问题设计，目标主要是让学生掌握课程标准规定的大概念和重要概念。学生如何习得这些大概念或重要概念？需要哪些较小的从属概念的支持？这些较小的概念又需要哪些事实性知识的支持？将这些问题梳理清楚以后，本单元（章）或节的概念体系及其相关事实性知识就清楚了，接下来应该将这一知识体系转换成问题体系。

将知识体系转换成问题体系的基本思路是先将大概念或重要概念转化为中心问题，再将中心问题分解为层层递进、环环相扣的问题链（或称问题串）。

例如，高中“生物的进化”一章，2017 年版高中课程标准规定的大概念是“生物的多样性和适应性是进化的结果”，这就是本章概念教学的核心目标。将这一核心目标转换为问题就是“生物的多样性和适应性是怎样形成的？”，这恰恰是人教版教材该章章首页提出的中心问题[2]。这个

[1] 崔允漷 . 有效教学 [M]. 上海：华东师范大学出版社，2009：157.

[2] 人民教育出版社课程教材研究所生物课程教材研究开发中心 . 普通高中教科书 生物学 必修 2 遗传与进化 [M]. 北京：人民教育出版社，2019：99.

问题的答案实际就是本章的两个重要概念的内涵：多种多样的生物是由共同的原始祖先进化来的（共同由来说），进化的机制可以用以自然选择学说为核心的现代生物进化理论解释。这两个重要概念在 2017 年版高中课程标准中是“4.1 地球上的现存物种丰富多样，它们来自共同祖先”和“4.2 适应是自然选择的结果”，在人教版教材中则分别对应第 1 节和第 2、第 3、第 4 节的标题：“第 1 节　生物有共同祖先的证据”和“第 2 节　自然选择与适应的形成”、“第 3 节　种群基因组成的变化与物种的形成”、“第 4 节　协同进化与生物多样性的形成”[1]（图 5-1）。

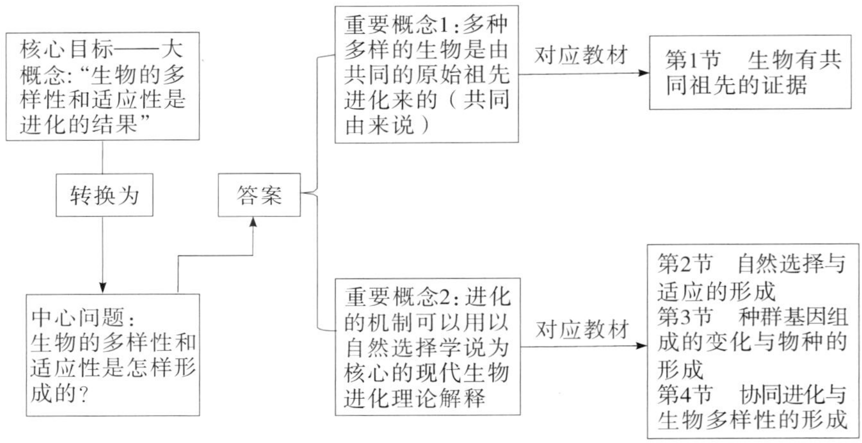

图 5-1　问题设计思路示例 1

在分析重要概念与教材对应关系后，就需要仔细分析各节教材是如何支撑重要概念的。该章教材第 1 节列举了许多生物进化的证据，目标都是让学生建构现今丰富多样的生物有着共同的原始祖先（有共同的由来）这一概念。第 2 ～ 4 节分别从自然选择、基因频率定向改变和协同进化三个方面，介绍了对生物进化机制的科学解释。

根据重要概念 1 和教材第 1 节内容，可以提出该节的中心问题：“有哪些证据说明现今各种生物有共同由来呢？”

---

[1] 人民教育出版社课程教材研究所生物课程教材研究开发中心 . 普通高中教科书　生物学　必修 2 遗传与进化 [M]. 北京：人民教育出版社，2019：目录 .

根据重要概念2和教材第2、第3、第4节内容，可以分别提出这三节的中心问题：（1）生物多种多样的适应性特征是如何形成的？（此问指向自然选择）（2）适应性特征是性状，性状是由基因控制的，那么，自然选择如何作用于基因？新物种是怎样形成的？（3）各个物种是各自独立进化的吗？（一个物种的形成是否受到其他物种和无机环境的影响？是否影响其他物种的进化和环境的变化？）

这样，该章的中心问题就分解为四节的中心问题（图5-2）。

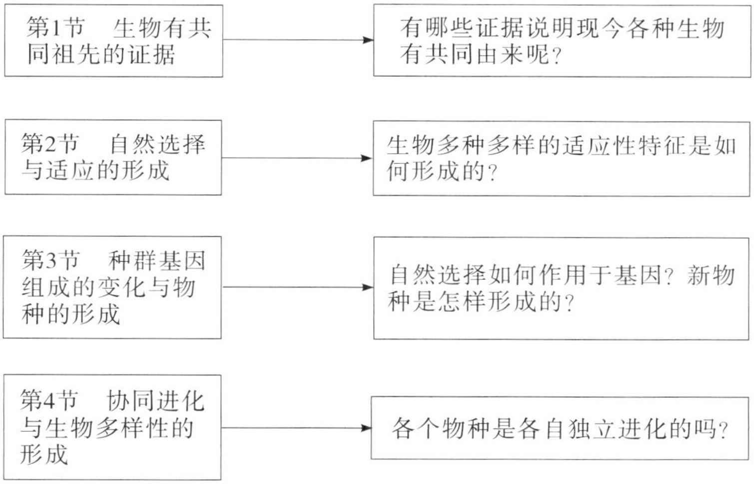

图5-2　问题设计思路示例2

按照同样的思路，每节的中心问题还可以分解为若干具体问题，按照层层递进、环环相扣的原则，就可以设计出各节的问题链。

二、问题设计案例及评析

下面是笔者在听课过程中搜集的教学案例，一节是初中课，一节是高中课，在记述案例的基础上，重点对其中的问题设计做了修改和点评。

案例1　初中生物学“只有一个细胞的生物体”一节

原设计：

先让学生在显微镜下观察草履虫，又让学生观看草履虫的录像片，然后提出一串问题让学生回答：

“草履虫的外形是怎样的？它看上去像什么？”

“为什么叫草履虫？”

“观察草履虫时为什么要放几丝棉花纤维？”

“怎样区分草履虫的前端和后端？”

“草履虫身体表面有什么？纤毛的用途是什么？”

“草履虫有几个细胞核？”

这些问题确实是学生应该弄清楚的，但是，这样设问显得问题太散，学生陷于被动应付的状态，很难积极地投入思维和探究。可以考虑用一个核心问题来统领，使之构成一个有内在逻辑关系的问题串。因为学生在学这节课之前，已经学过多细胞生物体的结构层次，所以在上这节课时，应充分利用学生已有的知识和经验来设问，由浅入深，由表及里，由局部到整体，通过问题串将教学内容整合成一个有机的整体。下面是修改后的问题设计。

教师设问：“我们平时看到的生物都是由许多细胞构成的，它们有着从个体到器官、组织、细胞等结构层次。在自然界，有没有只有一个细胞的生物体呢？”

教师呈现细菌、草履虫、衣藻等图片。

教师讲述：“今天我们就来研究一种单细胞生物——草履虫。为什么叫这么一个奇怪的名字呢？在显微镜下看看它的外形就会明白了。”

教师让学生观察草履虫的外形。

教师讲述：“看到了吧，草履虫在水里很活跃呢！它生活得多么自由自在啊！大家想过没有，如果我们的身体上一个细胞或一块组织掉下来还能不能存活？是不是很快就会死掉？大家知道蜥蜴断尾的现象吧？蜥蜴甩掉的尾巴很快就一动不动了。人的手指如果被切断了，只有在极短的时间内送到医院才能接好。但是草履虫只有一个细胞，它为什么能够在自然环境中长时间存活呢？大家可以先联想一下，一个多细胞的动物，比如一条鱼，必须要具备怎样的结构和功能才能活下去？”

教师让学生讨论、发言。

教师提问和引导学生活动：“动物要生活就要吃东西，就要进行呼吸、排泄，还要能够趋利避害，能够运动。草履虫靠什么结构吃东西？它有专门的呼吸器官吗？怎样进行呼吸？怎样把体内的废物排出去？靠什么结构在水中自由地游动？要弄清这些问题，我们还需要对草履虫进行细致的观察。”把问题写在黑板上，让学生在显微镜下继续观察，通过观察说说对这些问题的解释或猜测，教师再进行归纳和补充。

从修改后的问题设计思路可以看出，一节课的问题设计，第一，要有整体构思，要以一两个核心问题将所有设问统领起来，使学生思维不断线，有利于学生积极思维，主动探究。本节课就是以“草履虫这样只有一个细胞的生物体，具有什么样的结构和功能使得它们能够在自然界独立生活？”作为核心问题的。第二，要充分利用学生已有的知识和经验，在此基础上引导学生通过类比、联想等思维过程，使学生的思考有明确的方向，即运用先行组织者策略，使学生将新内容与原有知识和经验建立有效的联系，为将新知识整合到原有知识结构中打下良好的基础。这样再引出真正要学生思考和探究的问题，就可以避免生硬地提问。第三，提问的时机要适当。原设计是将提问放在观察之后，这样学生难以进行有目的地观察，而科学观察应该是有明确目的的。修改后的设计将提问放在详细观察之前，让学生带着问题去观察，能提高观察的目的性和有效性。

案例2　高中生物学“细胞的增殖”一节的“有丝分裂”部分

下面是一位老师对本节课教学的问题设计，评析为笔者所加。

表5-2　高中生物学“细胞的增殖”教学问题设计

问题设计	评析
生物体内每时每刻都有许多细胞死亡。我们体内的细胞会不会越来越少？	这个问题思维含量不高，教师可自问自答。
大家能从生活中举例说明人体能不断产生新细胞吗？（学生回答：受伤后，伤口的愈合与新细胞的形成分不开。）	这个设问好。注重联系学生的生活经验，给学生的思维空间很大，可培养学生的发散思维。
细胞增殖还具有哪些意义？	问题最好不这样问，不容易引起学生的兴趣。可改成：“还有哪些实例说明细胞增殖的重要性？”细胞增殖的重要意义需要教师在学生举例后进行归纳总结。

续表

问题设计	评析
受伤后，伤口在愈合的过程中新产生的细胞与原来的细胞有差异吗？	这个设问很好。将抽象的问题具体化，利用了学生所举实例这个素材，保持了思维的连续性。也可以考虑把“细胞增殖的意义”放在讲完细胞增殖后归纳，这样思维的连续性更好。
细胞在分裂过程中如何保持其遗传特性的稳定呢？（在学生讨论的基础上，得出细胞在分裂过程中要进行遗传物质的复制，然后平均分配，进而指出细胞增殖一般包括物质准备和细胞分裂两个阶段。）	这个问题是本节课的核心问题，提问的时机恰当、自然，前面已经做了充分的铺垫。问题的表述严谨、准确。有的老师将这个问题表述为“细胞在细胞分裂过程中怎样才能使形成的新细胞与老细胞一模一样呢？”，这样的表述似乎更通俗，但不严谨。 这个问题可能还是太大了，提出以后还应该分解成若干小问题，更好地引导学生思考。比如问“细胞通过细胞分裂一分为二，细胞核是不是也要一分为二？如果是简单的分成两半，每分裂一次细胞核中的遗传物质岂不是要减少一半？”等。当然，设问的细化分解程度还要视学生的水平而定。
指出细胞分裂有三种形式，并强调有丝分裂是本节学习的主要内容，通过课件展示植物细胞结构示意图。提问： （1）细胞的最外层是什么？ （2）紧贴着细胞壁的这层结构是什么？ （3）细胞膜以内的这些结构是什么？ （4）细胞中央的这个球状体是什么？ （5）把细胞核与细胞质分开的这一膜状结构是什么？ （6）细胞核中这个球状结构是什么？ （7）细胞核内的这些丝状物质又是什么？	在此处讲细胞分裂的三种形式打断了学生的思路，可在有丝分裂讲完后再补充。直接说“下面以一个典型的植物细胞为例来看细胞是如何解决增殖过程中保持遗传特性稳定这一难题的”即可。 关于植物细胞的结构所提的这 8 个问题，目的主要是帮助学生复习植物细胞的结构，为学习有丝分裂扫清知识上的障碍。但是这样提问似嫌琐碎，不如不问。可以请一位同学上台指着图把植物细胞结构说一遍，这样效率更高。上课切忌满堂问，问得太多，学生会疲倦。

续表

问题设计	评析
（8）染色质长丝高度螺旋、缩短变粗后又可以形成什么？	
这样一个细胞是怎样进行增殖的呢？（播放植物细胞有丝分裂的全程动态画面）	这个设问只是一句过渡的话，不是真正的提问。此时播放植物细胞有丝分裂的全程动态画面，使得整个分裂过程变得毫无悬念，不好。
刚才我们看到了，植物细胞的有丝分裂是个非常复杂的过程，为了更好地掌握它，我们有必要先学习一个新的概念——细胞周期。那么，什么是细胞周期呢？	关于细胞周期的提问有些生硬。这是硬造出来的问题，不是自然生成的问题。 其实可以接着学生前面讨论得出的“细胞增殖一般包括物质准备和细胞分裂两个阶段”这句话来说，直接给出细胞周期的概念。
（结合图示讲述细胞周期的概念）从图上可以看出，一个细胞周期可以用一个圆来表示，那么是不是圆上的任何一点都可以作为细胞周期的起点呢？	这个设问可删除，不利于思维的连贯。
（出示不同类型细胞的细胞周期持续时间比较表，指出不同类型细胞的细胞周期持续时间有长有短）大家仔细看一看，细胞周期在分裂间期和分裂期的时间分配是否平均？有什么规律？	上面已说以一个典型的植物细胞为例，此处不必再分析不同类型细胞的细胞周期比较表，以使教学节奏明快，尽量避免枝杈。这里可直接根据细胞周期示意图提问，让学生看图回答分裂间期和分裂期哪个时间长即可。
（在学生讨论后小结：分裂间期占用的时间远远多于分裂期占用的时间，说明分裂间期这一物质准备阶段的重要性。展示课件中有关分裂间期的变化，比较间期结束时与开始时的画面。演示放大的一条染色质长丝在间期开始时和结束时的比较画面）细胞核内的一条染色质长丝经过分裂间期发生了什么变化？	这个设问适切，能起到引导学生仔细观察的作用。还可以让学生思考为什么这个时期染色体不再是高度螺旋形成的短粗的形态而是长长的细丝，使学生更好地理解这一时期的物质准备主要是复制出两份遗传物质。

续表

问题设计	评析
（教师在学生回答的基础上小结，引出染色单体的概念）染色体由哪几个部分构成？	问得不够准确，应改为：“染色体是由哪些物质构成的？” 此问的取舍应视学生知识基础而定。
（讲述染色体复制包括 DNA 复制和蛋白质合成，分裂间期为分裂期准备了双份的 DNA 分子）那么，这双份的 DNA 分子是怎样平均分配到两个子细胞中去的呢？	这是一个非常关键的设问，问得很明确，语言也很精炼。还可问得更深入些，如：“复制成的 12 条染色体，是不是只要两个子细胞各分到 6 条就行呢？还是说两个子细胞的染色体不仅数量相等，而且是完全相同的两份？”从不同角度多问两句，可以加深学生对这个问题重要性的认识，突出重点。
（指出分裂期包括前、中、后、末四个时期，播放分裂前期的动态画面，再出示前期结束时与间期结束时的比较画面）从间期到前期，细胞核中的染色质长丝发生了什么变化？	还可以补充问一下，如果间期的染色质丝不通过螺旋缠绕缩短变粗，还容易分成均等的两份吗？对现象理解了，就不用死记硬背了。
（小结分裂前期的染色体变化特点，指出染色单体和姐妹染色单体的概念）除了染色质变成染色体之外，再看看核膜、核仁有什么变化？	此处设问可以考虑省略，老师简单地说一下即可，以突出重点。
（讲述核膜、核仁的变化，指出纺锤丝、纺锤体）纺锤体中的纺锤丝又有什么作用呢？	此问学生是难回答的，也可以由老师直接讲解。
（播放细胞分裂中期的动态画面，然后出示中期与前期的对比画面）染色体是怎么运动的？其结果是什么？	此处设问可省略。老师用较生动的语言结合画面描述即可。

续表

问题设计	评析
（小结：染色体是被连接在着丝点上的纺锤丝牵引着运动的，其结果是散乱地分布在纺锤体中的染色体的着丝点都有序地排列在细胞中央的赤道板上，为下一步的染色体分配做好准备。播放分裂后期的动态画面，然后出示后期与中期静止的比较画面）细胞中的染色体是怎么分配的？	还可进一步问："是不是保证了将来的每个子细胞都具有一套完整的染色体？"
（小结：略）经过分裂后期，细胞基本完成了染色体的平均分配，但是还没有形成两个子代细胞。那么，怎样才能形成两个子代细胞呢？	高潮已过，此处已是舒缓的尾声，不提问也可以（此时学生也累了）。看着画面，老师娓娓道来，语言中洋溢着成功的喜悦，酝酿情绪，为最后总结做准备。这里所说的成功，既有细胞完成复杂的增殖任务的成功，也有师生完成这节课教学任务的成功，当然是值得喜悦的。
（播放分裂末期的动态画面，然后出示与分裂后期的对比画面）细胞分裂末期，细胞内有哪些主要变化？	可不问。
（小结：略）两个子细胞是怎么分开的？	可不问，或自问自答。
（小结：略。让学生比较分裂末期与前期的细胞变化。）通过比较可以得出什么结论？	这一问有必要，能更好地体现细胞周期的含义。
总结：略。	建议：在总结有丝分裂的要点时，强调这四个时期是一个连续的过程。最后再将有丝分裂过程的动画完整地放一遍，让学生一边看一边欣赏这个发生在细胞内的生命过程是何等神奇，何等美妙，以渗透生命教育的思想。

这个问题设计案例有几个明显的优点。第一，较好地贯彻了启发式教学指导思想，设计了一个接一个的问题，试图以问题来驱动学生的学习过程。第二，将问题与学生的探究有机结合，每一个教学环节都是先以问题启发学生思考，激发学生的好奇心，然后展示动画或图片让学生观察再提问，让学生根据观察结果回答问题，这较好地体现了新课程倡导的探究性学习的理念。第三，有的设问很精到，抓住了要学习的重点，如细胞在分裂过程中如何保持其遗传特性的稳定呢？不足之处主要有三点。第一，问得太多，大大小小的知识点都设问，平均使用力量，核心问题不够突出。本节课的核心问题是“细胞在分裂过程中如何保持其遗传特性的稳定？”，应该在这个问题的设计上多花些功夫，让学生明白本节课主要就是探究这个问题。其他内容如核膜和核仁的变化、细胞板的形成等由老师直接讲述即可。本案例共设计了 30 个问题，实在是太多了，一路问下来，没有高潮没有低潮，全是“问—看—问”一个模式，学生到后来恐怕难以提起兴趣。第二，问题串的设计逻辑不够紧密。问题串的设计应该考虑学生思维的连贯性，这就需要问题之间在逻辑上紧密衔接，不要让枝节问题打断，这对于教师创造性地使用教材提出了更高的要求。第三，有的设问欠考究。有时问得过于直接，缺少铺垫，显得突兀；有时失之抽象或笼统，需要将问题通俗化，或者加点包装；有时问题过大，需要再做些分解；有时问得过于简单，对学生的思维构不成任何挑战。总体来说，这节课的问题设计是花了功夫的，问题串总体上是流畅的，经过雕琢会成为一个很好的问题设计范例。应当指出的是，这节内容在教材中是平铺直叙地讲述的，不少教师面对这样的教学内容不知如何引导学生进行探究性学习，原因主要是觉得很难设计出好的问题，从这个意义上说，这个问题设计的案例就具有远超出这节课本身的借鉴价值了。

第三节　探究建构策略

在运用问题驱动策略进行概念教学的过程中，教师或学生提出的问题需要通过学生的积极思维来解决。有的问题仅靠单纯的思维活动无法解决，此时就需要引导学生进行探究活动，如作出假设、收集证据、分析证据、得出结论等，得出正确的结论就接近于建构了概念。可见，运用问题驱动策略时，往往也要用到探究建构策略。

一、探究建构型教学的设计和组织实施

探究建构策略就是引导学生通过探究活动来建构概念的教学策略。虽然不是所有的概念都能够通过学生亲身参与的探究活动来建构（学生在有限的学习时间内还是以接受间接经验为主的），但是，教师应当积极创造条件，让学生有较多的机会亲身参与探究，因为“百闻不如一见”，自己探究而得的知识，其理解深刻程度、记忆牢固程度，都是单纯接受式学习所不能比拟的。更为重要的是，学生通过探究不仅收获了对概念的理解，其科学探究能力也得到很大提高，同时还逐渐养成科学态度，培育科学精神。

1. 探究建构策略的应用价值

并非所有概念的教学都必须运用探究建构策略，因此，探究建构策略何时何处是必要的，需要进行深入的分析。

（1）探究建构用于概念形成。

概念的获得可采用概念形成和概念同化两种方式。概念形成式学习是指从大量实例出发，以学生的感性经验为基础，通过归纳、抽象、概括等思维，认识到事物的共同特征或本质属性，从而获得概念。[1] 概念同化式学习即直接给学生呈现概念的定义，然后解释，或举例，帮助学生将定义的内容与头脑中原有知识结构建立实质性联系，进而理解概念的意义。对

[1] 徐文彬．数学概念的认识及其教学设计与课堂教学 [J]. 课程•教材•教法，2010，30（10）：39-44.

于这两种学习方式，国内外研究者达成的共识是：由于认知能力的差异，初中学生更适于采用概念形成的方式，高中学生可以更多采用概念同化的方式；由于不同类型的概念本身的特点，易下定义的概念适合采用概念同化的方式，难下定义的概念更适于采用概念形成的方式。

在通过概念形成的方式学习概念时，需要学生先观察实例，获取感性经验，再上升到概念水平，也就是需要学生先进行观察、调查、测量等探究活动，进行发现式学习。因此，教师在组织学生这一类概念学习活动时需要运用探究建构的教学策略。通过概念同化的方式学习概念时，教师直接讲授概念的定义，再通过正例和反例来进一步说明概念的内涵和外延，学生理解之后，就能将概念的意义同化到已有的知识结构中，也就是进行接受式学习。

（2）探究建构用于概念转变。

根据概念转变理论，学生学习科学概念的过程往往是将前科学概念特别是错误概念转变为科学概念的过程。波斯纳认为，学生实现概念的转变需要满足四个条件：对现有概念的不满，新概念的可理解性，新概念的合理性，新概念的有效性[1]。其中让学生产生对现有概念的不满是实现概念转变的前提条件和内在动力，这一点在本章“情境创设策略”和“问题驱动策略”两节已经做了较详细的阐述。新概念的可理解性、合理性和有效性是学生产生认知顺应的关键。在科学课程教学中，如何让学生认识到新概念的可理解性、合理性和有效性，光靠教师讲解和学生思考往往是不够的，关键是让学生看到实实在在的证据。比如关于空气占据一定空间这一概念，在许多儿童看来，空气看不见摸不着，不像其他可见的物体那样占据一定的空间，因此会认为这一概念是不可理解的，当然也看不到它的合理性，更意识不到它在解决某些问题中的有效性。通过将杯底放有棉花的纸杯倒扣在水中而棉花不湿等实验，学生看到空气占据一定空间的证据，才能理解这一概念，实现前概念向科学概念的转变。学生做这些实验的过程，就是通过探究来建构概念的过程。

---

[1] 吕萍 . 儿童早期的科学概念形成 [M]. 上海：上海三联书店，2016：60-61.

2. 探究活动的类型及其在概念学习中的作用

让学生通过探究活动实现概念转变，需要根据学生的认知水平、学生的技能水平、学校条件和所学概念的特点，设计适宜的探究活动。这就涉及探究活动的类型。

科学探究活动可以是观察、实验、调查，也可以是资料的搜集和分析；可以是侧重在探究的某个环节，也可以是较完整的探究。不同类型的探究活动，在概念学习中的作用及其适用范围是不同的（表 5-3）。

表 5-3　科学探究活动的类型及其在概念学习中的作用

类型	特点	在概念学习中的作用	举例
观察类	直接观察或借助于显微镜等工具观察	通过观察获得感性认识和直接经验，多用于概念形成的学习	用显微镜观察细胞或组织，观察花的基本结构
实验类	不能直接观察到现象，需要通过实验，在人为控制实验对象或环境条件下进行观察。可以告知材料用具、方法步骤，也可以由学生自行设计实验	让学生根据已有知识和经验作出假设，通过实验来检验假设。作出假设过程中暴露的错误概念，通过实验证据得到修正，从而实现概念的转变	观察胸廓容积变化与呼吸运动关系的模拟实验（学生的前概念往往是吸气导致胸廓扩大，呼气导致胸廓缩小）
检测类	借助工具和试剂，检测生物体内某种成分、微生物数量等	通过检测获得直接经验，支持相关概念的建构	检测生物组织中的糖类、脂肪和蛋白质，检测不同环境中的细菌数量
调查类	提出要求和给出提示，让学生到自然界或社会中进行调查，也可进行网络调查	通过调查获取证据性资料，弥补直接经验的不足，建构相关概念	调查土壤中的小动物类群
模型建构	提供一定的指导，由学生动手动脑建构模型	通过动手制作模型将概念进行物理表征，加深对相关概念的理解	制作真核细胞的结构模型，制作 DNA 双螺旋结构模型

续表

类型	特点	在概念学习中的作用	举例
资料分析	分析自己收集的或教师提供的事实性资料，寻找特定问题的答案	以资料提供的证据为基础进行逻辑推理，得出结论，建构概念	分析核移植、受精卵缢裂等实验资料，得出细胞核控制细胞的代谢和遗传的结论
思考与讨论	调动已有知识和经验，围绕指定问题进行积极思考，并与同学讨论	通过理性思维和互动交流，认识到自己现有概念的不足，实现概念的转变和发展	用数学方法讨论种群基因频率的变化，讨论某一生态系统的结构

3. 探究活动的设计

很多教师认为让学生动动手、观察一下就能够得出一些基本的认识，学生却在看看动动中领悟不到学习目标[1]。比如，让学生观察花的基本结构时，教师如果不给予恰当的提示和引领，学生就会随便看一看花有哪些结构，认为对照着教材上的插图，知道各部分结构的名称就达到了学习目标，有的甚至将注意力集中在花瓣上，观察其形状、颜色，数一数花瓣数量等。教师应提示学生通过观察来回答两个问题：对植物繁衍后代来说，花的哪些结构是最重要的？什么结构将来会发育为果实？这样，观察活动才能真正指向概念建构的目标。

基于概念建构的探究活动的设计应遵循以下原则。

（1）体现课程标准的要求。

义务教育阶段和普通高中阶段的生物学课程标准都明确列出了应当开展的科学探究活动，这些活动都是在教学中应当完成的。在教学中设计探究活动时，首先应当选择课程标准列出的活动项目来设计具体方案，设计时应关注探究活动与课程标准的概念性内容的对应关系，以明确活动的概念建构目标。例如，《义务教育生物学课程标准（2011 年版）》有一则活动建议“探究蚂蚁或其他动物的行为”，看起来是很宽泛的探究，但是

[1] 吕萍 . 儿童早期的科学概念形成 [M]. 上海：上海三联书店，2016：218-219.

由于在课程标准中与它对应的概念性内容是“举例说出动物的社会行为”，因此，在设计活动项目时应集中在探究蚂蚁的通讯等社会行为上，而不是取食行为、贮食行为等其他行为。

（2）以建构概念、发展能力为主要目标。

一项探究活动的设计，应当首先考虑学生通过这项活动建构哪些概念，如何建构这些概念；发展哪些方面的探究能力，确定能力目标的侧重点，在活动方案中提出要求。

例如，初中生物教材“非生物因素对某种动物的影响”这一探究活动，许多学校是以鼠妇为材料来做的。有的老师将概念教学目标确定为让学生理解鼠妇喜欢阴暗潮湿的环境，有的老师将概念教学目标确定为让学生理解鼠妇对光照刺激会产生逃避反应，而正确的概念教学目标应该是光照条件会影响鼠妇等动物的分布，这才是生态因素范畴的概念。至于鼠妇的应激性，即动物对环境刺激产生的反应，应该属于生命活动调节范畴的概念。

（3）多重目标有机结合。

不少教师认为，知识、方法和技能是三个互不相干的学习内容，甚至会认为三者在课时安排上存在矛盾冲突。笔者认为，这三个要素是相互支持、相得益彰的。比如，作出假设是科学探究的一种过程技能，要用到已有知识和逻辑推理等，同时也是学生暴露错误概念的好机会。教师要鼓励学生根据自己的知识和经验，通过独立思考作出假设，而不是一味追求所谓正确的假设。根据已有错误概念作出了错误的假设，再通过探究实验获得的证据推翻这个假设，才能真正实现概念的转变。否则，即使学生作出符合教师期望的假设，也得出了正确的实验结果，但是错误概念还顽固地隐藏在头脑中。再比如，实验设计中的变量控制是重要的科学方法，只有排除无关变量的影响，才能确立自变量与因变量之间的因果关系，保证实验结论的科学性，从而保证概念建构的正确性。因此，教师在探究活动的设计中，应注意引导学生将科学方法的领悟和运用，与概念的建构有机结合起来、统一起来，使科学探究通向概念的发现和转变。此外，如何选择实验材料，如何设置对照组和重复组，如何减少实验误差，如何记录和分析实验数据等，都需要教师在探究活动的设计中精心安排，引导学生学习和领悟。

（4）衔接已有知识和经验。

“教师要掌握儿童的学情特别是儿童原有知识基础和经验，这是儿童学习的出发点，也是教师教学的逻辑起点。找到合适的起点，教师才可能引领儿童实现有意义学习，从儿童的原有知识基础这个‘此岸’到达教师设立的教学目标‘彼岸’。”[1]学生在小学科学课程中已经学习了不少有关生物学的知识，部分学生已经做过一些简单的生物学实验，初中生物学教学应当充分考虑学生的基础。如果探究活动都是从零开始，学生会认为自己已经学过了，从而失去探究新知的兴趣。高中生物学的教学也是如此，要充分考虑学生的初中生物学基础。应该看到，经过多年的发展，我国义务教育阶段的科学教育水平已经有明显提高。当然，活动设计也不能起点过高，应当处于大多数学生能够实施的水平。

（5）活动类型丰富多样。

按照课程标准的要求，只要是学生积极主动地获取生物科学知识、领悟科学研究方法而进行的各种活动，都是科学探究活动。科学探究通常包括提出问题、作出假设、制订计划、实施计划、得出结论和表达交流这六个环节。“通常包括”即并非千篇一律。问题是探究的发端，但作出假设并非所有的探究所必需的环节。制订和实施计划实际上就是收集证据。收集证据的途径有观察、实验、模拟实验、调查、收集和分析资料等。因此，对学生的科学探究活动可以依收集证据方法和途径的不同，而提供不同的活动建议。就某一具体教学内容来说，究竟设计成哪一种活动，要视内容特点、学生基础和学校条件而定。

（6）开放性和引导性相统一。

要通过探究活动建构概念、培养学生的探究能力，就必须给学生充分的动手动脑的机会，要求学生自主提出问题、制订探究方案和实施探究，也就是说，探究活动的设计应给学生的自主性留出较充足的空间。但是，如果探究活动的设计开放性过大，学生可能会茫然无措。因此，教师还需

---

[1] 吕萍．儿童早期的科学概念形成 [M]. 上海：上海三联书店，2016：238.

要进行适当的引导。比如，通过一定的提示，给学生提供思考问题的线索，或通过一些思考题，使学生在材料的选择或实验设计上得到一定启发等。

（7）具有合理的能力梯度。

学生科学探究能力的培养绝不是一蹴而就的，需要经过模仿、练习、部分独立设计、独立设计等阶段。因此，科学探究活动的设计应当具有合理的能力梯度。比如，关于提出问题的能力，学生一开始学习生物课，往往不知道如何提出问题，提出的问题可能没有探究价值，也可能与概念学习目标南辕北辙，这就需要先安排一些给定问题的探究，教科书在给出问题时应当提供一定的问题情境，让学生明白问题的由来。也可以先安排一些简单的问题情境，引导学生自己提出问题；接下来安排的探究活动，可以就具体的问题情境，提出几个问题，让学生从中选择他们最想探究的问题；最后安排由学生独立提出问题的活动。再比如实验方案的设计，应当先通过具体的案例，让学生明白什么是对照实验，如何设计对照实验，按照或参考既定的实验方案完成实验操作，然后让学生自己设计对照实验。

（8）重视概念总结和应用。

在教学中经常出现这样的情况，探究过程热热闹闹，但收尾却马马虎虎，有时并未得出明确的结论，有时得出了结论但只局限于这个活动本身，未能从探究结论上升为更具普遍意义的概念。例如，关于“比较过氧化氢在不同条件下的分解”的探究，学生通过实验，得出了加入肝脏研磨液的试管中的过氧化氢比加入 $FeCl_3$ 溶液的试管中的过氧化氢分解速率快的结论，但却未得出酶比无机催化剂催化效率高的结论，而后者才是本活动的教学目标。为了更好地掌握概念，最好设计一个在总结之后进行迁移应用的环节。比如在得出酶的高效性结论后，让学生思考为什么埋在土壤中的树叶比暴露在地面上的更容易腐烂（土壤微生物分泌的酶的分解作用）、如何利用微生物治理污染等问题，就可以加深对酶的催化作用的理解。

4. 探究活动的教学组织和指导

采用探究建构策略进行概念教学，在实施教学设计的过程中还需要做好教学组织，并对学生进行及时有效的指导。

第一，要了解学生的知识背景、生活经验、技能水平及兴趣、性格等心理特征。教师计划让学生做的探究活动，所探究的问题应当是学生渴望知道答案的问题，探究所用到的知识和技能应当是学生基本具备或经过学习可以具备的，因此，在制订教学计划和实施计划的过程中，教师应当想方设法了解学生。有时，学生头脑中一些与科学相抵触的想法或错误概念，都可能在教学上产生重要的价值，可以借此引发学生的认知冲突、诱导他们提出问题、激发他们探究的欲望等。

第二，要精心做好探究活动的组织工作。在课堂上的探究活动中，教师是探究活动的组织者。探究活动的基本组织形式是小组合作。要有能切实负责的小组长（经必要的培训更好），不同潜质的成员组合为一个小组（异质分组），小组内有明确的分工。比如，大家共同商定探究计划，有人负责操作，有人协助操作，有人负责观察和记录，有人负责在班上汇报和交流。小组内成员的角色可在不同活动中转换，使每个成员都有在不同方面得到锻炼的机会。在不同单元或模块的学习过程中，小组的成员组成可做适当调整。

在一次探究活动中，教师可根据本活动的目标侧重点，组织一次或一次以上小组间交流的活动，其程序一般依次是：小组代表发言、其他成员补充（如果需要）、其他小组质疑（或评价）、本小组答辩、教师总结。对于资料分析、思考与讨论、简单的实验等活动，这样的组间交流安排一次即可，如果课时紧，可让部分小组发言，下次探究活动再让其他小组发言。大型的探究活动（如持续 1 课时的探究活动），可根据教学目标侧重点，除最后的“表达和交流”环节外，还可选择探究的某几个环节进行小组间的交流，如提出问题的交流、实验设计方案的交流等。

在实验或调查类活动中，教师还应该对有关仪器、药品、工具等的使用做必要的说明，特别是对安全事项，一定要再三强调，并且告知学生发生意外时的处理措施。

第三，深入做好探究活动的引导。在探究活动开始前，激发学生探究的欲望、引导学生提出问题是探究教学成功的前提。这就需要教师创设问题情境。创设问题情境的基本思路是呈现活生生的现象，使之与学生已有的知识或经验产生认知冲突，或者使学生产生强烈的好奇心。这里所说的

"活生生的现象"，可以来自生产和生活领域，也可以来自科学史或科学研究案例。教材中每节的"问题探讨"、"想一想，议一议"和"探究"中的情境材料为此提供了可供借鉴的具体思路。

在作出假设和预期环节，要引导学生充分调动已有的知识和经验，不要凭空臆测。鼓励学生独立思考，大胆表达，引导学生认识到自己的错误概念或已有概念中的不合理成分。

在制订探究计划环节，可在材料选择、实验设计等方面给予适当提示，或呈现几道思考题让学生讨论，以此来理顺设计思路。再引导学生将设计思路细化为可操作的步骤。

在实施计划等环节，教师要深入到每一个小组中巡回指导。巡视过程中一定要认真观察，适时给予适当的指导。"成功的教师不仅科学知识渊博、知道科学该如何学习，而且善于观察学生。教师采取行动要适应学生们的特定要求，要善于选择指导学生的时机和方法……称职的教师要不断地通过提问题创造机会去激发学生思考，推动科学探究活动。"[1]

第四，要处理好探究活动教学与概念教学的关系。有的教师认为探究活动主要是让学生领悟方法、培养能力，概念教学要靠讲述。因此，往往因知识内容讲不完而将探究活动的课时一压再压，甚至不开展探究活动。其实，探究活动的重要目标之一就是建构概念。例如，人教版 2019 年版必修 1 教材中"比较过氧化氢在不同条件下的分解"实验，有的教师认为此实验的主要目标在科学方法方面，即控制变量、设计对照实验。因此，教学中绝大部分时间是让学生分析实验中的对照组和实验组的设计，辨析自变量、因变量和无关变量的概念，让学生从头设计这个书上写得明明白白的实验。这样就忽视了本实验的知识目标：通过给过氧化氢加热，让学生理解化学反应活化能的概念；通过往过氧化氢溶液中加 $FeCl_3$ 溶液和肝脏研磨液，让学生理解催化剂的作用是降低化学反应的活化能，而生物催化剂降低活化能的效果更加显著。这个实验的教学，可以先让学生照教材的实验指导去做，然后分析实验现象，在教师引导下得出结论，建构活化

---

[1]（美国）国家研究理事会．美国国家科学教育标准 [M]. 戢守志，金庆和，梁静敏，等译．北京：科学技术文献出版社，1999：41-42.

能的概念，理解酶的催化作用本质上是降低化学反应的活化能；再引导学生分析这个实验的科学方法，理解对照实验的设计思路。这样知识目标和方法目标就统一起来了，并不浪费时间。

第五，要对科学探究有深入的理解，能准确把握教材中探究活动指导的编写意图。就科学探究过程而言，提出问题这一环节要求学生学会提科学的问题、有探究价值的问题、可以探究的问题；作出假设要针对提出的问题，不能答非所问；得出的结论要通过对实验结果与假设和预期的逻辑吻合度的分析来得出，不能将现象当作结论，或将假设和预期抛在一边，得出其他不相干的结论。有的教师对教材中探究指导写法的用意不甚明了，教学中生搬硬套。例如，教材中一些探究中的参考案例，是为了帮助学生提出问题、作出假设或设计实验而编写的，并非鼓励学生照搬，教师应该在引导学生阅读的同时，鼓励学生自主探究。

第六，应当走出认识上的一些误区，将探究活动扎扎实实开展起来。有的教师认为，学生做实验会耗费大量时间，考试中遇到实验题却不一定得高分，于是在课堂上将实验条分缕析，精讲细练，将科学方法当作知识来讲授。试想，如果学生分析问题、解决问题的能力得不到提高，能期望他们在能力立意的考试中高中吗？而分析和解决问题能力的提高，只能通过他们亲身参与的探究活动，别无他途。当然，新课程强调培养学生的科学探究能力，并非为了让学生应对考试，而是为了适应学生在现代社会终身发展的需要，为了适应我国创新型国家建设对人才的需要。

二、探究建构型教学存在的问题及相关案例

自 2001 年新课程改革以来，广大教师在理念上认同科学探究，在实践中积极引导和组织学生进行科学探究，探究活动的数量和频次明显增加，“满堂灌”的现象日趋减少。科学探究教学已经取得长足进步，学生的科学思维和探究能力得到明显提升。然而，由于受各种主观和客观因素的影响，科学探究教学，特别是以概念建构为主要学习目标的探究教学，在不同程度上存在一些值得进一步思考和改进的问题，主要表现为探究的形式化和程式化、窄化和泛化、浅表化和盲目化、孤立化和封闭化等。

1. 形式化和程式化

有的课堂有提出问题，有动手活动，有小组讨论，看似热闹，但实际是走过场，学生的思维没有被调动起来，学生并未真正经历分析问题、解决问题的过程。

案例 1　探究光对鼠妇生活的影响

教师提问学生：“大家都是在什么场所找到鼠妇的呢？”

几位同学发言后，教师说：“我们今天要探究的问题就是‘光对鼠妇的生活有没有影响？’，要探究这个问题首先要作出假设，也就是请大家先根据自己的想法，试着回答这个问题。下面请同学们以小组为单位讨论，看看能作出什么样的假设。”

小组讨论。教室里一片嗡嗡声， 课堂观摩的老师们听不清楚同学们在说什么。

教师宣布讨论结束，说：“下面各小组交流一下作出的假设。”

甲同学：“我们小组的假设是：光对鼠妇的生活有影响。”

教师：“很好！其他小组呢？有没有不同的假设？”

乙同学：“我们小组的假设是：光对鼠妇的生活没有影响。”

教师：“好，这个小组作出了相反的假设。其他小组还有没有跟刚才两个小组不同的假设？”

其他小组同学摇头，有的轻声说“没有”。

教师：“好，通过小组讨论，我们作出了两种不同的假设。一种是光对鼠妇的生活有影响，另一种是光对鼠妇的生活没有影响。到底哪一种假设是正确的呢？大家说接下来该怎么做？”

全班同学齐答：“做实验！”

教师：“很好！假设必须通过实验来检验。这个实验该怎么做呢？要保证实验成功，首先应该设计实验。下面请大家以小组为单位讨论，设计出实验方案。”

这个案例中，学生做假设的环节就是形式化的。“光对鼠妇的生活有没有影响？”答案只有两种可能：一种是有影响，一种是没有影响。将这两种答案都作为假设，作假设还有什么意义呢？

科学研究上作假设的目的是为研究方案的设计提供思路，即在假设的基础上通过演绎推理来预测实验可能出现的结果，然后通过实验来检验实际结果与预期的结果是否相符。如果相符，说明实验支持假设；如果不相符，就说明实验不支持假设，这样就可以得出结论。例如，如果假设温度是影响种子萌发的条件，那么就可能针对温度这一因素设计实验，一组是常温条件下的，一组是放在冰箱中的，预期常温条件下种子能萌发，低温条件下种子不能萌发，再通过观察实验结果来检验。再比如上述案例中，如果假设光对鼠妇的生活有影响，那么就可以设计实验，将一组鼠妇置于光亮条件下，另一组鼠妇置于黑暗条件下，预期不同光照条件下鼠妇的生活状态或留存数量不同，再通过观察实验结果来检验。

在学生的科学探究活动中，作假设有为设计实验提供思维指向的作用，但它还有另外一种功能，就是暴露前概念或已有知识的不足。为了达到这样的目的，需要教师在学生作假设之前提出明确的要求——要求学生根据已有的知识和经验作出假设，在学生作出假设之后提问学生作出这一假设的理由是什么，以了解其已有知识、经验或前概念。要让学生认识到，作假设不是探究活动必走的过场。

案例2　探究植被对空气湿度的影响

某教师在指导学生做这个探究活动时，是这样开始的：

教师：同学们在小学科学课上学过“蒸腾作用”吗？

生：（齐答）学过。

教师：哪位同学还记得什么是蒸腾作用？

生：我记得，蒸腾作用就是植物把体内的水分蒸发到空气中。

教师：很好！植物把体内的水分蒸发到空气中，是不是会导致空气湿度增大呢？

生：（齐答）是！

师：很好！今天我们就来探究植被对空气湿度的影响。

要探究的问题：植被对空气湿度有没有影响？（教师将这个问题写在黑板上）

首先我们需要作出假设。哪位同学说说这个探究的假设是什么？

生：我的假设是植被对空气湿度有影响。

师：大家都同意他作的假设吗?

生：（齐答）同意。

师：很好！下面请大家仔细阅读书上的探究方案，小组内讨论导学案中的三个问题，然后将答案写在导学案上。

1. 怎样使用干湿计测量空气湿度?

2. 为什么要分早、中、晚三次测量?

3. 裸地、草地和树林中为什么各选三处地点进行测量，然后分别计算平均值?

生：（阅读，小组讨论）

师：下边我们进行小组间交流。第 1 个问题请第 2 小组回答。

……

这则案例看起来很符合科学探究的一般程序，提出问题、作出假设、小组讨论实验方案等环节有序进行，实际上学生的思维并未活跃起来。教师已经明确肯定了植被会对空气湿度有影响，学生探究的欲望会大打折扣。如果在提出问题环节，教师像下边这样进行启发式提问，学生思维的活跃程度就会提高。

师：同学们在小学科学课上做过这样的实验吗？将一株植物（如芹菜）用塑料袋套起来并扎紧，过一段时间后，会看到塑料袋壁上有许多小水珠。

生：做过。

师：这说明植物有什么作用?

生：蒸腾作用。

师：塑料袋内壁都有水珠了，是不是说明塑料袋里边的空气湿度增加了?

生：是。

师：如果不套塑料袋呢？植物周围的空气湿度还会增加吗？植物蒸发出的水汽会不会随着空气流动而散失到其他地方呢？大家平时有感觉到植物多的地方比空旷的裸地上空气湿润吗?

这样提问，对学生的思维就有一定挑战性了。教师此时要鼓励学生说出不同观点甚至辩论，然后再引导学生通过实验来寻找结论。激发探究欲望，活跃学生思维，让学生带着疑问去探究，才能摆脱探究的形式化和虚假化，走向真正意义上的探究。

科学探究教学中探究活动程式化的现象也十分常见。我们知道，提出问题、作出假设、制订计划、实施计划、分析结果得出结论、表达和交流，这是科学探究的一般过程。然而在一项具体的探究活动中，并非每个环节都必不可少。例如，问题可以由学生提出，也可以由教师提出；并非所有问题的探究都需要作假设，比如探究种子的发芽率，调查草本植物的种群密度，调查土壤中小动物类群的丰富度等；并非所有问题的解决都要通过实验，有的需要通过调查、观察、测量等来解决，如调查某双子叶植物的种群密度、调查土壤中小动物类群的丰富度、观察植物细胞的有丝分裂、测定种子的发芽率等；需要通过实验来探究的，也并非所有的实验都需要设计对照实验，如检测生物组织中的糖类、脂肪和蛋白质，探究培养液中酵母菌种群数量的变化，豌豆杂交实验等。如果不论探究什么问题，都是按照科学探究一般过程的步骤机械地进行，就偏离了探究的实质，也限制了学生的思维。

笔者在一次随堂课的听课中遇到这样的情形，教师在给学生布置一项学习任务后，让学生自己看书来完成学案上的填空题，同学们都安静下来，仔细阅读课文，特别是教材中的一幅图解，并且开始在学案本上写答案。这时，教师好像突然醒悟过来，大喝一声："怎么都是自己单干呀，要小组合作啊！"于是，同学们都放下手中的笔，开始以小组为单位进行讨论。我在课后点评时说，小组合作的学习方式应当运用于同学们单独完成某项学习任务有困难时，通过同伴互助、集思广益来完成；靠独立学习不能深入地思考时，通过与同学讨论来活跃思维；合作学习是建立在独立思考基础上的，没有独立思考，就没有成功的小组合作。我们不能单纯追求小组合作的形式，更重要的是小组合作要有其真实的价值，特别是独立学习所不能替代的价值。

2. 窄化和泛化

有的教师认为只有让学生通过实验来获得答案才是探究，对资料分析、思考与讨论等活动不重视，把资料和结论一股脑儿讲给学生听，这是探究的窄化。

有的教师在课堂上言必称探究，其实有些教学活动离探究是很远的，这就是探究的泛化。

案例 3　食物的消化

导入：早餐吃了什么？吃的东西到哪里去了？是不是马上被吸收了？小分子的可以直接吸收，大分子呢？

展开：根据教科书上的消化系统示意图，说明吃进去的一粒西瓜籽所经过的器官。结合上节课所做的唾液实验，说说唾液腺为什么有消化作用？为什么唾液只能分解淀粉？

教师做“演示实验 嫩肉粉对蛋白质的消化”讲述酶的概念和酶的专一性。

然后，教师说道：“下面我们探究食物在消化道中是怎样消化的。我给大家布置两个探究任务，一个是探究消化道各器官分别有什么酶，每一种酶消化什么物质；另一个是探究糖类、脂肪和蛋白质是怎样被消化的。请大家阅读教材上的相应内容，特别是仔细阅读并理解消化系统结构和功能示意图，对照图解，完成学案上的填空。”

教师用 PPT 呈现以下文字：

“小组合作探究 1：消化道各器官各有什么酶？各消化什么物质？完成学案上的填空内容。

小组合作探究 2：糖、脂肪和蛋白质是怎样和在哪儿被消化的？完成学案上的填空内容。”

这则案例就有将探究泛化的问题。学生带着问题去阅读教材，从教材上找到问题的答案，尽管不能说没有一点探究的成分，但距真正的探究相去甚远。

有的地方要求教师节节有探究，一味排斥讲授式教学，这同样是探究的泛化。中学生物教学内容中适合学生通过亲自探究来获得结论的只是少部分，大部分还是间接经验。讲授式仍然是有效的教学方式，关键是要讲得有启发性和逻辑性，讲得好同样能培养学生的科学思维，同样能促使学生进行有意义的学习，包括对概念的深度理解。

3. 浅表化和盲目化

科学探究的实质是寻求证据并基于证据回答科学问题。证据的可靠性和从证据到结论的逻辑推理的严密性是探究结论可信与否的关键。因此，只有在探究过程中确保证据的可靠性和推理的严密性，才称得上是真实的、深刻的探究。

有的课堂上探究步骤看似合理，但有点走过场，缺少对证据的评估，推理过程不严密，导致探究过程的浅表化。下面是笔者在教研活动中听课的案例。

案例 4　探究细胞的吸水和失水（片段）

师：细胞壁和原生质层哪个结构是半透膜?

生：假设 1　细胞壁是半透膜。

　　假设 2　原生质层是半透膜。

师：下面同学们分成两大组，3 个小组是细胞壁组，3 个小组是原生质层组，分别讨论如何检验上面两个假设。

（小组讨论后发言）

生 1：将细胞置于浓度低的溶液中，如果外界溶液能够进入细胞内，则说明细胞壁不是半透膜；如果不能进入，则说明细胞壁是半透膜。

生 2：在浓度高的溶液中，如果发生质壁分离，则说明原生质层是半透膜。

师：很好！思路很清楚。到底哪个假设成立呢？大家说该怎么检验假设?

生：做实验!

这个教学案例片段程式化倾向同样明显。此外，教师对学生的实验设计思路未从逻辑推理的严密性上进行分析，未能指出其明显的逻辑漏洞，使该环节失之于浅表化。第一个同学的发言，逻辑上漏洞十分明显。“将细胞置于浓度低的溶液中，如果外界溶液能够进入细胞内”，这句话并未明确进入细胞内的是外界溶液的溶质还是水，也可能是指溶质和水都能进入细胞内。教师在此应当强调表述的准确性，这是逻辑推理严密性的前提。

所谓半透膜是指水分子能够自由通过而蔗糖等溶质分子不能通过的膜，水分子能够通过是不言而喻的，无须探究。要探究的就是溶质分子能否通过。另外，这里学生所说的“细胞内”到底是指细胞壁以内还是细胞膜以内？人们通常所说的“细胞内”都是指细胞膜以内。如果外界溶液中的溶质能够进入细胞内，则说明细胞壁和细胞膜都是全透性的，即都不是半透膜，而不仅仅是只有细胞壁不是半透膜。如果外界溶液的溶质不能进入细胞内，不能说明细胞壁就是半透膜，因为即使细胞壁不是半透膜（是全透性的），只要细胞膜是半透膜，外界溶液的溶质就不能透过细胞膜而进入细胞内。可见，缺少思维的缜密性和深刻性，是探究流于浅表化的重要原因。

对于第二个同学的发言，教师应该引导他进一步详述推理的过程，解释为什么发生质壁分离则说明原生质层是半透膜。

实际上，这个探究活动所探究的问题，应当集中在“原生质层是不是相当于一层半透膜上”，细胞壁根本不具有膜结构，连膜都不是，当然不是半透膜了，不必将它是不是半透膜作为探究的问题。

所谓盲目化是指探究活动的目的不明确，要解决的问题不明确，学生热热闹闹地活动一阵，却始终不明白为什么要做这个活动。

案例5　探究花生果实大小的变异

师：同学们吃过花生吗？见过花生的果实吗？

生：吃过，见过。

师：花生的果实有大有小。这种现象在遗传学上叫什么？

生：变异。

师：今天，我们就通过测量来探究花生果实大小的变异。

（板书：“探究花生果实大小的变异”）

怎样测量花生果实的大小呢？老师给大家提供了各种大小的花生。请大家不要急于测量，要先弄清测量的要求。请打开书本第45页，仔细阅读书上的提示。

（学生阅读教材上的提示）

师：都清楚了吗？老师在这里再强调一下。第一，要做到随机取样，不能只拣大个的测量；第二，要多测量一些果实，每个小组至少要测量

30 枚；第三，要测量果实长轴的长短，用卡尺卡住两端进行测量；第四，先用表格记录下测量的数据，以毫米为单位，统计一下每种大小的果实个数，再将数据转换成曲线图，横轴表示果实长度，纵轴表示相应长度的果实数量。转换成柱形图也可以。

下面我们开始探究吧！

学生以小组为单位开始进行探究（略）。

这节课直到快下课时，同学们依然在忙碌着，有的还忙着测量，有的在忙着画图。教师看下课时间将至，就叫停了探究活动，一堂课草草收场。

这节课的主要问题就是未明确究竟要学生探究什么问题，建构什么概念。教材上关于这个探究是这样写的，见图 5-3[1]。

探究

花生果实大小的变异

小熊带他的好朋友去奶奶家玩。奶奶陆续拿出许多好吃的，其中有大小两种花生。奶奶还说小花生含油多，吃起来更香。大家一边吃着，一边提出了许多问题（见下图）。

其实，这确实是两个品种的花生。花生果实大小存在着变异，建议用取样、测量、整理数据、画出曲线图的办法进行探究。

提出问题

你们小组的问题是：________________。

图 5-3　教材中“花生果实大小的变异”探究活动

[1] 人民教育出版社课程教材研究所生物课程教材研究开发中心 . 义务教育教科书 生物学 八年级下册 [M]. 北京：人民教育出版社，2013：44.

教材这样编写的意图是让学生提出问题。为了帮助学生提出问题，教材创设了老奶奶招待几位小同学吃花生的情境，这几位小同学边吃边提出各种想法和问题，这些问题可供课堂上学生提出问题时选择或参考。比如，第一位同学说：“花生果实的大小不同，是因为品种不同。”第二位同学说：“怎样区分大花生和小花生？大花生里也有个儿小的，小花生里也有个儿大的呀！”第三位同学说：“这样说不科学！大小花生是指它们果实大小的平均水平而言。”第四位同学说：“要是栽培条件好，我想小花生也会长成大花生。”（暗示变异与环境的关系，花生果实大小不仅仅是品种问题。）

教师在教学中应当充分利用教材提供的素材，让学生通过讨论来确定自己想探究的问题。如：探究大小两个品种的花生果实长度平均值的差异；探究比较大小花生中果实长轴大于某个长度的个数；探究小花生中较大的果实在大花生果实中处于什么位置；探究和讨论花生果实大小与遗传和环境的关系；等等。诸如此类的问题，既是学生有兴趣探究的，又都指向重要概念的建构。如果能这样来安排教学，就能够避免探究活动的盲目性，提高以探究促进概念建构的有效性。

4. 封闭化和孤立化

不少教师满足于按预先设计的流程顺利完成实验探究，对学生发现问题和提出问题不够重视，未能鼓励学生自己设计实验，探究活动形成闭环设计，缺少开放性，不利于创新能力的培养。

从建构概念的角度看，学生在通过探究活动完成相应概念的建构之后，还应该有机会应用概念去分析和解决新情境下的问题，为此，教师可在探究活动结束之际，提出新情境下的问题让学生思考，体现探究活动的开放性。

从培养科学探究能力特别是创新能力的角度看，探究应该是从问题开始，以提出新问题结束，以此来体现探究活动的开放性。

北京师范大学附属实验中学林祖荣老师曾为人教版教材培训录制过一节示范课，课题是“探究影响酶活性的条件”，突出体现了探究活动的开放性。

案例6　探究影响酶活性的条件 [1]

上课伊始，林老师首先出示一袋加酶洗衣粉，让同学们传阅其包装上的说明。然后提问学生："使用加酶洗衣粉时应该注意什么？"有一位同学说，他注意到水温应控制在60℃以下。林老师追问，为什么要控制水的温度呢？这说明酶要发挥作用需要什么条件？同学回答，因为温度过高会导致酶失活，温度过低酶的活性太低，只有在适宜的温度条件下，酶的活性才高。林老师称赞了这位同学，然后说："确实如同学们所说，酶要发挥作用需要一定的条件。今天我们就来通过实验探究影响酶活性的条件。我给大家提供了实验用的酶和各种试剂，现在请大家先了解一下它们。科学探究首先要确定探究的问题，问题需要每个小组来商定。下面请各小组讨论要探究什么问题。"

学生开始讨论。

讨论片刻后，林老师组织各小组交流探究的问题。

第一位同学说："我们小组要探究温度过高或过低是否影响酶活性。"

林老师说："好，尽管刚才在讨论加酶洗衣粉时，大家已经初步认识到温度影响酶活性，但到底是不是有影响，影响有多大，还是需要通过亲自做实验来了解。"

第二位同学说："我们小组觉得既然酶是蛋白质，高温会使蛋白质变性，当然会影响酶的活性。因此，我们认为不必再探究温度过高对酶活性的影响，只探究温度过低对酶活性的影响。"

林老师说："有道理，我们要探究的就是我们不知道的，我们认为已经得出明确结论的就不用再探究。"

第三位同学说："我们小组觉得温度过高或过低都会影响酶活性，但对pH是否影响酶的活性不太清楚，因此，我们小组要探究pH对酶活性的影响。"

林老师给予肯定和鼓励。

第四位同学说："我们小组认为温度和pH过高或过低都会影响酶活

[1] 笔者根据当年听课留下的印象所写，与实际可能有出入。

性，而对于溶液中的金属离子是否影响酶活性并不清楚，因此，我们小组决定探究金属离子对酶活性的影响。”

林老师对此表示赞赏，提示学生看看桌上的试剂中哪种试剂含有金属离子，可以用这种试剂做实验。

各组交流了要探究的问题后，林老师引导大家进行实验设计，对实验过程中如何确定可操作的自变量、可检测的因变量、可控制的无关变量进行重点讲解。

各小组开始设计实验、交流设计方案、操作实验、整理分析结果、交流实验结果和结论等环节（略）。

林祖荣老师上的这节示范课，在探究活动的开放性上表现十分突出，从提出问题到实验设计，给予学生很大自主性。同时，他注意组织全班同学及时进行交流和讨论，并给予适当的指导。

在教学实践中，还存在将探究活动孤立化的问题，也就是将探究活动游离在知识性教学之外，未能将探究活动与概念教学有机结合起来，甚至将二者对立起来，认为让学生做探究活动会影响概念教学的进度。因此，为了保证教学进度，课程标准和教材中提供的不少探究活动都不能按要求完成，有的只是将探究活动讲一遍，将教材中探究活动内容中的讨论题做一做，以应对相关内容的考试。

笔者在前面章节已经论及，科学探究的教学并不是与概念教学对立的，从未知问题出发的探究活动能促进学生概念的建构，因此，应该将二者有机统一起来，统筹安排。

上述关于探究建构策略运用过程中出现的问题都是前进中的问题。课程和教学改革永远是进行时，实践过程中出现这样那样的问题是正常的。

只要我们认识到科学探究与实践教学的育人价值，明确其目标定位，摆正其与概念教学的关系，清楚什么样的探究与实践能真正促进学生的发展，就能不断改进探究教学的策略和方法，实现探究和实践育人。

第四节 HPS 策略

传统的科学教学只教授现成的科学概念、原理和规律等科学知识，对于这些知识的产生过程很少关注，这不利于学生理解科学的过程、方法和科学的本质，不利于全面提升学生的科学素养。仅就概念学习而言，这样的教学也不利于学生对概念的深度理解，而且容易让学生误以为所学习的概念性知识都是完美无缺的真理，认识不到科学知识的发展性和科学体系的开放性，不利于创新意识和能力的培养。针对科学教学普遍存在的这一问题，基于科学史和科学哲学的 HPS 教育应运而生。

一、HPS 教育与运用 HPS 策略的原则

1.HPS 教育的由来

HPS 教育最初是指科学史和科学哲学（History and Philosophy of Science，简称 HPS）的教育，后来，随着科学社会学（Sociology of Science）的兴起，人们认识到从社会学视角研究科学发展，以及研究科学与社会的互动的重要性，遂将科学社会学纳入 HPS[1]，此时的 HPS 教育便成为“科学史（History of Science）、科学哲学（Philosophy of Science）和科学社会学（Sociology of Science）”教育的简称[2]，也简称为 HPSS（History，Philosophy and Sociology of Science）教育[3]。这种教育理念倡导从科学史、科学哲学和科学社会学视角理解科学，筛选、编排和融入 HPS 的教育内容，倡导建构与对话的教学模式[4]。

国外最早提倡 HPS 教育的是德国科学家马赫，他在 1895 年曾提出，没有任何科学教育可以不重视科学的历史与哲学。1917 年，英国政府在一份题为《教育中的自然科学》的报告中明确提出：在科学教学中，应当

---

[1] 刘华昌，丁玉莲 . HPS 教育研究综述 [J]. 教学研究，2009，32（6）：23-27.

[2] 袁维新 . HPS 教育：一种新的科学教育范式 [J]. 教育科学研究，2010（7）：48-51，55.

[3] 李雁冰，邹逸 . 科学史融入科学教育的几个现实问题 [J]. 全球教育展望，2012，41（10）：91-96，49.

[4] 同 [2].

进行科学史和科学哲学的教学[1]。第二次世界大战以后，美国先是有不少大学教授编写了面向大学生的科学史教材（或案例），后来又有大学教授与中学教师合作，编写了面向高中学生的整合了科学史的物理教材。

20 世纪 80 年代末以来，对 HPS 教育的关注也反映在一些国家科学课程与教学改革中。美国的《2061 计划》（1989）、《科学素养的基准》（1993）、《国家科学教育标准》（1996），加拿大一些省的科学课程（1991），英国国家课程中科学课程部分（1988），荷兰中学物理 PLON 课程（1988），挪威的核心课程（1994），丹麦的科学技术课程（1990），以及西班牙的新科学课程等，都对 HPS 课程与教学有明确的要求。澳大利亚科学哲学教授迈克尔·马修斯积极倡导 HPS 多年，1994 年其专著《科学教学：科学史和科学哲学的贡献》出版，之后发表了许多篇相关论文。他认为科学哲学和科学史素养对于理科教师十分重要，在任何一个理科课堂上，科学史和哲学问题无处不在[2]。

由于科学社会学兴起较晚，它在很长一段时间内，对科学教育的影响要小得多。20 世纪 80 年代中期以来，国外科学社会学从科学建制社会学、科学知识社会学逐步过渡到科学实践社会学，使得这门新兴学科与社会现实的联系日益紧密，其教育价值也愈来愈重要。进入 21 世纪以后，科学社会学致力于基于科学实践社会学而勾勒“科技与社会协同演化”的互构论图景，从实验室科学拓展到政府决策、法庭审判和医疗诊断等日常生活实践，呈现科技与社会同步重构的动态过程。科学社会学作为一门重在研究科学技术与人类社会交互影响的新兴交叉学科，可以帮助人们深入了解由科学、技术与社会相互缠绕而成的“社会技术系统”的运行逻辑、过程、机制和策略，引导人们尽可能地规避科技发展带来的社会风险[3]，如对于基因编辑技术应用范围的约束；同时降低社会因素对科技发展的不利影响，如我国近年提出的破“五唯”（唯学历、唯资历、唯“帽子”、唯论文、

[1] 刘华昌，丁玉莲 . HPS 教育研究综述 [J]. 教学研究，2009，32（6）：23-27.

[2] 同 [1].

[3] 潘玥斐 . 科学社会学：聚焦科技与社会的互构 [EB/OL].（2017-07-14）[2021-07-07]. http://www.cssn.cn/zx/bwyc/201707/t20170714_3579585.shtml.

唯项目）。

随着科学的社会化和社会的科学化，科学社会学融入科学教育已经成为大势所趋，广度和深度不断增加。然而，纵观林林总总的 HPS 教育文献，包括一些 HPS 国际学术会议的报道，基于科学史和科学哲学的 HPS 仍是主流，笔者分析可能是以下原因：（1）科学史中包含着丰富的科学社会学内容，特别是社会文化对科学发展的影响、科学共同体内部的社会化运作等；（2）科学哲学中将科学定性为人类共同的事业，科学的文化属性和社会属性既是科学哲学的研究范畴，也是科学社会学的研究范畴，二者有交叉重合；（3）科学社会学与 STS（科学、技术、社会）或 STSE（科学、技术、社会、环境）在内容上重合之处更多，而 STS 教育自 20 世纪 80 年代以来已在全球蔚然成风，其地位并不亚于 HPS 教育。

基于以上分析，笔者在本书中阐述的 HPS 教学策略，主要是指基于科学史和科学哲学的教学策略，尤其是基于科学史的教学策略，因为科学史中有着丰富的哲学内涵，脱离科学史讲科学哲学是非常空洞而抽象的；科学史中有丰富的科学社会学内容，结合科学史讲科技与社会的互动和互构是有效的。而科学史之外的科学社会学内容，特别是当前的科学、技术和社会互动互构的内容，则留给 STS 教育。或许今天的 STS，就是明天的 HPS，因为今天的现实就是明天的历史。

2. 国内外科学课程关于 HPS 的要求

将 HPS 教育融入科学课程，是近几十年来国际科学教育的共同发展趋势。例如，1996 年版的美国《国家科学教育标准》明确将“科学的历史与本质”规定为科学素养的核心内容，列为内容标准的八大主题之一[1]，1988 年的英国“国家科学课程”要求 HPS 教育占总科学课程内容的 5 %左右[2]，荷兰的中学物理 PLON 课程（1988）、挪威的核心课程（1994）、丹麦的科学技术课程（1990）以及西班牙的新科学课程等，

---

[1]（美国）国家研究理事会．美国国家科学教育标准 [M]. 戢守志，金庆和，梁静敏，等译．北京：科学技术文献出版社，1999：125-126.

[2] 郭小玲．HPS 教育融入科学课程的国外研究成果简介 [J]. 物理教师，2017，38（6）：80-83.

都将 HPS 教育纳入科学课程标准。科学史和科学哲学也已成为上述国家理科教师培养的课程[1]。

我国《义务教育生物学课程标准（2011 年版）》在“课程性质”中指出：“义务教育阶段的生物学课程是自然科学领域的学科课程，其精要是展示生物科学的基本内容，反映自然科学的本质。”“反映自然科学的本质”就是科学哲学方面的要求。该标准在“倡导探究性学习”这条课程理念中指出：“本课程倡导探究性学习，力图改变学生的学习方式，帮助学生领悟科学的本质。”[2] 我国的 2003 年版《普通高中生物课程标准（实验）》，在课程目标部分明确要求学生要“知道生物科学发展史上的重要事件”，在内容标准部分明确列入了生物科学史的重要内容，如“分析细胞学说建立的过程”“总结人类对遗传物质的探索过程”“分析孟德尔遗传实验的科学方法”“探讨生物进化观点对人们思想观念的影响”“概述植物生长素的发现和应用”。[3] 我国《普通高中生物学课程标准（2017 年版）》在课程性质部分同样强调生物学课程的精要是展示生物学的基本内容，反映自然科学的本质；在“分子与细胞”模块的说明文字中强调“学习细胞的发现、细胞学说的建立和发展，有助于学生加深对科学研究过程和本质的理解”[4]；在“教学建议”部分单独写了一条建议，即“注重生物科学史和科学本质的学习”[5]。这条建议的内容如下：

科学是一个发展的过程。学习生物科学史能使学生沿着科学家探索生物世界的道路，理解科学的本质和科学研究的思路和方法，学习科学家献身科学的精神，这对提高学生的生物学学科核心素养是很有意义的。本课程标准中的多处内容都包含科学史的要素，教师应充分利用这些科学史来开展教学。

---

[1] 刘华昌，丁玉莲 . HPS 教育研究综述 [J]. 教学研究，2009，32（6）：23-27.

[2] 中华人民共和国教育部 . 义务教育生物学课程标准（2011 年版）[M]. 北京：北京师范大学出版社，2012：2-3.

[3] 中华人民共和国教育部 . 普通高中生物课程标准（实验）[M]. 北京：人民教育出版社，2003：7-20.

[4] 中华人民共和国教育部 . 普通高中生物学课程标准（2017 年版）[M]. 北京：人民教育出版社，2018：12.

[5] 同 [4] 60-61.

高中生物学课程是自然科学课程，学生在学习该课程中不仅要获得诸如细胞、遗传、进化等生物学方面的知识，还应该学习一些“关于自然科学的知识”。在科学教育领域，“关于自然科学的知识”也称为“科学本质”。高中生物学课程中适合教授的科学本质内容可以涉及“科学知识可能随着研究的深入而改变”“科学工作依赖观察和推论”“科学工作采用基于实证的范式”“科学是创造性的工作”“科学工作中要高度关注主观因素的影响”“理论和定律赋予科学解释的能力，但两者不尽相同”以及“科学会受到社会和文化的影响”等。对科学本质的学习有助于学生建立生物学观念，了解科学知识产生的特点，把握自然科学的特点，并以此来辨别现实生活中的科学和非科学，从而促进生物学学科核心素养的达成。

3. 运用 HPS 教学策略的原则

袁维新早在 2006 年就提出科学史融入科学课程的三原则。第一，少而精原则。教材通过有限的篇幅和精选的科学史事例，折射出科学的全景，反映自然科学的本质。第二，循序渐进原则。从初中到高中，应有不同的要求，做到逐步深入、 循序渐进。一般来说，初中科学教材可能更偏重于让学生了解诸如科学家的故事之类的史实，以激发学习兴趣；而高中科学教材，则应引导学生对科学史中的案例做出理性的分析和评价。第三，价值优先原则。应当选取那些具有较高教育价值，能给学生多方面启迪的内容，避免为写史而写史[1]。

谭永平在文章中分析了高中生物科学史教学中的问题并提出相应对策。第一个问题是目标单一、大材小用，即教师只重视科学史的知识教学功能，忽视其科学精神、科学的过程和方法、科学本质等方面的价值；第二个问题是拔高拓宽、加重负担，即对科学史的事实性材料教学要求过高，甚至让学生设计超出其能力水平的实验，偏离或超越了科学史的素材和支架功能；第三个问题是材料粗放、教学吃力，即对科学史材料求多求全，追求史实的全面、准确，忽视其教育价值；第四个问题是理解偏颇、评论

---

[1] 袁维新 . 科学史融入科学课程的原则、方式和策略 [J]. 课程 • 教材 • 教法，2006，26（10）：68-72.

失当，即对相关史实评述不够客观，用今天的眼光批判当年的科学家的观念，未能以历史的眼光全方位地实事求是地进行评述，强调我们应该对历史持有“温情与敬意”的情感[1]。

肖磊等认为，“科学课程中科学史的编制应有利于学生更真实地理解科学的本质以及科学技术与社会的关系，培养学生的怀疑意识与批判精神”。他们还提出在科学史教学中应注意两大问题。一是科学家与历史学家的研究思路存在明显差异，科学研究主张透过现象看本质，为抽象概括出本质必须舍弃许多现象层面的具体细节，而历史研究则是要尽量还原已经发生过的事实的细节。在科学史教学中应当掌握科学视角与历史视角的平衡。二是科学史教学中的辉格史倾向，即不是站在真实历史的视角去审视过去的事件，而是以现代科学知识为衡量标准去评价历史事件对目前科学知识的贡献程度，那些没有导致目前科学知识的理论被视为是“错误”的，甚至把历史上的科学家分为两种，一种是推动科学进步的，另一种是试图阻碍科学进步的。在科学史教学中应当超越辉格主义，向学生展示真实的科学发展历程[2]。

上述观点都是很有道理的，但这些学者都是就科学史教育的整体进行论述的，而不是侧重于概念教学的角度，将科学史教学作为概念教学的一种策略。实际上，在教学中将科学史资源作为学生建构概念的材料，不仅是可行的，而且能收获概念习得之外的育人功效。下面，笔者综合各位专家的论述，结合多年课堂教学观察的经历，提出运用 HPS 策略进行概念教学的几个原则。

（1）价值优先。

这条原则是针对选取什么样的科学史材料而确定的。科学史料浩如烟海，选择什么样的科学史内容进入教材，进入课堂，首先要权衡其教育价值，不能“拣到篮子里就是菜”，更不能追求猎奇，专讲科学家的奇闻逸事。那么，科学史具有哪些教育价值呢？许多研究者对此有过论述。

---

[1] 谭永平 . 高中生物科学史教学中的问题及对策 [J]. 教育科学论坛，2011（12）：15-17.

[2] 肖磊，徐学福 . 科学史融入科学课程的利与“弊”[J]. 教育理论与实践，2012，32（16）：61-64.

郭小玲在文章中指出，研究表明 HPS 教育不仅蕴含着科学知识的形成过程，还蕴含着科学家的创造性思维方式和科学方法，体现着科学态度和科学精神。HPS 教育有助于学生理解科学概念、科学规律以及科学实验。[1]

袁维新将 HPS 融入科学教育的价值归结为七条："第一，科学史可以激发学生的学习动机，吸引学生投入科学的探究；第二，科学史可使教材更具人性化；第三，借助于科学概念的发展与精致化的过程，可促进学生对科学概念的理解；第四，在理解重要的科学史案例的过程中，可使学生认识科学的本质，例如科学革命、达尔文主义等；第五，科学史可以使学生了解科学知识的不定性、可变性，因而目前人们对科学的理解也是具有可转换的特性；第六，科学史可使学生认识科学家之间会发生意识形态（ideology）的争论；第七，科学史能展现出科学方法的改变历程，使学生对科学方法的本质有更深刻的认识。[2]

肖磊等从认知、元认知和情感态度三个维度分析了科学史融入科学课程的教育价值，为简明起见，这里以表格的形式表示（表 5-4）。[3]

表 5-4　科学史融入科学课程的教育价值

认知维度	科学知识的教学	由于科学史的发展进程与儿童认知的发展阶段有相似性，因此，科学史的学习有利于科学知识的建构
	科学方法的教学	学习科学史可以让学生了解科学家曾使用的科学方法
	问题解决技能的教学	向学生展现科学家是如何解决问题的，引发学生讨论并掌握问题解决技能

[1] 郭小玲 . HPS 教育融入科学课程的国外研究成果简介 [J]. 物理教师，2017，38（6）：80-83.
[2] 袁维新 . 国外科学史融入科学课程的研究综述 [J]. 比较教育研究，2005（10）： 62-67.
[3] 肖磊，徐学福 . 科学史融入科学课程的利与“弊”[J]. 教育理论与实践，2012，32（16）：61-64.

续表

元认知维度	理解科学的本质	理解科学知识的本质和科学方法的本质
	理解科学、技术和社会的关系	实用关系、文化关系、民主与道德关系
情感维度	激发学生的兴趣	增强科学教学的趣味性是科学史的功能之一

魏冰认为，HPS 教育的基本意图是不仅让学生学习科学内容，还要让学生了解科学的本质，其作用主要体现在以下三个方面：使科学密切联系科学家个人、社会伦理、文化和政治因素，从而使科学人文化；使课堂教学更富有挑战性和思考性，从而提升学生的批判性思维技能；有助于更全面、准确地理解科学内容[1]。

丁邦平认为，HPS 融入科学课程与教学是使学生理解科学本质的重要途径；HPS 对科学课程改革的作用主要体现在：为原来非人文化的科学课程提供了人文化的因素；可以起到沟通英国学者斯诺所提出的“两种文化”的作用；有助于克服科学教育中的一些问题，如学生缺乏学习科学的动机、对科学在历史、文化和社会中的地位理解不足等；可以使学生更好地把握科学的本质[2]。

综上，HPS 的教育价值首先是使学生理解科学的本质，科学史料是学生理解科学本质的好材料。此外，科学史在帮助学生理解科学的过程和方法、感悟科学态度和科学精神、激发学习科学的兴趣、建构对科学知识的理解等方面，也有重要价值。

从概念教学的角度看，选取科学史素材时应当从以下几个方面来权衡其价值：①是否能激发学生的学习兴趣；②是否有利于设计问题串，用于问题驱动式的概念教学；③科学家的研究过程是否与学生的概念建构过程大致吻合，包括科学家最初对有关问题的认识是否与学生的前概念很接近、科学家研究所得证据是否对概念建构有强支持作用等。

---

[1] 刘华昌，丁玉莲 . HPS 教育研究综述 [J]. 教学研究，2009，32（6）：23-27.

[2] 丁邦平 . 国际科学教育导论 [M]. 太原：山西教育出版社，2002：342-343.

（2）去粗取精。

这条原则是针对如何处理选定的科学史材料而确定的。科学史上对许多问题的研究都经历了非常复杂的研究过程，并不都是线性发展的，有时涉及非常专业的研究方法和技术手段，超出学生的知识水平和理解能力。概念教学要让学生在较短的时间内高效地建构对概念的理解，从未知到已知、从错误概念到正确概念的路径往往是线性发展的。这就需要对原始的科学史素材进行整理加工，删减一些枝枝杈杈，省略一些过于专业的内容，将科学史料处理成主线清晰、节奏明快并且容易理解的教学材料。

例如，关于动物激素的发现，许多科学家为此做出了贡献。而关于动物激素概念的建构，关键是要纠正学生动物生命活动只靠神经进行调节的错误概念，因此，科学史材料的重点就是为存在非神经结构参与的调节提供有说服力的证据。教材中选取的“促胰液素的发现”，就聚焦在这个问题上，讲述科学家如何设计实验来获得证据以及实验结果是否支持这一猜想。再如孟德尔的豌豆杂交实验一章。八年的杂交实验，其过程远比教材所介绍的复杂得多。除豌豆外，孟德尔还用其他植物做过杂交实验，但考虑到这与学生理解遗传的分离定律和自由组合定律关系不大，教材中就未全面介绍。

总之，运用 HPS 策略进行概念教学，目标是为了让学生更好地建构概念，而不是学习科学史，这是生物学教学的 HPS 与科学史课程的本质区别所在。

（3）问题导向。

这条原则是针对如何呈现科学史材料而确定的。选取和处理好科学史材料后，如何在课堂上呈现给学生呢？如果平铺直叙地介绍，不仅趣味性差，也不能对学生造成思维上的挑战，不能引发认知冲突，学生也许能够理解史料，但概念建构的有效性不高。因此，需要将 HPS 策略与问题驱动策略结合起来，将科学史材料转化成环环相扣的问题串，这样，学生了解科学史的过程实际上也是通过积极思维解决问题的过程，同时也是建构概念的过程。

教材中许多章节的科学史内容就是这样呈现的。例如，高中必修 2 教材“遗传因子的发现”一章第一节，教材设计了如下问题串[1]：

（介绍高茎豌豆与矮茎豌豆杂交，子一代都是高茎豌豆之后）

为什么子一代都是高茎的而没有矮茎的呢?

（介绍子一代自交，子二代中不仅有高茎的，还有矮茎的）

为什么子一代没有矮茎的，而子二代又出现了矮茎的呢?

（介绍统计结果，高茎与矮茎植株之比接近 3 ： 1）

子二代中出现 3 ： 1 的性状分离比是偶然的吗?

（介绍其他 6 对相对性状的杂交实验结果统计数据）

是什么原因导致遗传性状在杂种后代中按一定的比例分离呢?

这些问题其实也是孟德尔当年思考的问题，但科学史文献中往往未将这些问题提炼出来表述。这就需要教材编者和教师在使用这段科学史材料时，进行问题化处理，这样既展现了科学家当年的思维过程，又驱动学生的思维过程，让学生经历与科学家的思维相类似的思维过程，使概念性知识的学习与思维训练有机结合起来。

（4）融合互动。

这条原则是针对如何运用呈现的科学史材料进行概念教学而定的。“传统的科学课程中，往往是把科学史作为一种知识附加在科学教学内容上，教师以讲故事的方式进行教学。实践证明，这种将科学史与科学教学内容分离的教学模式是低效的。”[2]HPS 教育主张将科学史内容与概念性知识内容在教学中融合起来，使科学史内容成为建构概念性理解的材料。

学生利用科学史材料进行概念建构的过程，不应成为“一个人孤独的旅行”，而应当成为互动建构的过程，包括师生互动、生生互动、学生与教材互动。教师在将科学史材料以问题串形式呈现的过程中，每一个问题提出以后，可先让学生思考和讨论，尝试作出假设或设计实验，再看科学家是如何做的，研究的结果和结论是什么。也可以先提出要探究的中心问

[1] 人民教育出版社课程教材研究所生物课程教材研究开发中心 . 普通高中教科书 生物学 必修 2 遗传与进化 [M]. 北京：人民教育出版社，2019：4-5.

[2] 袁维新 . 科学史融入科学课程的原则、方式和策略 [J]. 课程 • 教材 • 教法，2006，26（10）：68-72.

题，接着让学生阅读比较完整的科学史材料，再组织学生依次讨论几个细化的问题，最后形成对中心问题的解答。

（5）客观评述。

这条原则是针对如何看待和评价科学史实而确定的。要以科学的态度、历史的眼光来看待和评价科学史上的具体事件和人物。科学概念的发展是一个动态的过程，历史上有些科学概念，即使在现代科学看来是幼稚、肤浅甚至是谬误的，但那是人类在认识自然的过程中必经的阶段，也是人类的认识向前发展的基础，应当得到今人的尊重。即使是现在学界公认的主流观点，也可能在将来会得到进一步完善和更新，对此我们应持开放的态度，也应该让学生建立这样的观点，让他们现在建构的概念体系为今后的概念发展留有开放的空间。

例如，关于拉马克的生物进化理论，尽管其“用进废退”和“获得性遗传”学说只是一种没有科学依据的推测，用现代遗传学理论来看更是幼稚的，但人教版教材并非一味批驳和贬斥，而是在指出其缺陷的同时，充分肯定了拉马克的贡献，颂扬了拉马克的科学精神。教材原文摘录如下[1]：

拉马克的进化学说，在人们信奉神创论的时代是有进步意义的。由于反对神创论和物种不变论，他遭到了种种非难和攻击，但始终没有动摇自己的信念，而是把为科学事业作出贡献当做最大的乐趣。他曾经说过这样的话：“科学工作能予我们以真实的益处；同时，还能给我们找出许多最温暖、最纯洁的乐趣，以补偿生命场中种种不能避免的苦恼。”

而对于达尔文的生物进化理论，教材在充分肯定其贡献的同时，也指出了其历史局限性。教材原文摘录如下[2]：

达尔文创立的进化论从丰富的事实出发，论证了生物是不断进化的，并且对生物进化的原因提出了合理的解释。它使人们认识到，原来自然界的万千生物不是神灵预先设计好而永恒不变的，而是在客观规律的支配下

[1] 人民教育出版社课程教材研究所生物课程教材研究开发中心．普通高中课程标准实验教科书 生物 2 必修 遗传与进化 [M]. 北京：人民教育出版社，2007：110-111.

[2] 同 [1] 111-112.

不断发展变化的。这就使生物学第一次摆脱了神学的束缚，走上了科学的轨道。它揭示了生命现象的统一性是由于所有的生物都有共同的祖先，生物的多样性是进化的结果；生物界千差万别的种类之间有一定的内在联系，从而大大促进了生物学各个分支学科的发展。这一科学理论的影响远远超出了生物学的范围，它给予神创论和物种不变论以致命的打击，为辩证唯物主义世界观提供了有力的武器。

……

由于受到当时科学水平的限制，对于遗传和变异的本质，达尔文还不能做出科学的解释。关于遗传的变异是怎样产生的，达尔文接受了拉马克关于器官用进废退和获得性遗传的观点，并且举了不少例子来说明。……他对生物进化的解释也局限于个体水平，而实际上，如果个体出现可遗传的变异，相应基因必须在群体里扩散并取代原有的基因，这样新的生物类型才有可能形成。达尔文强调物种形成都是渐变的结果，不能很好地解释物种大爆发等现象。这些都说明，即使像达尔文这样伟大的科学家，其思想观点也会有历史的局限性。

教师在将科学史融入生物学课程的教学过程中，可参考教材的上述做法，以实事求是的态度评述科学史实，以开放和发展的态度教授科学概念。

二、运用 HPS 策略的教学模式及案例

关于将科学史融入科学课程的教学模式，不同专家有不同的总结。下面摘要列出部分专家的观点，在比较其异同的基础上尝试提出比较可行的教学模式。

1. HPS 教学模式

袁维新教授早在 2004 年就介绍了英国科学教育学者孟克（M.Monk）和奥斯本（J.Osborne）于 1997 年提出的 HPS 教学模式，这一模式的教学程序包括以下 6 个环节[1]：演示现象，引出观念，学习历史，设计实验，

[1] 袁维新．HPS 教学模式和光合作用发现过程的教学案例 [J]. 生物学教学，2004，29（12）：14-15.

呈现科学观念和实验检验，总结与评价。笔者在此以“生长素的发现”为例来说明。

（1）演示现象。教师在开始上课时，首先向学生演示一种自然现象，这种现象是科学家们曾经付出许多努力去研究的，也正是与本节课的主题相关的，让学生通过观察现象产生要探究的问题。

在“生长素的发现”这节课上，教师通过图片、Flash 动画等演示植物的向光生长现象，提出“植物为什么会向光生长”的问题。这个环节的目的主要是激发学生的好奇心和求知欲。

（2）引出观念。教师启发学生就这一自然现象和产生的问题提出自己的观点，或做出自己的解释。

在“生长素的发现”这节课上，有的学生认为植物的向光弯曲生长是由单侧光只能照到植株生长部位的一侧而引起的，有的学生认为是生长点（分生组织）受到单侧光照影响引起的，有的学生认为是伸长区受到单侧光照影响引起的，有的学生认为是光照提供了能量而引起的，有的学生认为是植物在光照下合成的某种物质引起的，等等。这个环节要促使学生提出各种不同的观点 ，可以采用“头脑风暴法 ”，让学生各抒己见。学生说出的观点越多，思想交锋越激烈，求知欲就越强。同时，这个环节还容易暴露学生一些不正确的前概念。

（3）学习历史。在这一环节 ，教师通常要首先介绍科学史上科学家关于上述现象的思考、产生的问题和所做的研究；其次，如果有必要，还可说明当时其他科学家的不同观念，引导学生讨论这些观念产生的背景和条件，使学生认识到科学认识受到历史背景和条件的制约，使学生以一种移情的方式，设身处地地体验以往科学家的探究与思考。通过了解科学家的研究过程和结论，学生的头脑中也在逐渐建构对相关概念的理解。

在“生长素的发现”这节课上，教师介绍达尔文的金丝雀虉草胚芽鞘的实验，学生就初步认同了胚芽鞘尖端受到单侧光刺激后，会向伸长区传递某种影响。再介绍鲍森、拜尔、温特等科学家的实验，每个实验结论都朝着生长素的概念前进一步。

（4）设计实验。在这一环节，教师可将学生分组，要求每组学生从多种观点中选择某种观点，设计实验进行检验。

在“生长素的发现”这节课上，在介绍了拜尔的实验后，学生知道了这个实验初步证明胚芽鞘尖端产生的影响可能是一种化学物质，这种化学物质在伸长区分布不均匀造成了胚芽鞘弯曲生长；此时教师可以引导学生按照温特的思路设计利用琼脂块转移和传递这种可能存在的化学物质的实验，并提出实验预期。通过设计实验，学生会加深对科学研究过程和方法的理解，特别是认识到对同一自然现象可能有不同的解释，哪种解释是符合客观实际的，还需要用实验来检验；同时，对概念学习的热情也更为高涨。

（5）呈示科学观念和实验检验。本环节由教师根据科学家的研究结果和结论，介绍对这一自然现象的解释，帮助学生理解科学概念。如果科学概念与学生的前概念有冲突，这一环节就为实现概念转变提供了契机。然后引导学生对自己的观念和解释进行反思，对照科学家的研究结果以及相关资料，通过逻辑推理得出结论，形成科学概念，实现由原有的错误概念向科学概念的转变。

在“生长素的发现”这个案例中，教师介绍从温特等科学家的实验中得出的结论——胚芽鞘的弯曲生长确实是由一种化学物质引起的，这种物质就是后来科学家从植物体内提取出来的吲哚乙酸（IAA）以及具有相同效应的苯乙酸等物质，它们都属于生长素。植物的向光性生长是由生长素分布不均匀造成的。然后引导学生回忆自己此前曾经持有的观点或猜测，是否与科学家研究的结论不一致，是否信服科学家的研究结论，从而实现概念的转变。

（6）总结与评价。在这一环节，教师可针对本节课伊始呈现的自然现象引发的一系列研究进行简要回顾和总结，评析其中体现科学本质的要素，帮助学生更深刻地理解科学作为一种探究过程的本质，同时帮助学生更好地理解相关科学概念。

关于“生长素的发现”这一经典案例，教师可在最后环节简要总结从达尔文的实验直到提取出生长素这种物质的过程，让学生体会科学研究往往不是一蹴而就的过程，要经过许多科学家的接续努力。科学家不懈探索的精神、严谨的思维、巧妙的方法都值得我们学习，他们通过一系列严谨的实验得出的结论，也就是我们现在所学习的概念性知识，是有实在的证据支持的，因而是可靠的。但是，这也并不意味着这些知识就是最终的真理，大自然是极其复杂的，人类的认识只能是越来越接近真理，探索是永无止境的。

许多一线教师和研究者在运用 HPS 模式进行生物学概念教学方面进行了十分有益的探索，如吴航枫老师“促胰液素的发现”一节的教学[1]，何城蝶、韦艳艳老师“光合作用的原理和应用”一节的教学[2]，等等。实践证明，这一教学模式是可行且有效的。

2. 科学对话模式

袁维新教授于 2006 年发表的文章中，介绍了科学史融入科学课程的三种教学模式，一种就是上述 HPS 教学模式，另外两种分别是科学对话模式和多元化教学模式[3]。

科学对话模式是指师生围绕有关科学史和科学本质问题开展对话与讨论的教学模式。国外曾有教师根据科学史上相对立的两种理论编写出对话教材，上课前一天将学生分成两组，每组学生阅读其中一种理论的对话教材，第二天教师引导两组学生引用证据，进行辩论。这种对话类似于重演当年不同流派的科学家之间的对话，会让学生对科学的历史和本质产生深刻的体验，也会加深学生对相关概念性知识的理解。

案例 1　酶的化学本质

在进行酶的化学本质内容的教学时，可以将法国微生物学家巴斯德和德国化学家李比希的观点及其理由分别提供给甲、乙两组学生，让他们分别站在巴斯德和李比希的立场上进行辩论：甲组为巴斯德的观点辩护，即

[1] 吴航枫 . HPS 教学模式应用于生物学科学史的教学策略初探：以“促胰液素的发现”为例 [J]. 生物学教学，2020，45（1）：13-15.

[2] 何城蝶，韦艳艳 . HPS 教学模式在高中生物课堂中的实践：以“光合作用的原理和应用”为例 [J]. 中学生物学，2019，35（9）：17-19.

[3] 袁维新 . 科学史融入科学课程的原则、方式和策略 [J]. 课程 • 教材 • 教法，2006，26（10）：68-72.

酿酒中的发酵是由酵母菌细胞的存在所致，没有活细胞的参与，糖类是不可能变成酒精的；乙组为李比希的观点辩护，即引起发酵的是酵母菌细胞中的某些物质，但这些物质只有在酵母菌细胞死亡并裂解后才能发挥作用。因为这两位大科学家在这个问题上的观点各有合理之处，同时又各有局限性，所以辩论的任何一方都不可能完胜另一方。教师再提供毕希纳的实验过程和结果，让学生认识到，毕希纳研究表明引起酒精发酵的物质确实是酵母菌细胞产生的，但是这种物质并非只有在完整的细胞结构中才能发挥作用，也并非像李比希说的只有等酵母菌细胞裂解以后才发挥作用。这种物质就是酶。因为有辩论的基础，毕希纳的实验就宛如一把钥匙，解开学生的困惑之锁，使学生初步建立了发酵作用需要酶这一概念，同时也认识到科学家的知识背景、既有观念对科学研究的影响，从而加深对科学本质的理解。

案例 2　生物进化理论

在高中教材“现代生物进化理论”一章的教学中，可将以自然选择学说为核心的现代综合进化理论、中性突变学说、间断平衡学说等不同理论的观点和证据，分别提供给三组学生，引导这三组学生进行辩论。通过辩论，学生会认识到，不同的进化理论各有其解释范围，在各自的范围内都有一定合理性，但现代综合进化论的解释范围更广，因而为更多人所接受，是主流的进化理论。同时也认识到，即使是主流的生物进化理论，也有它不能解释的问题，正如教材中所说：“生物的进化是如此复杂，现有的进化理论所不能解释的问题比已经解释的问题还要多。在这些理论中，以自然选择学说为核心的进化理论比其他学说的影响要广泛和深远，它仍然是以后各个方面研究的基础。同其他科学理论一样，生物进化理论不会停滞不前，而是在不断发展。”在学生辩论之后，教师可按教材这段内容进行总结，一方面加深学生对现代进化理论的理解，另一方面让学生受到科学本质教育。

马修斯认为，在科学对话教学模式中，应把科学本质的问题限制在学生可以理解的适度范围内，循序渐进。一般来说， 对于低年级儿童， 应从简单的、儿童感兴趣的问题开始，如“什么是观察？”“什么是科学解释？”；而对于高年级的学生，可提一些复杂的科学本质问题，例如“什么是对照实验？”“科学模型的功能是什么？”“如何作出假设？”“如何对一项研究进行评价？”“牛顿的宗教信念是否影响他的科学理论？”等。教师在设计对话教学模式时，应当将对话内容控制在与学生的知识和能力相适应的水平。马修斯提出的对话教学模式如下图（图 5-4）[1]。

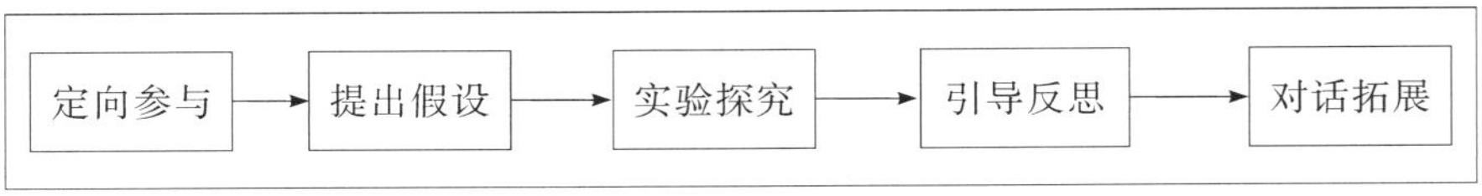

图 5-4　马修斯的科学对话模式

3. 多元教学模式

多元教学模式强调的是针对某一个科学理论或科学概念，利用讨论、辩论、演示实验或学生实验等多种方式，模拟当年该科学理论或科学概念形成的过程。在活动之前或活动过程中，教师需要说明当时的社会文化背景、科学家们所产生过的争论、质疑以及错误概念，为学生实现概念转变做好铺垫。这种教学模式所设计的教学活动方式灵活多样，能够有效地说服学生放弃错误概念，建构科学概念。

在教学实践中，许多教师在进行“光合作用”“细胞膜的流动镶嵌模型”等内容的教学时，都运用了多元教学模式。

案例 3　“细胞膜的流动镶嵌模型”

胡有红老师在“细胞膜的流动镶嵌模型”一节教学中[2]，引导学生模拟性地重温了细胞膜结构的探索历程，以环环相扣的问题驱动方式，介绍了许多科学家的工作，也设计了多个学生亲自动手建构模型的活动，期间穿插了师生对话、生生互动等，不仅有效完成了概念教学目标，而且让学生在领悟科学方法、理解科学本质等方面有许多收获。

本节教学过程分为三个阶段。

（1）演示现象。这个阶段教师活动是播放实验录像：①台盼蓝染色酵母菌，死的细胞会被染成蓝色，活的细胞不着色；②用显微注射器将伊

[1] 黄晓娜，吴先球．国内 HPS 教育融入中学物理教学的研究综述 [J]. 物理教师，2020，41（7）：2-7.
[2] 胡有红．HPS 教学模式在高中生物教学中的应用 [J]. 中学生物学，2012，28（5）：18-20.

红注入变形虫体内，伊红很快扩散到整个细胞，却不能很快逸出。学生通过观察演示实验的现象，会兴奋地发现细胞膜功能的神奇之处，从而产生探究其结构的欲望。

（2）探究。这个阶段教师的活动是按研究时间的顺序介绍科学家们研究细胞膜结构的历程。教师在介绍每一位科学家的研究结果后，让学生讨论回答从该研究结果推出的结论，体现了学生的主体参与和思维能力培养，也体现了生物膜结构模型的逐级建构过程，这一过程与科学家相关历程是基本一致的。特别值得推荐的是，在这一过程中安排了四个由学生根据科学家的实验结果来动手制作模型的活动：构建磷脂分子在空气与水界面上分布的模型，构建磷脂分子在四周都是水的情况下的排布模型，根据罗伯特森观察的结果构建蛋白质在磷脂双分子层中排布方式的模型，根据蛋白质在膜中的三种存在形式构建蛋白质分子在磷脂双分子层中的排布模型。这样就由学生把微观抽象的内容以实物形式表征出来，极大地提高了概念教学的有效性，学生的智慧技能、动作技能也得到发展。

（3）总结评价。教师在学生总结出流动镶嵌模型的基本内容后，提问："生物膜的流动镶嵌模型是不是就完美无缺了呢？请谈谈你的看法。"问题直指科学本质，同时也暗示流动镶嵌模型只是科学界对细胞膜结构的一种得到普遍认可的解释而已，关于细胞膜结构的奥秘，还有许多未解之谜需要人们继续探索。

4. 其他教学模式

关于运用HPS策略进行概念教学，研究者还提出了其他一些教学模式，如案例教学模式[1]、互动式历史小故事模式[2]等。

深圳中学的郭小玲老师介绍了国外HPS融入科学课程的几种教学方式：探究体验（按科学家当年的思路进行探究）、科学写作（查阅相关科学史料及开展各种形式的写作活动）、仪器制作（制作科学家当年使用的

[1] 李雁冰，邹逸．科学史融入科学教育的几个现实问题 [J]. 全球教育展望，2012，41（10）：91-96，49.

[2] 黄晓娜，吴先球．国内HPS教育融入中学物理教学的研究综述 [J]. 物理教师，2020，41（7）：2-7.

科学仪器）、角色扮演（学生分组扮演持不同观点的科学家进行辩论等）和问题解决（将不同科学家的理论或观点用来分析和解决问题）[1]。这些教学方式虽然未必都冠以教学模式的名称，但对于我们研究运用 HPS 策略进行概念教学也是有参考价值的。

陈锋和杨丽娟老师基于 HPS 理论和 UbD 理论提出的概念教学范式（也可理解为一种教学模式），强调问题引领下的科学史学习和探究，以获得对概念的深度理解（图 5-5）[2]。这里提到的 UbD 理论又称理解为先教学模式（understanding by design），是由美国教育学家格兰特•威金斯和杰伊•麦克泰提出的一种逆向教学设计理论，它主张先明确教学目标，即预期学习结果，再确定指向理解目标的评估证据和评价方法，最后再设计相关学习任务和教学活动。该理论强调引导性的核心问题对学习过程的领航和聚焦作用[3]。

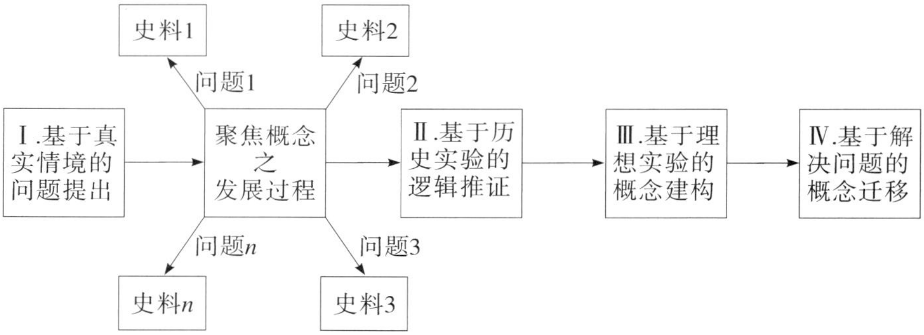

图 5-5　基于 HPS 理论和 UbD 理论的概念教学范式结构

图 5-5 所示教学模式包括四个环节：（1）基于真实情境问题的提出；（2）基于历史实验的逻辑推证；（3）基于理想实验的概念建构；（4）基于解决问题的概念迁移。其中，第一环节不需要再做解释；第二环节需要学生

[1] 郭小玲 . HPS 教育融入科学课程的国外研究成果简介 [J]. 物理教师，2017，38（6）：80-83.
[2] 陈锋，杨丽娟 . 基于 HPS 理论的概念教学范式研究：以科学史建构科学概念的视角 [J]. 教育参考，2017（5）：79-86.
[3] 吴新静，盛群力 . 理解为先促进设计模式：一种理解性教学设计的框架 [J]. 当代教师教育，2017，10（2）：40-47.

在引导性问题驱使下分析史料，进行逻辑推理；第三环节需要在第二环节基础上进行抽象概括，并以形象化的模型形式表征，完成对概念的建构，例如，让学生在分析光合作用发现史上一系列实验基础上，自己画出光合作用过程图解，写出化学反应式；第四环节重在应用概念过程中加深理解，使概念学习真正内化为智慧技能，例如，让学生设计一种可行的方案，解决“如何使鱼缸中的水草释放更多的氧气，以满足小鱼呼吸的需要？”这一问题，就是在真实情景中对光合作用概念的灵活运用，对提升概念理解有重要意义。

综上所述，运用 HPS 策略进行概念教学，可以采用各种各样的教学模式，关键要看相关科学史内容的特点和学生的年龄特征。比如，在采用 HPS 教学模式时，如果相关科学史上的实验是学生无法设计和实施的，就不必有设计或进行实验检验的环节，只呈现科学家的实验研究即可，例如细胞膜流动镶嵌模型的探索历程、DNA 双螺旋模型的建立过程、细胞学说的建立过程、生物进化理论的发展历程等。笔者在听课过程中经常遇到教师让学生设计科学家当年所做实验的情形，这一学习任务并非课程标准和教材要求的，而是教师或教研员的创意。课堂教学的实际情况往往是学生完成这样的实验设计难度较大，需要花费较多时间，从教学流程来看，也不如直接介绍科学家的实验来得自然和流畅。可见，在选择教学模式时，需要综合考虑教学内容、学生知识能力水平、课时、教学过程流畅性和学生思维顺畅性等多种因素，创新是应当鼓励的，但要建立在实事求是、务求实效的基础上。

此外，HPS 教学模式还可以与其他教学模式结合起来运用。例如：与 STS 教学模式相结合，教学中在介绍科学史的同时，也介绍或者让学生思考科学与技术和社会的互动关系，特别是相关科学概念和理论在当今社会的应用；与 CAT 教学模式相结合，按 CAT 学习环的三个基本环节——认知冲突、抽象概括和迁移运用，进行科学史融入的教学[1]；与抛锚式教学

[1] 首新，林长春．基于 CAT 的科学概念教学中融入科学史探究 [J]. 内蒙古师范大学学报（教育科学版），2011，24（8）：148-151.

策略相结合，以当今社会的生产或生活实际为背景，创设问题情境，提出科学问题，作为教学的锚点，然后引导学生学习相关科学史内容，以拉近历史材料与学生的距离[1]；与 PBL（问题解决式学习，problem based learning）模式相结合等。

第五节 概念结构化策略

在观摩课和研究课中经常出现这样的情况：新课导入环节播放丰富多彩的视频资料，配以优美动听的音乐，营造出情趣盎然的课堂氛围，但是从内容上看与已经上过的课没有什么关联，新课仿佛从天而降一般，即便生动，也很突兀；教学过程中名词概念一个接一个地罗列，都交代得很清楚，却缺少思维上的连贯性，学生学习的是一个个孤立的名词解释，不能将所学概念结构化并构建良好的知识网络。要改变这种状况，帮助学生建立良好的知识结构，就需要强化概念之间的逻辑联系。

1. 强化概念之间逻辑联系的必要性

以往很长时间内，中学生物学课程的教学内容中描述性内容居多，原理和规律性内容较少，这就容易导致学生的学习以识记为主，思维得不到应有的锻炼，对知识的记忆也难以持久。自 20 世纪 90 年代以来，这一状况正在逐步改变，主张“生物课程是理科课程，理科应讲理”的呼声越来越高，这里所说的“理”其实就是逻辑和逻辑联系。

从课程标准的要求看，具体内容标准中知识性内容的学习目标分为了解、理解、应用三个水平，其中理解以上水平的内容占大多数。而所谓理解水平就是要学生能够“把握内在联系”。学生只有在认识和把握了概念之间的内在逻辑联系后，才能真正理解所学知识，才能将知识内化形成一定的知识结构。2011 年版的义务教育生物学课程标准的内容分为十大主

---

[1] 沈文炳，鲍国诚. 基于抛锚式的 HPS 教学模式：“牛顿第一定律”的教学设计 [J]. 湖南中学物理，2014（3）：76-78.

题，2017年版的普通高中生物学课程标准的内容，每个模块包括1～4个大概念。这些主题和大概念就是统摄中学生物学课程内容的“纲”，是构建中学生物学知识大厦的栋梁。这些栋梁之间也有着紧密的逻辑联系，共同构成中学生物学的概念体系。只有让学生将所学概念以这些“栋梁”为中心组织成结构化的概念网络，才能达成中学生物学课程的概念教学目标。

从学习心理学的角度看，学科的内容结构并不等同于学生的知识结构，换言之，学科的内容结构不能直接强加于学生的心理结构中。要让学生形成良好的知识结构，一方面要保证教学内容具有良好的结构性，为学生形成、完善和扩展自己的知识结构打下良好的基础，另一方面要把握好内容结构与学生的认知结构（知识结构、认知能力结构等）之间的关联性，使学科的内在逻辑与学生的心理逻辑统一起来，以便让学生通过同化和顺应等心理过程，使二者实现有效的对接[1]。上面所说空降式的新课导入模式，既没有体现学科的内容结构（与前面章节的逻辑联系），也没有考虑到学生原有的认知结构（已经学习的概念和原理等），其缺陷当然不言自明了。俗话说“温故而知新”，从学生学习过的知识入手，创设问题情境，合乎逻辑地提出新问题，从而导入新课，能够有效地唤起学生的求知欲。正如奥苏贝尔所强调的，知识在头脑中的组织方式——认知结构决定了一个学习者处理新概念和它们之间的关系的能力，只有和学习者通过以前的学习形成的认知结构联系在一起，新材料才有意义。他认为正规教育最基本的功能就是为学生组织知识，并且精确地、清楚地呈现知识[2]。

从科学和科学教育的性质看，强化概念性内容间的逻辑联系也是生物学教育的应有之义。生物学无疑属于科学，生物学教育无疑属于科学教育。科学意味着以理性的态度和理性的思维来认识客观世界的本来面目，弄清楚一个接一个的“WHAT”、“HOW”和“WHY”。英国科学哲学家波普尔说过：“科学和知识的增长永远始于问题，终于问题——愈来愈

[1] 裴娣娜. 现代教学论：第一卷 [M]. 北京：人民教育出版社，2005：185-186.

[2] 阿兰兹. 学会教学：第6版 [M]. 丛立新，等译. 上海：华东师范大学出版社，2007：223.

深化的问题。”[1]这句话中“始于”的问题与“终于”的问题是有着非常紧密的逻辑联系的，前一个问题解决后，后一个问题的提出就成为逻辑的必然。以基因为核心的现代遗传学的发展就是最好的例证。科学既是如此，科学教育中呈现在学生面前的科学自然也应如此。科学是如此波澜壮阔，跌宕起伏，问题层出不穷，研究永无止境。如果我们的科学教育只是静态地、孤立地呈现一个个研究的结果和结论，未能体现提出问题的逻辑、研究过程的逻辑、得出结论的逻辑、提出新问题的逻辑，那么学生学习的还是真实的科学吗？这样的科学教育是不是偏离抑或尚未触及科学教育的本质呢？

从学科本体论角度看，每个学科都有自己的由定义这个学科的若干关键概念组成的结构[2]，学科教学应该教给学生支持每个结构的关键概念，而不是为他们罗列一些支离破碎的信息。正如布鲁纳所说的，了解房屋“不是了解钉子、瓦片、墙板和窗子的集合体”。关于房子的总体概念才是重要的[3]。

从美学和美育的角度看，生物学的美绝不仅仅表现在形形色色的生物身上，更蕴涵在艰难曲折又精彩绝伦的研究过程中，蕴涵在从问题到结论再到新问题，从建构概念、探明原理和发现规律到建构整个学科概念体系的内在逻辑联系中。将外在的形式美与内在逻辑美统一起来，才是比较完整的科学美，这样的美育才是比较完整的科学美的教育。从小学到初中再到高中，科学（生物学）课程的美育内容中内在逻辑美的比重应当不断提升。

2. 概念性内容之间的逻辑联系例析

尽管生物学早已超越了描述性科学的阶段，还是有不少人认为它就是对生物从外到内、从结构到功能、从现象到规律等方方面面的描述，课堂教学中抽丝剥茧单纯描述的做法也不鲜见，结果导致教学枯燥无味，学生死记硬背。实际上，中学生物学课程中相关概念性内容之间的逻辑联系比

---

[1] 胡志强，肖显静. 科学理性方法 [M]. 北京：科学出版社，2002：59.

[2] 阿兰兹. 学会教学：第 6 版 [M]. 丛立新，等译. 上海：华东师范大学出版社，2007：222.

[3] 同 [2].

比皆是，需要整理和挖掘。目前流行的单元主题教学，就是突出概念性内容之间的联系、促进概念结构化的有益探索。下面以人教版普通高中生物学教材的内容为例来分析。教材中的每一章就相当于单元主题教学中的单元，因为每一章都有一个鲜明的主题，并且转化成了本章的中心问题。

（1）章与章之间的逻辑联系。

《分子与细胞》模块第一章初步阐明了细胞是基本的生命系统。“细胞是基本的生命系统”这一命题既是贯穿本模块各章的主线，也可以看作本模块内容结构的逻辑起点。为什么说细胞是系统？是因为细胞是一个由各个组分相互作用、密切联系所形成的有机整体。为什么说细胞是生命系统？是因为这个系统是有生命的。对“有生命”的理解关键在“生”字。“生”至少有三层含义：第一层是从无到有叫生（无中生有），比如生孩子的生，生生不息的生；第二层是“活”的意思，也就是跟外界进行物质、能量和信息的交换，或者说能够进行新陈代谢、有应激性；第三层是“长”的意思，也就是从小长大，广义一些还应该包括发育、衰老和死亡，因为发育和衰老是“生”的过程，死亡是“生”的终点。为什么说细胞是基本的生命系统？因为它是构成更高层次生命系统（生物体）的基本单位，还因为它是各个层次生命系统中最微小的。由此可见“细胞是基本的生命系统”这一命题是由一条概念链形成的（图 5-6 左侧），其中“系统”是“生命系统”的上位概念，“生命系统”又是“基本的生命系统”的上位概念。[1]

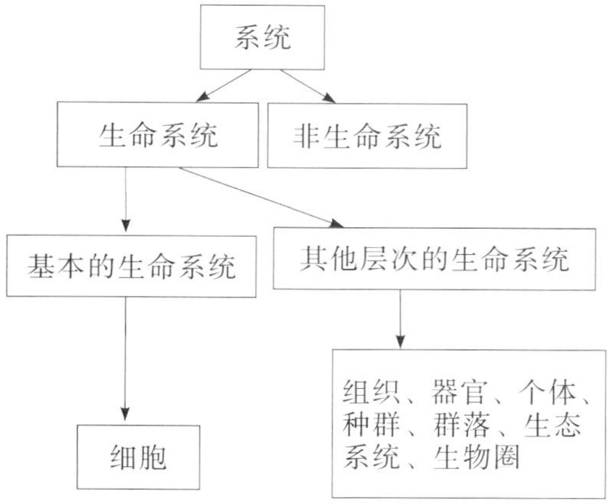

图 5-6

第一章确立“细胞是基本的生命系统”后，接下来各章

[1] 赵占良. 生物学教学强化知识间逻辑联系的意义和策略 [J]. 生物学通报，2009，44（9）：28-31.

要依次从不同角度来深入分析为什么说细胞是一个基本的生命系统：组成它的物质与非生命系统有什么不同？——第二章；组成它的各种结构（细胞膜、细胞器、细胞核）是如何紧密联系形成一个有机整体（即系统）的？——第三章；它是怎样与外界进行物质和能量的交换（即“活”）的？——第四、五章；它是怎样产生（增殖）、生长、衰老和死亡（即“生”的第一层和第三层含义）的？——第六章。换言之，第一章确立“细胞是基本的生命系统”这一基本命题，第二章分析其物质基础，第三章论证它是系统，第四、五、六章论证它是生命系统。

《遗传与进化》模块包括七章内容，每章分析一个中心问题，七章就构成了由七个中心问题组成的大问题串，这七个中心问题之间存在着紧密的逻辑联系。[1] 在孟德尔之前，人们不知道决定遗传的内在因素是什么，有人甚至猜想人的受精卵中就有一个器官齐全的微缩的小人。人类是怎么认识到基因的存在的呢？这是第一章中“孟德尔的豌豆杂交实验”要解决的问题。孟德尔的遗传因子理论让人们认识到对遗传和变异起决定作用的是遗传因子（后来改称为基因），但是人们还不知道它到底是某种非实体的因素还是物质的实体。如果它是一种物质实体，必定存在于细胞中一定的位置，那么基因到底在哪里呢？这是第二章“基因和染色体的关系”要解决的问题。这个问题解决后，知道了基因位于染色体上，但是染色体是由蛋白质和 DNA 两种物质组成的，基因到底是什么呢？这是第三章“基因的本质”要解决的问题。这个问题解决后，人们知道了基因是有遗传效应的 DNA 片段，那么基因是怎样控制性状的呢？这是第四章“基因的表达”要研究的问题……抓住了这些在逻辑上环环相扣的问题，再在每章的教学中将章的中心问题逐层分解成更加具体的问题，以问题来驱动学生的学习，就能真正体现生物学“作为探究的科学”的特点，也有利于学生通过探究性学习来建构概念，形成良好的知识结构。

[1] 人民教育出版社课程教材研究所生物课程教材研究开发中心 . 普通高中课程标准实验教科书 生物 2 必修 遗传与进化 [M]. 北京：人民教育出版社，2004.

（2）节与节之间的逻辑联系。

教材中节与节之间的逻辑联系有的是内在的，有的是外在的。

《分子与细胞》模块第五章“细胞的能量供应和利用”是体现知识之间内在逻辑联系的实例。

该章分四节：第一节“降低化学反应活化能的酶”，第二节“细胞的能量货币‘ATP’”，第三节“细胞呼吸的原理和应用”，第四节“光合作用与能量转化”。该章的逻辑起点是细胞的能量供应和利用都要经过化学反应（图 5-7）。分子一般是稳定的，要让它们发生化学反应，往往需要将分子活化，以克服分子发生化学反应的能障。克服能障的办法不外乎两种：一种是让反应物分子获得足够的能量，使它能自己跳过“门槛”，如加温、加压等；另一种是使化学反应需要的活化能降低，即降低“门槛”，也就是加催化剂。细胞内是不可能有高温高压等剧烈条件的，其化学反应只能在温和的条件下进行，所依靠的催化剂就是酶。酶的化学本质是什么？它与无机催化剂相比有什么不同的特性？这是第一节要探究的问题。从能量角度来看，细胞内的化学反应有吸能反应和放能反应之分，不同的化学反应之间如何建立起能量的联系呢？这就犹如买卖东西需要货币一样，细胞中不同结构、不同化学反应之间能量联系的建立要靠能量的“通货”——ATP。ATP 是什么样的物质？它为什么能够充当细胞内能量的“通货”？这是第二节要探究的问题。第二节明确了 ATP 是为细胞直接提供能量的物质，那么，ATP 中的能量来自哪里？主要来自细胞呼吸，即细胞中的有机物氧化分解，将其中的能量释放出来，使 ADP 形成 ATP。这是第三节要研究的内容。细胞中有机物中的能量又是来源于哪里呢？对绝大多数生物来说，最终来源都是光合作用固定的太阳能，这就是第四节要探究的问题。这样的逻辑联系理清之后，诸如“为什么先讲细胞呼吸后讲光合作用？”之类的问题就迎刃而解了。

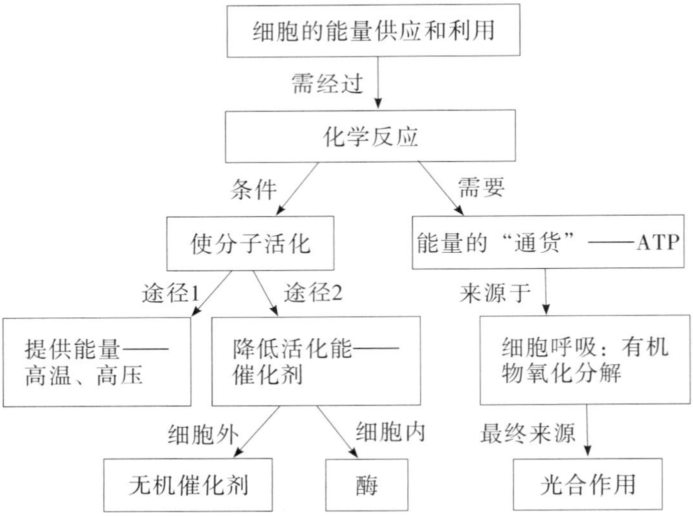

图 5-7 “细胞的能量供应和利用”一章的逻辑联系

2004 年人教版《普通高中课程标准实验教科书 必修 2 遗传与进化》第六章“从杂交育种到基因工程”是体现知识之间外在逻辑联系的实例。

该章分两节：第一节“杂交育种与诱变育种”，第二节“基因工程及其应用”。杂交育种、诱变育种和基因工程育种都是人类根据自己的需要对生物的基因组成进行人工干预的过程。作为同一范畴、目前现实中并用的技术，它们之间的逻辑联系与其说是知识之间内在的联系，不如说是人类社会的需要所赋予的外在联系。这一章的逻辑起点是这样一个重要概念：人类可以运用知识和技术来改变生物的基因组成，培育新品种。远在基因理论提出之前，人类就通过汰劣留良来选择育种，但是选择的周期很长，只能在不同品种之间取舍，不能将不同品种的优良性状集中在一个品种上。孟德尔发现两个遗传基本定律之后，杂交育种被广泛应用，可以将两个或多个不同品种的优良性状集中在一起，获得新品种。但是杂交育种具有明显的局限性：后代出现性状分离，育种时间长，不能跨越物种间的障碍，只能实现已有性状的组合（不能创造新性状），等等。随着对基因突变的认识加深，人们发明了诱变育种技术，用人工方法提高突变率，短时间内创造出不少新品种，但是这种技术又有盲目性大等缺点。随着对基因的结构和功能研究的日益深入，基因工程应运而生，使人类有可能按意愿直接定向地改变生物，培育新品种，当然它也不可能是完美无缺的，也会给人类带来新的挑战。育种技术的发展史表明，科学的进步会催生新的技术，新技术的应用能够提高生产力，推动人类社会向前发展；但是任何技术都不是完美无缺的，人类应用一种技术后，很快就会发现它的局限性，这就产生对新技术的渴求，对科学和技术的发展产生外部驱动力；科学的发展又催生新的技术来满足人类的新需求……如此循环往复，科学、技术、社会在互动中共同发展。该章两节其实就是用三种育种技术作为实例来演绎科学、技术和社会的这种互动关系，也就是说，关于这三种技术的概念之间的逻辑联系不是知识本身内在的，而是靠科学、技术和社会的互动关系串起来的，姑且称之为外在的逻辑联系。

概念性内容之间外在的逻辑联系还可以用个体、种群、群落、生态系统、生物圈的内容来说明。研究合理的捕获量、害虫发生规律等，仅在个体水平上研究是不够的，必须将种群作为一个整体来研究；研究一个水体中放养的鱼类的种类和数量、物种入侵等问题，仅研究种群是不够的，必须要考虑种间关系、不同种群的空间分布、种类丰富度等因素，即需要在群落水平上进行研究。同理，生态系统和生物圈的研究也是非常必要的。教学时如果能将这些外在的逻辑联系凸显出来，就能强化概念学习内容与现实生活的联系，让学生认识到所学概念的价值，进而强化学习动机，激发学习兴趣。

3. 强化概念性内容之间逻辑联系的策略

强化概念性内容间的逻辑联系，首先要认真钻研课程标准和教材，宏观上将每一本教材作为一个整体来分析，微观上将每一章、每一节作为一个整体来分析，弄清楚不同概念性内容间的内在或外在逻辑联系。然后，根据学生的认知水平和认识规律，每节课的教学按导入、展开、小结等环节分别确定强化概念性内容之间逻辑联系的策略。

（1）导入策略 1——“温故而知新”。

在新课导入环节，引导学生回忆前面章节所学概念，再呈现新的情境，引发学生的认知冲突，从而引出新课要研究的问题，这样可以帮助学生在头脑中初步建立新旧概念之间的逻辑联系，为激发兴趣、建立知识结构打下较好的基础。下面以《遗传与进化》模块“基因突变及其他变异”一章为例来说明。

在此章之前，学生已经学过基因的本质、基因的表达等内容，知道基因是有遗传效应的 DNA 片段，DNA 是化学性质很稳定的物质，因此可以保证遗传信息在亲子代传递的稳定性；还学过 DNA 的复制，半保留复制机制保证了亲代 DNA 的遗传信息能够准确无误地传给子代 DNA。在通过提问引导学生回忆这些知识后，可出示亲子代间有明显性状差异的图片，提问：“既然如此，为什么后代总是跟亲代有一定的性状差异呢？”学生可能会说，因为子代的基因是来自父母双方的而不是一方的，基因的自由组合会使后代产生变异。这时可接着提问：“在生物繁殖过程中，除基因的自由组合会使后代产生变异外，基因本身会不会改变呢？ DNA 复制过程是不是都能保证百分之百地精确无误呢？复制出了差错会怎么样？”接下来还可以把话题转到染色体方面：“染色体是基因的载体，染色体结构和数目的稳定对于生物的遗传非常重要，减数分裂和有丝分裂保证了后代的染色体数目与亲代一致。那么，后代的染色体数目总是与亲代一样吗？如果出现增加或减少又会是什么后果？这就是我们从今天开始要研究的问题——基因突变及其他变异。”

（2）导入策略 2——先行组织者。

奥苏贝尔提出，为了让学习者将新学习的概念与原有认知结构建立联系，需要在教授新概念之前呈现一段引导性陈述材料，简明扼要地描绘出新概念与原有概念之间的异同，让这段材料建立起新旧知识之间的联系，同时又能统摄和聚合新学内容，对新学内容起到组织作用。有关研究表明，使用先行组织者的教学能使学生的平均成绩提高 30%[1]。人教版中学生物学教材许多章节采用了先行组织者策略。例如，高中教材在“细胞的基本结构”一章的引言中说：“正如一堆建筑材料不可能让人居住一样，将细胞中所有的物质放在一起，它们并不能进行任何生命活动。组成细胞的分

[1] 卢家楣．学习心理与教学：理论和实践 [M]. 3 版．上海：上海教育出版社，2016：41.

子必须有序地组织成细胞的结构，才能成为一个基本的生命系统。”学生在前一章已经学习了关于组成细胞的元素和化合物的知识，有的同学可能认为，细胞中只要有这些物质成分，就能够完成生命活动，该章引言这段话，就是针对这一不正确的认识来写的，它是该章要建构的重要概念，对该章具体内容起到先行组织者的作用。

（3）展开策略——设计问题串。

导入环节明确了这节课的中心问题后，应该将这一中心问题分解成若干个逻辑上紧密联系的小问题，引导学生逐个分析，让学生沿着问题串的思路建构知识。

教材中有不少章节设计了问题串，教师在教学中可以参考。还有一些章节没有现成的问题串，需要教师深入挖掘知识间的逻辑联系，设计问题串。例如，关于细胞的有丝分裂，教材是按前、中、后、末四个阶段依次描述的，涉及的名词比较多，显得比较抽象。如果设计成问题串的形式，就不会那么枯燥了。可以先确定这样一个逻辑起点：细胞通过有丝分裂形成的子细胞，染色体数目与亲代细胞相等（引导学生讨论如果不相等会怎么样）。从这一逻辑起点出发，可以设计如下问题串：①通过有丝分裂，一个细胞变成两个子细胞，染色体数目为什么不减少一半呢？（分裂间期复制）②染色体复制后，细胞核中含有两套染色体（染色质），怎么保证两个子细胞各自得到完整的一套染色体呢？是细胞核简单地缢裂成两个吗？（核仁解体、核膜消失，染色体散乱地分布在细胞质中央）③两套染色体怎样才能分别移动到细胞的两极呢？（在纺锤丝牵引下，染色体在赤道板“排好队”，着丝点分裂，姐妹染色单体分开各自成为一条染色体，在纺锤丝牵引下移向两极……）

（4）小结策略——绘制概念图、知识结构图或列表。

在小结环节，应当将所学概念性内容之间的逻辑联系进行梳理，绘制概念图不失为一种有效的方法。

绘制概念图的活动最好由学生自己完成。可以先由学生个人绘制，再经过小组讨论进行修改，最后由教师进行评价和完善。

绘制概念图时应强调图中任意两个概念通过连接词都能构成一个有意

义的命题。图 5-8 为细胞的基本结构概念图示例。

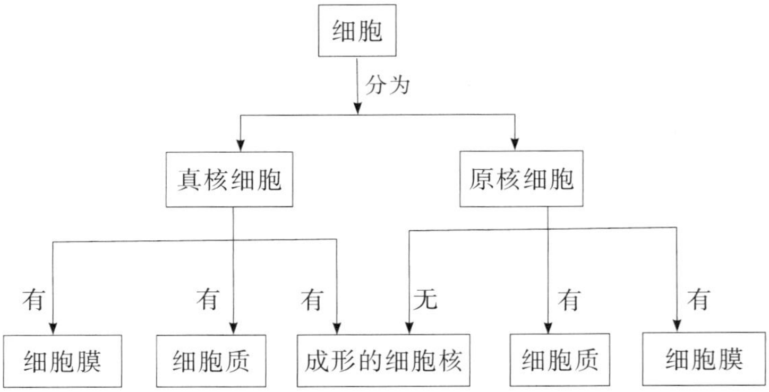

图 5-8 细胞的基本结构概念图

对于理论性强、概念多、层级多的概念图，如果直接将所有的概念罗列出来，再画箭头、填写连接词，往往导致图形凌乱。应引导学生首先抓住最核心的思路，或者找出最基本的命题，确定概念图的主链，再围绕主链补充相关的概念（节点）和连接词。

绘制概念图的策略并非对所有内容的总结都最有效，表格、流程图、模型图、结构或过程示意图等都有其独特的作用，需要根据不同教学内容的需要合理运用。例如，关于有氧呼吸和无氧呼吸的区别与联系，用表格形式就十分清晰（表 5-5）。

表 5-5 有氧呼吸和无氧呼吸的比较 [1]

异同点		有氧呼吸	无氧呼吸
不同点	场所	主要在线粒体内	在细胞质基质中
	条件	氧气、多种酶	无氧气参与，需要多种酶
	分解产物	葡萄糖彻底分解为 CO_2 和 H_2O	葡萄糖的分解不彻底，形成乳酸或酒精和 CO_2

[1] 人民教育出版社课程教材研究所生物课程教材研究开发中心 . 普通高中教科书教师教学用书 生物学 必修 1 分子与细胞 [M]. 北京：人民教育出版社，2019：274.

续表

异同点		有氧呼吸	无氧呼吸
不同点	能量	释放大量能量	释放少量能量，大部分能量储存在乳酸或酒精中
	能量释放阶段	有氧呼吸三个阶段均产生 ATP	仅在第一阶段（糖酵解阶段）产生 ATP
相同点		第一阶段反应完全相同，并且都是在细胞质基质内进行	
		两种呼吸作用方式实质相同，都能够分解有机物，释放能量	

对于 2019 版普通高中生物学教科书第一章“走近细胞”，用比较灵活的知识结构示意图更能体现概念性内容之间的逻辑联系（图 5-9）[1]。

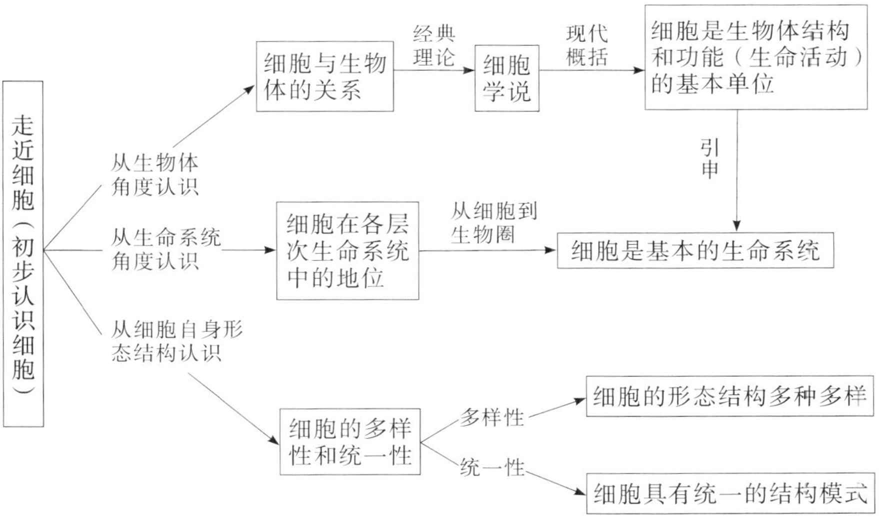

图 5-9　“走近细胞”一章知识结构图

[1] 人民教育出版社课程教材研究所生物课程教材研究开发中心．普通高中教科书教师教学用书 生物学 必修 1 分子与细胞 [M]. 北京：人民教育出版社，2019：19.

第六节　应用和评价策略

概念的掌握不是以能够说出概念的定义为标志的，而是以能够在不同的情境中应用概念去认识事物、分析和解决问题为标志的。因此，给学生提供机会去应用概念，是概念教学的重要策略之一。教师在概念教学过程中，还应该随时关注学生概念学习的进展和困难，并及时给予评价，通过评价促进概念的学习。由于概念的应用常常是与概念学习的评价结合在一起进行的（如通过让学生完成作业来进行），这里将概念的应用和评价策略安排在一起探讨。

一、概念的应用

"促进概念掌握和学习的方法还有很多。比如，教师在呈现例子时多采用可视化的工具，更重要的是要给学生实际应用的机会，这样学生对概念就会更加亲切，掌握概念的积极性就会提高。根据建构主义，概念的意义存在于对概念的应用之中。对概念的实际运用是概念具体化的过程，而概念的每一次具体化，都会使概念进一步丰富和深化，对概念的理解就更完全，更深刻。"[1]这里所说的概念的应用，与布卢姆教育目标分类学中所说的"应用"水平的认知目标并不是同义的。认知目标作为概念学习的结果，不论是了解水平的，还是理解或应用水平的，都是要在以后的学习、工作和生活中应用的。可见，要在教学中充分而灵活地运用概念应用策略，首先要弄清什么是概念的应用（有的文献使用"运用"一词，与"应用"同义，下文对这两个词不加区分）。

1. 什么是概念的应用

邵瑞珍等人对奥苏贝尔的概念运用理论做了总结，认为概念运用主要包括在知觉水平上和思维水平上的运用[2]。为清晰明了起见，笔者将这一理论进行了总结（见表 5-6）。

---

[1] 陈琦，刘儒德 . 当代教育心理学 [M]. 3 版 . 北京：北京师范大学出版社，2019：223.

[2] 卢家楣 . 学习心理与教学：理论和实践 [M]. 3 版 . 上海：上海教育出版社，2016：72-73.

表 5-6　概念运用的不同层次和特点

运用层次	内涵		特点
知觉水平	辨认特例		学习者获得某类事物的概念以后，当他遇到这类事物的特例时就能立即把它看作这类事物中的具体例子，把它归入一定的知觉类型。例如，有了红的概念后，看到平时不曾见过的鲜红色或暗红色，立即将它作为红的例子。
	直接觉察意义		掌握概念的意义后，以后它们在新的环境中出现时，学生不必经过一系列的认知过程，就可以直接从知觉上觉察它们的意义。例如，学生可以直接觉察叶绿素的意义：使叶呈绿色。
思维水平	接受学习	例子鉴别	将已知概念所代表一般类别的不太明显的例子鉴别出来，从而将这个例子看作是这个类别的成员。例如，将蝙蝠看作哺乳动物的成员。
		概念同化	用包容范围更大的概念或命题来同化有关的新概念、下位概念或命题，从而获得这种新的概念或命题。例如，用生态系统的概念去同化深海热泉生态系统的概念。
思维水平	发现学习	简单问题解决	只要求学习者能把新问题作为一个已知的更一般的概念或命题的特殊实例加以说明。例如学习了呼吸作用以后，解释粮食仓库为什么要保持低温并通风。
		复杂问题解决	在问题解决过程中，对已经掌握的概念和命题必须予以扩充、加工、限定或改组，综合运用多个概念甚至是跨学科概念来分析和解决问题。

上表所示概念应用活动的类型与加涅所说的智慧技能的五个类别大体相同，知觉水平的应用相当于加涅所说的“辨别”，思维水平的“例子鉴别”相当于加涅所说的“具体概念”，“概念同化”相当于“定义性概念”，“简单问题解决”大致与加涅所说的“规则”相对应，“复杂问题解决”大致与加涅所说的“高级规则和问题解决”相对应。总之，概念应用活动都是以思维为核心的，当然，思维离不开一定的知觉基础。

从上表还可以看出，让学生找出概念的正例和反例属于概念的应用，用上位概念去同化新接触的下位概念也是概念的应用，运用已经掌握的概念去分析和解决复杂情境下的问题还是概念的应用。

2. 概念应用活动的设计

设计概念应用活动的出发点应当是促进学生对概念的理解和掌握，应当安排在学生初步理解了概念的内涵和外延之后进行。笔者依据多年教材编写经验和课堂观察，结合教育心理学有关研究结论，提出概念应用活动的设计应遵循的原则如下。

（1）聚焦思维，促进深度理解。

本书在第三章论述概念教学目标时所说，生物学概念教学的目标主要是指希望学生通过生物学概念的学习，在智慧技能上获得的发展结果，或者通俗地说，是学生通过生物学概念的学习，在遇到相关生物学问题时应当表现出的思维能力，主要是学生基于生物学概念而展开的认知过程所表现出的思维能力，亦可简称生物学认知思维能力。设计并实施概念应用活动既然是概念教学的重要策略，自然也应当聚焦思维，增进学生的概念性理解。

概念应用活动聚焦思维，简单的诸如区分概念的实例和非实例，辨别概念的关键属性等；复杂的诸如将一个概念与相关概念联系起来做出新的概括，批判性地审视相关观点，解决真实情境下的复杂问题等。促进学生的批判性思维、创造性思维等高级思维，也是概念教学的应有之义，对此，不少专家已有明确论述。例如，阿兰兹认为，“理解并相信引导学生进行批判性思考、花时间组织学生开展高水平的讨论的作用，也有助于教师证明概念教学的合理性”“有效的概念教学课可以在提高学生技能的同时促进高级思维”[1]。又如，埃里克森等认为，“批判性思考者能够使用相关证据、准则和明确的标准，找出理由来支持自己的观点。在世界上任何地方，批判性思考都是概念为本的课堂所要求的思考类型”“概念为本的课程要求并且促进学生和教师具有批判性思考技能，因为批判性思考是融合

---

[1] 阿兰兹．学会教学：第 6 版 [M]. 丛立新，等译．上海：华东师范大学出版社，2007：296.

在概念性理解里面的”[1]。综合以上观点，笔者认为，加深概念性理解的概念应用活动本身就是思维活动，运用批判性思维等高级思维于问题解决的过程，必然进一步促进学生对概念的深度理解。

埃里克森等认为，以概念为本的学生作为概念思考者有三个关键特征：学习热忱、协同思考和深度理解。学习热忱属于情感领域的特征，此处不展开讨论。协同思考是指学生将概念与事实性知识和技能联系起来，并从事实性实例中得出概括性陈述（可迁移的概念性理解），并认为这是概念为本的教学的核心和灵魂[2]。深度理解是学习热忱和协同思考的终极目标，包括能够解释得到相关证据支持的概念理解、能够跨越复杂实例进行概括的迁移、能够准确使用概念性语言解释实例、能够独立地提供概念的实例和非实例、能够优选和评价相关实例、能够创造出新知识或新颖的产品等[3]。

加涅等认为，具体概念要求学生能识别一类项目的一个或更多的实例，定义性概念是用于将许多物体或事件分类的规划；规则是支配人的行为并使人能在一组情境中演示概念间关系的一种内部性能；这种性能是指对具有既定关系的一组刺激情境做出适当反应的能力；问题解决是学生在一个新的问题情境中选择和运用规则以寻求解决方案的过程[4]。可见，无论是什么水平的概念应用，都是指向思维的。

下面两个案例都包含了“聚焦思维，促进深度理解”的概念应用活动的正例和反例。

案例 1　家兔的食性

学生学习了关于家兔的内容，知道了“家兔是食草动物”。如果问学生：“家兔吃什么？”学生回答：“家兔吃草。”这就是言语信息水平的

---

[1] 埃里克森，兰宁．以概念为本的课程与教学：培养核心素养的绝佳实践 [M]. 鲁效孔，译．上海：华东师范大学出版社，2018：69-71.

[2] 同 [1] 75.

[3] 同 [1] 75-76.

[4] 加涅，布里格斯，韦杰．教学设计原理 [M]. 皮连生，庞维国，等译．上海：华东师范大学出版社，1999：153-155.

活动，不属于概念的应用，因为学生回答这个问题只需要提取记忆中的事实性知识信息即可，不需要经过思维（推理）过程。如果问学生："假如让你饲养家兔，你将喂它什么食物？"学生回答："喂草料。"这就属于概念的应用活动，因为学生的回答是经过逻辑思维作出的，其推理过程是：食草动物是靠摄食植物性食物生存的（大前提），家兔是食草动物（小前提），因此，家兔也是靠摄食植物性食物生存的，饲养家兔时要给它提供植物性食物——草料。

案例 2　生态系统

教材上讲了生态系统的定义和例子，例子有一个池塘、一片森林、一个湖泊、一片草原、一条河流、一块农田等。如果在概念应用环节，让学生识别这些例子是不是生态系统的正例，那就是加涅所说言语信息的简单提取，看似概念的应用，但与作为智慧技能的概念无关。如果让学生判断一个动物园里所有的动植物及其无机环境是不是一个生态系统，学生就需要分析动物园是否具有生态系统的关键属性，如饲养的动植物是否构成食物链和食物网、生物与生物之间是否相互依存等。通过分析，他们会发现动物园饲养的动物之间没有食物关系，它们的食物都是来自动物园之外，由人类专门供给的；饲养的各种动物有各自独立的生活空间，彼此不相接触。这些动物与动物园中的植物及其环境并未构成一个有机的整体，将某种动物转移出去并不影响其他动植物的生存，因此不具有生态系统的关键属性，即不是一个自然生态系统。由此可见，同样是识别概念的实例和非实例，有的是"聚焦思维，促进深度理解"的概念应用活动的正例，有的则是反例。

（2）指向目标，突出重点。

目标即预期的学习结果。概念学习的结果包括依据概念的关键属性识别概念的实例和非实例、运用概念和规则进行问题解决等，这样的学习结果只有在概念应用的活动中才能显现，概念应用活动又能促进这些学习结果的达成。

概念应用活动指向教学目标，需要目标设计与活动设计的双向互动。设计概念应用活动时要围绕教学目标，设计教学目标时也要考虑学生在学习概念后进行概念应用活动时应有的行为表现。“目标描述必须能使我们通过观察证实预期的学习已经发生。因此，目标陈述可直接用于评估学生的学习……同样，目标陈述也可以作为教师自编测验的基础。”[1] 这就需要教师在研读课程标准和教材的基础上，将课程标准中相应内容标准转化为可观察、可测量的学生行为表现目标。

案例 3 神经调节的基本方式

人教版义务教育教科书生物学七年级下册“神经调节的基本方式”一节，课程标准对应的内容要求是“概述人体神经调节的基本方式”，与此相关的重要概念是“神经系统和内分泌系统调节人体对环境变化的反应及生长、发育、生殖等生命活动”。可见，通过本节学习，学生应该建构的概念内涵主要是：神经系统能够调节人体对环境变化的反应，以使人体适应环境的变化；神经调节的基本方式是反射，反射是人体通过神经系统对外界或内部的各种刺激产生的有规律的反应；反射的基本结构基础是反射弧；反射有简单的反射（中枢在脊髓，不需要大脑参与）和复杂的反射（需要大脑参与）。如果在确定本节教学目标时，直接照搬课程标准中的“概述人体神经调节的基本方式”，显然，这样的目标是失之笼统的，不利于观察和检测其达成情况，也不利于设计相应的概念应用活动。如果将这句话分解后，陈述为学生应用概念时的行为表现，则可以达成上述目的。如将“举出生活中的例子，说明反射及其意义”作为目标之一，就为检测目标达成提供了可操作的方案，同时也为概念应用活动的设计明确了思路。学生可以举出很多例子，如听到发令枪响立即起跑、看到红灯立即刹车、吃下变质的食品而呕吐、寒冷时浑身颤抖等，并分析其意义，这样就增进了对反射概念的深度理解。当然，学生也可能将一些非实例当作实例，如看到考试成绩不好而流泪、篮球比赛中抢到球立即三步上篮等，这就为教师纠正学生的错误概念创造了机会，从而达到以概念应用促进概念深度理解的目的。

---

[1] 加涅，布里格斯，韦杰．教学设计原理 [M]. 皮连生，庞维国，等译．上海：华东师范大学出版社，1999：146.

教材中一章或一节的内容往往包含许多大大小小的概念，概念应用活动的设计应当突出重点。本书第三章在阐述概念教学目标时写道，就概念教学来说，单元（章）或节的核心目标就是习得本单元（章）的大概念或节的重要概念，相关从属概念和事实性知识的教学都应指向大概念和重要概念的建构。在概念应用活动的设计中，也应重点围绕重要概念来设计任务，对从属概念和事实性知识，如果确实属于理解重要概念的先决技能条件，可以适当设计一些简单的练习活动，但不能喧宾夺主。下面两个案例可以说是突出重点的反例。

案例 4　练习题（单选题）

与有丝分裂相比，减数分裂过程中染色体最显著的变化之一是（　）。

A. 染色体移向细胞的两极

B. 同源染色体联会

C. 有纺锤体形成

D. 着丝粒分开

答案是 B。显然，这四个选项都是事实性知识，而不是减数分裂概念的实质性内容。这是重事实而非重概念的例子。

案例 5　练习题（单选题）

1. 从市场上买回的茄子，果柄一端被几片带刺的像叶一样的结构包裹着，这是茄子花的哪一部分存留下来的？（　）

A. 花萼　　B. 花冠

C. 雌蕊　　D. 花药

2. 在植物的种子中，连接胚芽和胚根的结构是（　）。

A. 子叶　　B. 胚乳

C. 胚轴　　D. 种皮

第 1 题的答案是 A（花萼）。学生学习“开花和结果”这一节，目标是建构关于花和果实的概念。关于花的概念，关键是要理解花是被子植物的有性生殖器官。其有性生殖靠什么结构完成呢？靠雄蕊和雌蕊。因此，雄蕊和雌蕊是花最重要的结构。至于花萼，这是花的附属结构，学生将其作为言语信息了解即可，不必作为重要的概念去理解。因此，本题偏离了

“指向目标，突出重点”的原则。

第 2 题的答案是 C（胚轴）。种子发育为幼苗的过程中，胚根发育为根，胚芽发育为茎和叶，胚轴发育为连接茎与根的部分。植物体的营养器官就是根、茎、叶，理解种子的结构与植物体发育的关系，关键是要理解种子的哪部分结构发育为根，哪部分结构发育为茎和叶，因此，胚根和胚芽是种子结构内容的重点，胚轴则处于相对次要的地位。本题也属于偏离重点的例子。

（3）由易到难，循序渐进。

表 5-6 所列不同层次水平的概念应用活动，在教学中应当按照从低层次到高层次、从简单到复杂的顺序来进行。例如，关于各种细胞器的内容，应当先安排让学生在知觉水平上辨认叶绿体、线粒体、内质网、核糖体的活动（呈现不同细胞的结构图，让学生从形态上识别各种细胞器），再安排在思维水平上应用概念思考并回答问题的活动。思维水平上的概念应用活动同样遵循从易到难的原则，示例如下。

案例 6　围绕叶绿体和线粒体结构和功能的概念应用活动

（1）教师呈现一幅细胞结构示意图，请学生指出哪个细胞器是光合作用的场所，哪个细胞器是有氧呼吸的主要场所，哪个细胞器是蛋白质合成的场所，等等。或者教师指着图中某个细胞器，让学生说出其结构特点和功能。这属于例子鉴别水平的应用。

（2）教师指出叶绿体的类囊体薄膜上有大量的与光合作用有关的酶，让学生应用已经掌握的“细胞内的生命活动一般都基于化学反应，这些化学反应需要酶的催化”这一命题，理解“叶绿体是光合作用的场所”这一新命题。这属于概念同化水平的应用。

（3）教师让学生分析为什么鸟类胸肌细胞中线粒体数量特别多，学生需要应用“线粒体是有氧呼吸的主要场所”这一命题去分析问题。这属于简单问题解决水平的应用。

（4）让学生分析为什么新疆哈密等昼夜温差大的地区，西瓜、葡萄、哈密瓜等瓜果特别甜，学生需要综合运用光合作用、呼吸作用、影响光合作用和呼吸作用的环境因素等概念性知识，甚至还需要扩充关于甜度与糖的种类关系、瓜果品种特性等方面的概念性知识，才能做出较全面的解释。这属于复杂问题解决水平的应用。

关于复杂问题解决水平的概念应用题，教材中围绕叶绿体和线粒体、光合作用和呼吸作用等概念，还设计了许多习题，这里仅举一例。

案例 7　复杂问题解决的概念应用活动

2019 年版高中生物教材必修 1 有这样一道习题：在玻璃瓶底部铺一层潮湿的土壤，播下一粒种子，将玻璃瓶密封，放在靠近窗户能照到阳光的地方，室内温度保持在 30℃左右。不久，这粒种子萌发长成幼苗。你能预测这株植物幼苗能够生存多长时间吗？如果能，请说明理由。如果不能，请说明你还需要哪些关于植物及其环境因素的信息。[1]

这一道习题虽然放在“光合作用与能量转化”一节中，但是仅应用光合作用的概念性知识，显然不能回答好，还需要综合运用许多概念性知识。这一点从教师用书给出的该题提示就可以看出。

植物的生活需要水、无机盐、阳光、适宜的温度、空气（含有二氧化碳）。从给出的信息可以看出，植物生长的基本条件都是满足的，因此，只要没有病虫害等不利因素，这株植物（幼苗）就能够生存一段时间。但究竟能够生存多长时间，涉及的问题很多。潮湿的土壤含有水分，植物根系吸收水分后，大部分可通过蒸腾作用散失到空气中。由于瓶是密闭的，散失到空气中的水分能够凝结，回归土壤供植物体循环利用。但是，随着植株的生长，越来越多的水分通过光合作用成为有机物的组成部分，尽管有机物能够通过呼吸作用释放出二氧化碳和水（这些水既可以散失到空气中回归土壤，也可以在叶片细胞中直接用于光合作用），毕竟有机物是不断积累的，这意味着回归到土壤的水分会越来越少，有可能成为影响植物生存的限制因素。因此，要预测植物生存的时间，需要知道土壤含水量和植物体内有机物积累速度等信息。土壤中的无机盐被植物根系吸收以后，绝大部分成为植物体的组成成分（少量可能随落叶归还土壤），因此难以

[1] 人民教育出版社课程教材研究所生物课程教材研究开发中心 . 普通高中教科书　生物学　必修 1　分子与细胞 [M]. 北京：人民教育出版社，2019：106.

循环利用。但植物对无机盐的需要量是很少的，土壤中无机盐到底能满足植物体生长多长时间的需要，与土壤的多少、土壤中各种无机盐的含量、植株的大小等有关，这些信息是任务提示中没有给出的，因此不能从这方面做出准确预测。从给出信息看，在阳光和温度方面不存在制约瓶中植物生存的问题。二氧化碳是植物进行光合作用必需的原料之一。瓶中的二氧化碳通过植物的光合作用被植物体利用，转化为有机物。有机物通过植物的呼吸作用分解成二氧化碳和水。可见二氧化碳在植物体和瓶中空气之间是可以循环的。但是，随着植株的生长，有机物会不断积累，这意味着瓶中空气所含的二氧化碳会逐渐减少。要预测瓶中二氧化碳能维持植物体生存多长时间，还需要知道瓶中二氧化碳总量、植物体光合速率、呼吸速率或有机物积累速率等信息。上述推理大多是建立在植物体是不断生长基础上的，这是因为玻璃瓶容积小，植物幼苗正处于生长期。此外，瓶中植物生存时间的长短，还与植物的种类有关。如果是寿命很短的某种草本植物，即使瓶中各种条件长久适宜，植物生存的时间也不会长。[1]

从上述提示可以看出，预测瓶中植物生存时间不仅需要与光合作用有关的众多概念性知识，还需要扩展应用呼吸作用、矿质营养、蒸腾作用、物质循环等方面的知识，甚至还用到水蒸气凝结等其他学科的概念性知识。而通过这样的概念应用活动，学生对光合作用的理解无疑会更加深入，同时也将光合作用概念与其他概念建立起紧密联系，也就是将光合作用概念同化到已有的知识结构中去了。

由易到难，由辨别实例到简单问题解决再到复杂问题解决，与 SOLO 分类评价理论是大体一致的，这是将概念应用与概念学习的评价融合进行的理论基础，这一点将在后面详述。

（4）从去情境化到再情境化。

一般来说，概念形成的过程是从具体到抽象的过程，是从对特定情境中的具体事物的感性认识，通过抽象和概括的思维，认识到事物的本质属

[1] 人民教育出版社课程教材研究所生物课程教材研究开发中心．普通高中教科书教师教学用书 生物学 必修 1 分子与细胞 [M]. 北京：人民教育出版社，2019.

性的过程，也就是去情境化的过程。而概念的应用往往是将所学概念迁移到新的情境中，进行辨别、识别、判断和推理等，因而是再情境化的过程。从去情境化到再情境化，是概念应用活动设计的基本思路之一。

关于情境与概念性知识的关系，学术界有着不同的观点。

极端建构主义者在主张情境性学习的同时，认为所有的知识都是情境化的[1]，即与学习知识时的情境紧密结合在一起，因此对迁移持悲观立场，认为即使那些所谓的一般知识，也只是在一个特定的环境中才有效力的。“‘一般性’常常是与抽象的表征联系在一起的，被‘去情境化’了。但是抽象表征是毫无意义的，除非它们可以和眼前的情境特别对应起来。而且，一个抽象原则的形成或掌握，其本身是一种在特定环境中的特定事件。”[2] 他们认为特定情境下学习的知识只对完成特定情境下的任务有用，不承认有脱离情境的知识，更不承认一般性知识可以广泛迁移到不同的情境中。例如，在超市购买商品时算账十分精明的家庭主妇，面对学校里的数学计算题却束手无策；有的学生在学校里对解数学习题得心应手，到现实生活中面对需要同样计算技能的问题却一片茫然。

更多的专家认为上述观点有失偏颇，既承认情境在学习中的重要作用，又看到知识如果过分依赖于情境，就会成为迁移的负累。概括化理论认为，对原理了解、概括得越好，向新情境中的迁移就越好。如果在教学方法上注意如何概括，就能增加正迁移出现的可能性。实际上，对于情境化学习与迁移的关系，应当辩证地看待。对于简单的迁移而言，学习的情境和迁移的情境比较一致，就会促进知识的迁移。但大多数的迁移是指在不同情境中的迁移，这时知识的情境化就成了要克服的问题。解决这一问题的目标是提高知识的灵活性或使知识“去情境化”（decontextualization），即从学习的情境中抽象概括出一般的、能应用于多种情境的知识来[3]。“‘去情境化’是指将知识从具体的情境中分离抽象出来，从而超越情境，成为

---

[1] 陈琦，刘儒德 . 当代教育心理学 [M]. 3 版 . 北京：北京师范大学出版社，2019：238.

[2] 伊列雷斯 . 我们如何学习：全视角学习理论 [M]. 孙玫璐，译 . 2 版 . 北京：教育科学出版社，2014：117.

[3] 王小明 . 学习心理学 [M]. 北京：中国轻工业出版社，2009：263-264.

概括性的知识。”[1] 其具体方法是让学生在不同情境中做出相同的抽象和概括，不要“过度情境化”，即不要让抽象概括过于依赖于单一的情境或例子，在概念应用活动中也是如此。这就涉及具体例证种类、数量与抽象概括的原理之间的关系。有关迁移的研究认为，最有效的迁移源自具体例子和一般原理之间的平衡而不是非此即彼[2]。

在允许的情况下，教师可以尽量让学生在真实情境中去观察、实践概念性知识的应用，如亲自操作的教学实验、实习、见习等[3]。

概念应用活动中的再情境化包括简单的练习和问题解决活动。让学生在不同情境下或针对不同的例子来练习所学概念的应用，是提高概念性理解的常用方式。针对各种新情境和各类例子的应用练习，能促进长时记忆中的新信息和大量相关情境的联系，因此，在以后需要时，信息更容易被提取出来。另外，学生有机会以略微不同的方式运用所学概念和程序，这样更可能建立起一般性的（也可能是抽象性的）理解，这种理解不必依赖于情境的显著表面特质，学生也就不太可能发展出限制他们灵活应用概念和程序的思维定式[4]。

案例 8　不同情境下的变式练习

关于伴性遗传，教材上是以人类红绿色盲为例讲述的，强调了红绿色盲是伴 X 染色体隐性遗传，然后以抗维生素 D 佝偻病为例简单介绍了伴 X 染色体显性遗传。这两个例子的局限性在于都是人类的伴性遗传，都是 XY 型染色体的伴性遗传。在设计概念应用活动时，可先让学生做关于果蝇的伴性遗传的练习（性别决定方式同人类一样，也是由 XY 型染色体决定的），再做关于鸡、家蚕等其他生物的伴性遗传问题的练习。鸡的性别决定方式与人类不同，其性染色体是 ZW 型的，雌性个体的两条性染色体

[1] 吴喆，何善亮 . 物理教学的“情境化”“去情境化”与“再情境化”[J]. 物理教师，2017，38（11）：21-25.

[2] 布兰思福特，布朗，科金，等 . 人是如何学习的：大脑、心理、经验及学校 [M]. 程可拉，孙亚玲，王旭卿，译 . 扩展版 . 上海：华东师范大学出版社，2013：68.

[3] 陈琦，刘儒德 . 当代教育心理学 [M]. 3 版 . 北京：北京师范大学出版社，2019：240.

[4] 奥姆罗德 . 学习心理学：第 6 版 [M]. 汪玲，李燕平，廖凤林，等译 . 北京：中国人民大学出版社，2015：317.

是异型的（ZW，与人类的相反），雄性个体的两条性染色体是同型的（ZZ）。以鸡的伴性遗传问题为例进行相关概念性知识的练习，能够加深学生对伴性遗传的理解。

例题：芦花鸡羽毛上有黑白相间的横斑条纹，这是由位于 Z 染色体上的显性基因 B 决定的，当它的等位基因 b 纯合时，鸡表现为非芦花，羽毛上没有横斑条纹。如果养鸡农户想得到以下结果：新出生的雄鸡都是芦花鸡，雌鸡都是非芦花鸡。用来交配的亲本鸡应是怎样的雌雄组合？请根据伴性遗传原理设计可行的杂交方案。

此题可以纠正学生关于伴性遗传都是伴 X 染色体遗传的思维定式，促进学生对伴性遗传概念的深度理解。

简单的练习也需要有新的情境，如下边的案例。

案例 9　新情境下的简单练习

1. 判断题：向细胞内注射物质后，细胞膜上会留下一个空洞。（　）

2. 单选题：将刚采摘的新鲜玉米立即放入 85℃的水中热烫处理 2 min，可较好地保持甜味。这是因为加热会（　）。

A. 提高淀粉酶的活性

B. 改变可溶性糖分子的结构

C. 破坏淀粉酶的活性

D. 破坏将可溶性糖转化为淀粉的酶的活性

第 1 道题[1]需要运用细胞膜的概念去回答。因为学生刚学习过细胞膜流动镶嵌模型的内容，知道细胞膜具有流动性，并不是刚性的固态膜。如果直接让学生判断“细胞膜具有流动性”或“细胞膜不具有流动性”是否正确，学生自然无须思考就能回答，但那样既不能考查学生是否真正理解“细胞膜具有流动性”的概念，也不能达到通过应用加深概念理解的目的。此题创设了新的情境——向细胞内注射物质，问细胞膜是否会留下空洞，这样就能考查学生是否真正理解了细胞膜具有流动性的概念。如果学生答

[1] 人民教育出版社课程教材研究所生物课程教材研究开发中心．普通高中教科书　生物学　必修 1　分子与细胞 [M]. 北京：人民教育出版社，2019：46.

不对，这道练习题就给他提供了通过应用加深理解的机会。

第 2 道题[1]需要运用影响酶活性条件的概念。通过“酶的特性”一节的学习，学生知道了酶的作用条件较温和，且知道植物体内酶的最适温度是 40 ～ 50 ℃。既然是将新鲜玉米放在 85 ℃的水中烫 2 min，肯定会破坏酶的活性，因此可将答案限定在 C 和 D 两个选项上。如果 C 正确，那么，淀粉就不能分解为可溶性糖，而淀粉是不甜的，所以这一选项是不正确的。D 选项成立时，意味着玉米中大量的可溶性糖不能转化为淀粉，因此可以较好地保持甜味，可见 D 是正确的。此题提供了新的情境，需要学生运用所学概念，并且与其他相关知识结合起来，进行逻辑推理，这不仅加深了学生对酶的作用条件较温和这一概念的理解，而且培养了思维能力。

（5）时机得当，形式灵活多样。

概念应用策略是概念教学的重要策略之一，目的是通过概念应用来加深概念性理解。因此，概念应用活动应当贯穿概念教学的始终。不同层次水平的概念应用，在教学过程中出现的时机、活动的形式以及占用时间长短都是不同的。

在新概念学习伊始，学生对新概念的内涵还不了解，似乎谈不上概念的应用。其实不然，新概念的学习总是建立在已有概念基础上的，无论是采用概念形成式的学习，还是采用概念同化式的学习，学生都需要应用已有的概念，或者去发现新的概念、原理和规律（统称概念性知识），或者用已有的知识结构去同化新的概念，这本身就是概念应用的过程。

在学生初步理解新概念的内涵以后，教师要尽可能通过各种例证，包括正例、反例、非实例，让学生去识别这些例子，分析它们是否具有所学概念的关键属性，完成“去情境化”的抽象和概括，避免所学概念成为难以迁移的“惰性知识”，为概念的迁移奠定基础。这样的概念的初步应用，可以以随堂练习的形式进行。

在学生较好地完成概念的建构以后，可以安排较复杂的问题解决活动，

---

[1] 人民教育出版社课程教材研究所生物课程教材研究开发中心 . 普通高中教科书　生物学　必修 1　分子与细胞 [M]. 北京：人民教育出版社，2019：85.

让学生运用所学概念分析解决真实情境下的复杂问题，以促进概念的深度理解，培养思维能力，特别是批判性思维和创造性思维能力。这样的概念应用活动可安排在课后进行，如果课时允许，当堂练习也是值得提倡的。

在完成一个单元（如课程标准的一个学习主题、教材的一个单元或章）的学习后，应当安排综合运用本单元重要概念的练习和问题解决活动，以促进建立概念间的内在联系和知识的结构化。在期中或期末，安排综合性更强的概念应用活动，甚至是跨学科综合应用活动，促进学生头脑中更大范围的概念结构化，以收启智增慧之效。

概念应用活动的形式应当灵活多样。可以是随堂练习、课后作业（一定要适量，注意减轻学生负担）、阶段性综合练习，也可以是课上口头问答或同学间讨论，还提倡让学生完成真实情境下的表现性任务，让学生提供整体解决方案、进行实际操作、提交可视化的研究成果或制作的产品等。关于表现性任务及其评价，将在后面详述。

二、概念学习的评价

在概念教学过程中，要及时对学生概念学习的结果进行评价。评价的目的不仅是对学习结果的评判，更重要的是“将评估作为一种学习工具来使用”。评估作为一种学习工具，必须能提供关于学生思考的信息，必须是教学过程的一个有机组成部分[1]。

1. 课程标准对概念学习评价的要求

《义务教育生物学课程标准（2011 年版）》指出，评价应以生物学课程目标和课程内容为依据，体现课程的基本理念，全面评价学生在知识、能力、情感态度与价值观等方面的表现。评价不仅要关注学生的学习结果，更要关注学生在学习过程中的发展和变化。应采用多样化的评价方式，恰当呈现并合理利用评价结果，发挥评价的激励作用。通过评价得到的信息，可以了解学生生物学课程学习达到的水平和存在的问题，并帮助教师进行

[1] 埃根，考查克 . 教育心理学：课堂之窗：第 6 版 [M]. 郑日昌，主译 . 北京：北京大学出版社，2009：561.

总结与反思。

关于知识学习的评价，该课程标准强调重视检测学生知识目标的达成。指出“要利用好纸笔测验等方式检测学生知识目标的达成。在编制纸笔测验试题时，应体现课程目标和课程内容的要求。在具体操作中，要重视考核核心的、具有良好结构的知识，而不是枝节的、零散的知识；要重视考核学生对生物学概念、原理的理解和应用以及分析、综合等思维能力”[1]。

在评价方式上，该课程标准强调倡导评价方式的多样化，指出“任何单一的评价方式所反映的结果都有其局限，因此，采用多样化的评价方式可以更加准确地实现评价的目标和功能。教师应注意终结性评价和形成性评价相结合，定量评价与定性评价相结合。在具体操作时，除了采用笔试外，还要重视采用实验操作、制作设计等任务表现性方式进行评价”[2]。此外，课程标准还倡导采用“档案夹”的形式记录学生的发展。

《普通高中生物学课程标准（2017 年版）》强调评价是日常教学中不可或缺的重要环节，是教师了解教学过程、调控教和学的行为、提高教学质量的重要手段。评价以学生发展为本，以生物学课程内容、学业质量标准为依据，聚焦学科核心素养，促进教师的教和学生的学。

关于概念学习的评价，该标准强调评价应关注学生对生物学大概念的理解和融会贯通，以生物学大概念、重要概念等主干知识为依托，检测学生生物学学科核心素养的发展水平。

概念是思维的基本形式之一。课程标准中关于科学思维评价的要求，也与概念学习的评价密切相关。课程标准强调学生科学思维的发展是评价的主要内容之一，包括评价“学生是否逐步养成科学思维习惯”，是否具有“运用归纳与概括、演绎与推理、模型与建模、批判性思维、创造性思维等方法，探讨、阐释生命现象及规律的能力”。

关于评价方式，该课程标准同样强调评价方式应该多样。“例如：学

[1] 中华人民共和国教育部 . 义务教育生物学课程标准（2011 年版）[M]. 北京：北京师范大学出版社，2012：36.

[2] 同 [1].

生成长记录，记录学生成长过程中的点点滴滴，将实验报告、实验设计、小论文、作业等收入记录袋中，作为衡量学习态度和能力的依据之一；课堂行为观察，关注学生在课堂上师生互动、自主学习、同伴合作中的行为表现、参与热情、情感体验和探究、思考的过程等；作业练习测验；实践与应用检测，根据学生实际情况，利用课余时间，以小组为单位，自拟研究题目，进行实践活动；阶段性纸笔检测，如单元和学期考试等。”[1]

关于评价结果的反馈，该课程标准指出，“对评价结果的科学分析和及时反馈，有利于提高评价的时效性。教师要根据教学目的，参照相关标准，对评价结果作出合理的解释。可利用评语、谈话等形式对学生学习情况及时反馈”[2]。

上述课程标准对概念学习评价的要求无疑具有重要指导意义。但是，如何根据学习的具体内容和学生特点，设计合理而有效的评价活动，如何将评价活动与概念应用活动有机结合起来，如何将知识掌握与思维发展的评价有机结合起来，如何对评价结果进行科学的分析，等等，都是需要进一步研究的课题。

2. 教材中的评价活动

教材中安排的学生活动丰富多样，理论上说，这些活动都是评价活动，因为学生完成这些活动的情况，都需要教师做出评价，有的还需要学生自评和互评。从概念学习的评价角度来看，资料分析、思考与讨论活动中的多数讨论题是指向概念的；实验探究活动的目标既包括增进学生对科学探究的理解、发展科学探究能力，也包括概念的建构；节后和章后的练习题大多指向概念辨析和运用；模型制作、栽培饲养等实践活动，充分体现概念性知识的运用。学生完成这些学习任务的情况，都需要教师适时地做出评价。

表现性评价是检验学生能否将知识的学习转化为能力发展的重要手

---

[1] 中华人民共和国教育部．普通高中生物学课程标准（2017 年版）[M]. 北京：人民教育出版社，2018：62.

[2] 同 [1].

段。教材中安排的许多要求学生实作的项目或任务，除在概念学习过程中进行的活动以外，都可以作为表现性评价的载体。评价过程中既要关注方法、技能、情感、态度等方面的表现，也要关注概念应用和概念发展方面的优异表现和不足之处。笔者整理了人教版中学生物学教材中的部分适于用来作表现性评价的活动，并分析了各活动在评价概念学习方面的侧重点，详见表 5-7 和表 5-8（实验设计类活动未列入）。

表 5-7　初中生物学教材中的表现性任务及概念学习的评价点[1-4]

活动类型	任务内容	概念学习评价点
课堂活动	为家长设计一份营养合理的午餐食谱	合理营养，膳食平衡
	设计一个旅行小药箱的药物清单	合理用药，安全用药
	设计健康生活的一周	健康的生活
课外实践	探究植物对空气湿度的影响	生物对环境的影响
	制作动物细胞模型	动物细胞的结构模式
	发豆芽	种子萌发的条件
	对栽种植物进行无土栽培	植物生长的条件
	绿化校园的设计活动	植物的分类，植物生长的条件，植物在生物圈中的作用
	为你的家人量血压	血压及其与健康的关系
	拟定保护当地生态环境的计划	人类活动对生态环境的影响，人与自然是生命共同体

[1] 人民教育出版社课程教材研究所生物课程教材研究开发中心 . 义务教育教科书 生物学 七年级上册 [M]. 北京：人民教育出版社，2012.
[2] 人民教育出版社课程教材研究所生物课程教材研究开发中心 . 义务教育教科书 生物学 七年级下册 [M]. 北京：人民教育出版社，2012.
[3] 人民教育出版社课程教材研究所生物课程教材研究开发中心 . 义务教育教科书 生物学 八年级上册 [M]. 北京：人民教育出版社，2013.
[4] 人民教育出版社课程教材研究所生物课程教材研究开发中心 . 义务教育教科书 生物学 八年级下册 [M]. 北京：人民教育出版社，2013.

续表

活动类型	任务内容	概念学习评价点
课外实践	饲养观赏鱼	鱼类生活需要的条件
	制作米酒	发酵，无氧呼吸
	设计并安放人工鸟巢或饲喂器	鸟类的繁殖行为和取食行为
	扦插和嫁接	植物的无性生殖，植物生活需要的条件
	饲养家蚕并观察其生殖和发育过程	昆虫的生长和发育，完全变态
	调查当地常见的几种传染病	传染病及相关概念群
练习题	撰写校园（或公园、农田）生物的调查报告	生物多样性，生物的类群
	以“西瓜子历险记”为题写一篇科普小文章	消化
	调查本班同学的近视率，分析原因，讨论保护视力的措施	近视及其成因，预防近视的措施
	用一句话概括骨、关节、肌肉在运动中的作用	运动的结构基础（骨、关节、肌肉的协同）
	给校园植物挂上标牌	植物分类
	查阅资料，描述蝉发育的过程	昆虫的发育，不完全变态
	详述应该如何对待有遗传缺陷的人	遗传病，基因多样性
	搜集有关生命起源的最新报道，与同学交流	生命的起源
	参观生物进化展览，为班级墙报写一篇小论文	生物的进化
	收集有关艾滋病的资料，与同学讨论“艾滋病离我们有多远？”	艾滋病及相关概念群

表 5-8　高中生物学必修教材中的表现性任务及概念学习的评价点[1-2]

活动类型	任务内容	概念学习评价点
课外实践	利用废旧物品制作生物膜模型	生物膜的结构
	制作真核细胞的三维结构模型	真核细胞的结构
	低温诱导植物细胞染色体数目的变化	低温诱导染色体加倍
	调查人群中的遗传病	人类遗传病
	探究抗生素对细菌的选择作用	自然选择
课上活动	建立减数分裂中染色体变化的模型	减数分裂
	制作 DNA 双螺旋结构模型	DNA 的结构
	讨论基因检测的利与弊	基因检测，科学、技术和社会的关系
	讨论生物进化观点对人们思想观念的影响	生物进化观点及其对人们思想观念的影响
练习题	理性评析和回应核酸保健品的宣传和推销	核酸，基因，消化，吸收
	结合酶的发现史，写一篇短文，谈谈对科学发展过程的认识	酶，科学本质
	搜集资料，写一篇关于植物工厂的综述性短文	科学、技术与社会的关系
	预测瓶中植物的生存时间	光合作用，蒸腾作用，呼吸作用，植物对水和无机盐的需要，物质循环
	查找资料，评述开发和利用化石燃料能升高大气中 CO_2 的浓度、有利于提高光合作用速率、对农业生产有好处、不必限制碳排放等观点	影响光合作用的因素，温室效应，生物圈，人与自然的关系

[1] 人民教育出版社课程教材研究所生物课程教材研究开发中心．普通高中教科书　生物学　必修 1　分子与细胞 [M]. 北京：人民教育出版社，2019.

[2] 人民教育出版社课程教材研究所生物课程教材研究开发中心．普通高中教科书　生物学　必修 2　遗传与进化 [M]. 北京：人民教育出版社，2019.

续表

活动类型	任务内容	概念学习评价点
练习题	结合必修 1 的学习内容，写一篇文章谈谈自己对生命历程的感悟	细胞的生命历程（细胞学说，细胞的生长、增殖、分化、衰老、凋亡、坏死等）
	收集我国某个化石群的资料，向全班同学介绍	化石，生物进化
	结合必修 2 的学习内容，围绕基因、遗传、变异、进化乃至生命本质等关键词写一篇短文	遗传与进化的核心概念，遗传、变异和环境的辩证统一，生物界生生不息、不断发展

在上述表现性作业的评价过程中，应当关注学生是否充分理解和运用了相关概念。如果发现理解不准确、不到位，或者未能将相关概念结构化，应当引导学生认识到问题所在，促进概念的转变和发展。

3.SOLO 分类评价理论及其启示

上文已经阐明，概念学习的评价应当聚焦思维，不是仅评价学生是否记住了概念的名称和定义，而是看他是否将相关概念的学习结果表现为思维能力。因此，评价概念的学习结果时，应当根据学生的表现来分析他们的思维过程和发展水平。然而，学生的思维过程是看不见的，除非通过口语报告（或称出声思维）的形式表达出来，而这在平时的评价活动中是难以实施的。为了解决这个问题，澳大利亚教育心理学家比格斯（J.B. Biggs）和科林斯（K.F.Collins）提出了 SOLO 分类评价理论。该理论认为，一个人的总体认知水平（思维水平）是难以测量的，但是在回答某个问题时所表现出来的思维结构却是可以检测的，这种在思考具体问题时表现出来的思维结构叫作“可观察的学习成果的结构”（Structure of the Observed Learning Outcome，英文缩写为 SOLO）。通过分析学生在解决一个问题时所表现出的思维结构来评价他所达到的思维水平的方法称为 SOLO 分类评价法。这个理论认为，学生学习许多概念时，在思维上都经历由简单到复杂的提升顺序，教师可以按照这个顺序来调整具体的教学目标，或者对具体的学习结果进行评价。根据学生在完成学习任务时的不同表现，这一理论将学习成果划分为五种复杂性水平或五种水平的结构[1]。这五种水平的结构及其基本含义如表 5-9。

表 5-9　SOLO 层级水平对应的具体思维特征和结构模型[2]

SOLO 层级水平	具体思维操作水平	结构模型
前结构	拒绝回答或重复问题，或回复与问题无关的零散信息。可认为学生基本上不能理解和解决特定问题	
单点结构	只能联系单一事件进行“概括”：找到一个线索就立即跳到结论上去，答题时考虑的问题不深也不广	 一个相关方面
多点结构	只能根据几个有限的孤立事件进行“概括”：回答中涉及构成问题的若干要点，但只是简单罗列这些要点，无法找到要点之间的相互关系，不能将它们整合起来	 几个独立的相关方面
关联结构	归纳：能在设定的情境中利用相关知识进行概括，能将组成问题的要点连成一个有机整体。这一层次表明学生对问题的理解发生了质的变化	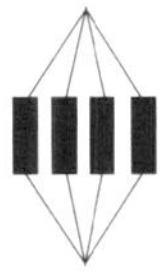 结合成一个有机整体
拓展抽象结构	演绎与归纳：能对未经历的情景进行概括，将关联结构中的概括拓展到一个新的领域	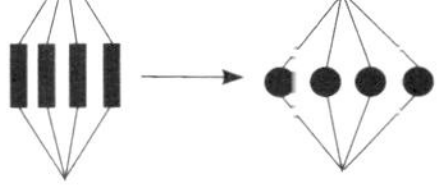 类推到新的领域

[1] 李祥兆．学生思维评价的新视角：SOLO 分类评价理论评述 [J]. 教育科学研究，2005（11）：20-22.

[2] 王晓容，李娘辉，谢虎成．SOLO 分类评价理论在高中生逻辑思维培养中的应用：以“性状分离比的模拟”实验的教学为例 [J]. 中学生物学，2016，32（7）：7-9.

如何根据 SOLO 分类评价理论编制评价作业呢？徐万朝在他的硕士论文中提供了一个有说服力的案例[1]。

案例 1　关于光合作用概念的评价试题

原初测试题：光合作用的产物是什么？

学生只要记住了教材所讲的光合作用的产物是有机物和氧气，就能够顺利回答。这就是单点结构的思维水平。

变式 1：植物在生长过程中，其干质量不断增加的原因是什么？

学生要回答此题，将需要运用多个知识点：植物从土壤中吸收水和无机盐，从大气中吸收 CO_2，水和 CO_2 通过光合作用转化为有机物，大量的水分通过蒸腾作用散失了，有些水分保持在植物体内，干质量是不包含水分在内的质量。因此，干质量增加的原因主要是植物通过光合作用，利用 CO_2 和水合成有机物，此外还有吸收的无机盐（占比例很小）。可见，回答此题需要多点结构的思维。

变式 2：在不同阶段称量种子萌发后长出的幼苗，发现其干质量先减少后增加，造成这种现象的主要原因是什么？

回答此题需要将光合作用和呼吸作用及二者在不同时期的强度关联起来思考：刚萌发出的幼苗，新叶还未长成，光合作用还不能进行或者很微弱，而呼吸作用强度很大，这样有机物的消耗大于积累，因此干质量减少；等叶片长成后，光合作用增强，有机物的积累大于消耗，因此干质量增加。这样的思维水平就是关联结构的了。

变式 3：在不同阶段称量种子萌发后长出的幼苗，发现其干质量先减少后增加，请设计一个实验检测出导致干质量增加的物质是什么？

植物体内的干物质，除了无机盐就是有机物。无机盐是不能燃烧的。有机物燃烧后变成 CO_2 和水，CO_2 生成后即散失到大气中，水也会在燃烧过程中以水蒸气形式散失。因此，只要称量不同阶段幼苗燃烧后的质量，就能检测出无机盐的质量增加很少，导致干质量增加的物质主要是有机物，即光合作用的产物。设计出这样的实验方案不仅需要将多个概念关联起来，还需要将关联结构中的抽象概括拓展到一个新情境中，产生创新性的想法。

---

[1] 徐万朝 . SOLO 层级下高中生物开放性试题的命制研究 [D]. 长沙：湖南师范大学，2017：39.

这就是拓展抽象结构水平的思维表现。

这是通过不同变式的试题来检测学生概念思维水平的案例。从中可以看出，过于简单的题目只能检测低层次的思维（单点结构或多点结构），情境越复杂，检测的思维层次也就越高（关联结构或拓展抽象结构）。

同一道习题或试题，往往也能检测出不同学生在回答此题时表现出的思维结构层次的差异。

案例 2　根据回答同一道题目的情况来分析不同学生的思维水平

我们就以上面案例中变式 2 为例。在不同阶段称量种子萌发后长出的幼苗，发现其干质量先减少后增加，造成这种现象的主要原因是什么？

甲同学回答：因为光合作用制造有机物。至于呼吸作用，根本就没有提到。这个同学在回答这道题时的思维层次就是单点结构水平的。

乙同学回答：干质量先减少是因为呼吸作用消耗有机物，干质量后增加是因为光合作用制造有机物。这一回答提到了光合作用和呼吸作用两个概念，但未将二者有效关联起来，表现的就是多点结构水平的思维。

丙同学回答：刚萌发出的幼苗没有长出叶片，不能进行光合作用，而呼吸作用正常进行，这样迅速消耗种子中原来贮存的有机物，因此干质量减少；随着幼苗的生长，大量的叶芽发育成叶，光合作用很旺盛，有机物的合成速率大于分解速率，因此干质量增加。显然，这个同学的思维层次是关联结构水平的。

由此可见，从命题技术上说，需要高水平思维才能正确回答的题目，实际上能考查不同学生的思维水平差异，不同学生的作答情况会表现出各种水平的思维。单点结构水平的题目，是不可能考查出高水平思维的。

为了保证不同思维水平的学生都能有正确作答的机会，一张试卷上不同思维水平的题目分布要均衡合理。此外，一道大题中可以分设几道小题，其思维水平从低到高呈现合理梯度，让水平较高者有发挥的空间，让水平待提高者坚定信心。

案例3　关于生态系统的习题[1]

下图是河流生态系统受到生活污水（含大量有机物）轻度污染后的净化作用示意图。

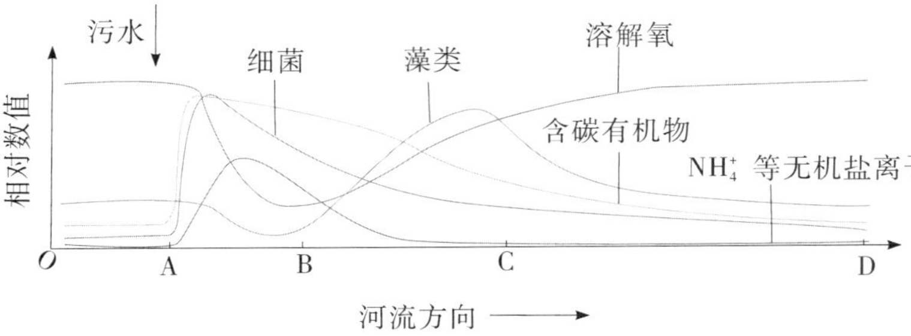

请据图回答下列问题。

（1）在该河流的 AB 段上，溶解氧大量减少的主要原因是什么？

（2）在该河流的 BC 段上，藻类大量繁殖的主要原因是什么？

（3）水中溶解氧含量逐渐恢复的主要原因是什么？

（4）若酿造厂或味精厂将大量含有有机物的废水排入该河流，对河流生态系统可能造成的最严重的后果是什么？

此题第（1）问的答案：主要原因是需氧型细菌大量繁殖，因而大量消耗溶解氧。这是单点结构的思维层次。如果加上 AB 段藻类数量有一定减少，其光合作用放氧量也减少，则属于多点结构的思维层次。

第（2）问的答案：有机物分解后形成的大量的 NH_4^+ 等无机盐离子，有利于藻类的大量繁殖。这也是单点结构的思维层次。

第（3）问的答案：随着藻类的大量繁殖，这些藻类通过光合作用释放大量氧气；随着有机物的减少，需氧型细菌数量下降，因而对溶解氧的消耗量减少。将增加释放和减少消耗的机制关联起来，这属于关联结构的思维层次。

第（4）问的答案：将大量含有有机物的废水排入河流，会导致河流

[1] 人民教育出版社课程教材研究所生物课程教材研究开发中心．普通高中教科书 生物学 选择性必修2 生物与环境 [M]. 北京：人民教育出版社，2020：80.

中微生物大量快速繁殖，导致水中溶解氧严重匮乏，水质严重恶化，鱼、虾等水生生物大量死亡，该生态系统的稳定性遭到破坏。回答这个问题需要在关联结构思维基础上，将思维的触角伸向题干提供的情境和信息之外，表现的是拓展抽象结构的思维层次。

通过以上分析可见，SOLO 分类评价理论对于评价题目的命制、学生作答的分析都具有较实用的参考价值，也适用于诊断学生在概念理解方面存在的问题。

4. 评价的类型和实施方式

根据评价的目的和实施的时机，可以将评价分为形成性评价和总结性评价两类。

形成性评价（formative evaluation）即评价发生在教学之前或过程中，并且它是用来向学生提供反馈同时监控学生的成长过程的[1]。通过向学生反馈评价的结果，增强学生的学习动机，找出学生存在的不足，改进学生的学习行为和结果。对教师来说，形成性评价能让他们了解学生通过学习达成教学目标的程度，哪些方面掌握得好，哪些方面掌握得不好，帮助他们改进教学方法，提高教学对策的针对性和有效性。如果学生的学习困难根深蒂固，通过形成性评价发现的问题难以得到有效解决，需要进一步探寻学习困难的原因，此时，诊断性评价就要派上用场了。诊断性评价即专门针对学生在概念学习中可能存在的问题，设计相应的测试题，比如围绕一个重要概念设计一组从简单到复杂、从低层次要求到多层次要求、从单因素到多因素的检测题，诊断学生的学习困难发生在哪个环节，从而找出困难的根源[2]。

形成性评价是伴随着概念学习始终的，其具体形式既包括课堂上师生问答、同学间讨论、教师观察学生的探究过程和结果、随堂练习等非正式的评价，也包括小测验、家庭作业等需要教师给予评分的正式评价。

---

[1] 埃根，考查克．教育心理学：课堂之窗：第 6 版 [M]. 郑日昌，主译．北京：北京大学出版社，2009：610.

[2] 格朗伦德．学业成就测评：第 7 版 [M]. 罗黎辉，孙亚玲，等译．南京：江苏教育出版社，2008：5-6.

随堂检测是形成性评价的常见形式。俞晓鸿等认为，概念教学的有效、无效、低效、高效，要看随堂检测中有多少学生的模糊或错误的前概念已经得到纠正，有多少学生的正确概念有了新的提升。随堂检测是做给教师自己看的，不是给别人看的，是教师自己安排下一步教学策略的依据，也是课后反思自己这堂课设计与实施是否正确得当的依据。随堂检测下来，如果效果好，完全可以不布置作业。如果效果不好，则应该布置差异化作业。差异化作业是对有效教学的补救和延伸[1]。

随堂检测的题型包括判断、选择、匹配（连线）、填空、填图、填表、画概念图、问答、简要论述等。这里要特别提一下画概念图的检测方式。概念图既能帮助学生对概念之间的关系进行梳理，有利于理解的深入，又可以作为评价工具。学生如果在画概念关系图时出现遗漏和错误，表明他对这一概念缺乏足够的理解[2]。人教版高中生物教材在不少章后检测题中，都安排了画概念图的习题，供老师们在教学中用于随堂检测。教师可以通过这种方式来发现学生对概念，特别是概念之间关系理解的疏漏。

总结性评价是在完成一个主题以后进行的，主要目的是评分[3]，即评价学生的学业成就。当然，按照现在的课程理念，总结性评价的结果也应当向学生反馈，并且同学生一起讨论通过评价发现的优势和不足，激发或强化学生的学习动机，同时帮助教师根据总结性评价的情况调整和改进教学。

总结性评价的具体形式包括阶段性测验（单元、期中、期末）、表现性评价和档案袋评价等。与形成性评价侧重评价学生对某一具体知识和技能的学习情况不同，总结性评价能对学生的学习状况、思维发展等进行整体的、阶段性的评估，二者应该是相辅相成的关系。不应因为强调形成性评价而忽视总结性评价。

鉴于表现性评价的重要性和探索性，下面将它单列出来阐述。

---

[1] 俞晓鸿，苏宁，沈云云 . 什么才是真正有效的教学：前概念原理、方法、案例、行动 [M]. 杭州：浙江大学出版社，2016：141.

[2] 陈琦，刘儒德 . 当代教育心理学 [M]. 3 版 . 北京：北京师范大学出版社，2019：223.

[3] 埃根，考查克 . 教育心理学：课堂之窗：第 6 版 [M]. 郑日昌，主译 . 北京：北京大学出版社，2009：610.

5. 表现性评价的设计和案例

表现性评价是指对学生在完成实际活动以及制作一件作品的过程中所展现出的知识和能力进行评估的一种形式[1]。前面已经谈到，真实活动能够提升学生向现实环境迁移知识、技能和问题解决策略的可能性。埃里克森等认为，在概念为本的教学中，表现性评价展示学生知道的（事实性知识）、理解的（概念性知识）以及能做的（技能）。学生学习的高质量表现性评价包含以下特征：

（1）针对知道、理解和做的学习目标；

（2）真实可信并依据具体的情境；

（3）按照明确的标准进行评估；

（4）可以提供学生选择。[2]

应当指出的是，表现性评价任务不仅仅是一个学生活动，而是一个为评价服务的、有着明确评价目标和标准的学生活动。其任务设计的基本思路是让学生完成任务的过程和结果显现出他们所知道的事实性知识（K）、所理解的概念性知识（U）、所能做的事（D），而这些 KUD 正是评价的目标。与评价目标相偏离的活动，尽管也可能有其价值，却不是表现性评价的任务。

案例 4　表现性评价案例：生物圈中的生物生存

你是一家自然史博物馆馆长，为了纪念“地球日”，决定要展览地球上不同的生态系统。你负责为博物馆创建一个展览，让公众了解一个特定的生态系统，包括生态系统的一份真实造景或比例模型，同时，你需要标注出所有重要功能，包括该地区的非生物因素、植物和动物种群的种类、居住在该地区的群落、这些生物体之间是如何相互依存而得以生存的，其中要包括观众感兴趣的内容。博物馆希望你向本市的市长和其他要员做一个特别讲座，介绍并总结一下筹划过程中你的生态系统研究成果。你可以

[1] 埃根，考查克．教育心理学：课堂之窗：第 6 版 [M]. 郑日昌，主译．北京：北京大学出版社，2009：590.

[2] 埃里克森，兰宁．以概念为本的课程与教学：培养核心素养的绝佳实践 [M]. 鲁效孔，译．上海：华东师范大学出版社，2018：85.

使用各种技术或多媒体来准备这份面向市政要员的演讲稿[1]。

本案例的评价目标：知道什么是生态系统，生物圈里有各种各样的生态系统；理解生态系统是栖居在那里的各种各样的生物与其无机环境组成的，各种生物的生存受到无机环境的影响，同时，各种生物之间也是相互影响、相互依存的，它们也是人类赖以生存的环境和资源；通过网络或其他途径，了解一个具体的生态系统，探究其中生物群体之间的关系，了解该生态系统面临着什么样的挑战，设计一个在博物馆里展示这个生态系统的具体方案，使用各种技术或多媒体来准备面向市政要员介绍这个生态系统的演讲稿。

评价标准如表 5-10。

表 5-10 “生物圈中的生物生存”任务评分指南[2]

内容	具体描述	可能的分值	自我评价	教师评价
展示完整而准确	所有展示部分内容齐全，标示完整			
	所有生态系统的非生物和生物特点都得到了准确的呈现			
	展示明确表现了生态系统中生物、种群和群落之间的关系			
演讲到位	演讲准确反映了研究内容，关注了展示部分最重要的内容			
展示组织有序	信息表达清楚			
	布展空间使用合理			
	各种关系一目了然			

[1] 埃里克森，兰宁．以概念为本的课程与教学：培养核心素养的绝佳实践 [M]. 鲁效孔，译．上海：华东师范大学出版社，2018：154.

[2] 同 [1] 155.

续表

内容	具体描述	可能的分值	自我评价	教师评价
展示引人入胜	创造性地设计			
	摆放整齐有序			
演讲流畅而有效	精心排练			
	有趣，对观众有吸引力			

计分采用等级制：A 为 95 ～ 100，B 为 88 ～ 94，C 为 80 ～ 87，D 为 80 以下。

学生要完成这样一个表现性任务，面临的挑战还是很大的。他不仅需要深度理解有关生物圈和生态系统的概念性知识，如生态系统内生物如何相互依存、不同类型的生态系统有哪些特点、生态系统内的能源和资源流转、当今生态系统面临的挑战和威胁等，还需要对一个特定的生态系统做深入的调查研究，且需要有相当的想象力、工程技术思维、审美思维、空间布局能力、语言表达能力等。可以预期，如果学生认真完成了这样一个表现性任务，他对生态系统和生物圈概念的理解会更加深入，将所学概念性知识应用于现实生活的综合能力也会大幅提升。

○ 参考文献 ○

[1] 加涅，布里格斯，韦杰 . 教学设计原理 [M]. 皮连生，庞维国，等译 . 上海：华东师范大学出版社，1999.

[2] 李明玉 . 概念五要素及其在科学教学中的作用 [J]. 科教文汇（上旬刊），2011（8）：53-54.

[3]《逻辑学辞典》编辑委员会 . 逻辑学辞典 [M]. 长春：吉林人民出版社，1983.

[4] 阿兰兹 . 学会教学：第 6 版 [M]. 丛立新，等译 . 上海：华东师范大学出版社，2007.

[5] 金岳霖 . 形式逻辑 [M]. 北京：人民出版社，2005.

[6] 季苹 . 教什么知识：对教学的知识论基础的认识 [M]. 北京：教育科学出版社，2009.

[7] 维果茨基 . 维果茨基教育论著选 [M]. 余震球，译 . 2 版 . 北京：人民教育出版社，2005.

[8] 李高峰，刘恩山 ."前科学概念"的术语和定义的综述 [J]. 宁波大学学报（教育科学版），2006，28（6）：43-45.

[9] 王小明 . 学习心理学 [M]. 北京：中国轻工业出版社，2009.

[10] 张颖之，刘恩山 . 核心概念在理科教学中的地位和作用：从记忆事实向理解概念的转变 [J]. 教育学报，2010，6（1）：57-61.

[11] 胡玉华 . 科学教育中的核心概念及其教学价值 [J]. 课程 • 教材 • 教法，2015，35（3）：79-84.

[12] National Research Council. A framework for K-12 science

education：practices，crosscutting concepts，and core ideas[M].Washington，DC：The National Academies Press，2012.

[13] NGSS Lead States. Next generation science standards：for states，by states[M].Washington，DC：The National Academies Press，2013.

[14] 王小明，鞠瑞利 . 现代认知心理学关于概念表征的研究 [J]. 上海教育科研，1998（10）：32-35.

[15] 韩劢 . 认知心理学中概念结构观的演变 [J]. 淮北煤炭师范学院学报（哲学社会科学版），2004，25（3）：131-133.

[16] 郭建鹏 . 概念学习理论及其条件述评 [J]. 心理研究，2010，3（2）：3-13.

[17] 赵冬梅，刘志雅，莫雷 . 基于理论观的类别研究进展 [J]. 应用心理学，2009，15（1）：73-77.

[18] 殷融，叶浩生 . 多元表征假设：概念表征机制的新观点 [J]. 心理科学，2014，37（2）：483-489.

[19] 申继亮 . 心理表征的若干研究 [J]. 心理科学进展，1988（1）：23-29，7.

[20] 奥姆罗德 . 学习心理学：第 6 版 [M]. 汪玲，李燕平，廖凤林，等译 . 北京：中国人民大学出版社，2015.

[21] 埃根，考查克 . 教育心理学：课堂之窗：第 6 版 [M]. 郑日昌，主译 . 北京：北京大学出版社，2009.

[22] 殷融，曲方炳，叶浩生 . 具身概念表征的研究及理论述评 [J]. 心理科学进展，2012，20（9）：1372-1381.

[23] 卡比，古德帕斯特 . 思维：批判性和创造性思维的跨学科研究：第 4 版 [M]. 韩广忠，译 . 北京：中国人民大学出版社，2010.

[24] 杜威 . 我们怎样思维：经验与教育 [M]. 姜文闵，译 .2 版 . 北京：人民教育出版社，2005.

[25] 沃森 . 思想史：从火到弗洛伊德 [M]. 胡翠娥，译 . 南京：译林出版社，2018.

[26] 卢家楣 . 学习心理与教学：理论和实践 [M].3 版 . 上海：上海教育

出版社，2016.

[27] 皮连生 . 学与教的心理学 [M].5 版 . 上海：华东师范大学出版社，2009.

[28] 韦洪涛 . 学习心理学 [M]. 北京：化学工业出版社，2018.

[29] 陈琦，刘儒德 . 当代教育心理学 [M].3 版 . 北京：北京师范大学出版社，2019.

[30] 布鲁纳 . 布鲁纳教育论著选 [M]. 邵瑞珍，张渭城，等译 .2 版 . 北京：人民教育出版社，2018.

[31] 吕萍 . 儿童早期的科学概念形成 [M]. 上海：上海三联书店，2016.

[32] 董滨宇 . 康德《纯粹理性批判》中的“直观”概念 [J]. 江苏社会科学，2014（3）：39-45.

[33] 谭永平 . 中学生物学课程在发展学生核心素养中的教育价值 [J]. 生物学教学，2016，41（5）：20-22.

[34] 沃斯特 . 自然的经济体系：生态思想史 [M]. 侯文蕙，译 . 北京：商务印书馆，1999.

[35] 于贵瑞，王秋凤，杨萌，等 . 生态学的科学概念及其演变与当代生态学学科体系之商榷 [J]. 应用生态学报，2021，32（1）：1-15.

[36] 唐庆圆 . 例析高中生物中的“结构与功能观”[J]. 中学生物学，2016，32（6）：3-4.

[37] 刘丹 . 高中生物必修教材中渗透结构与功能观的研究 [J]. 中学生物教学，2016（21）：4-6.

[38] 中华人民共和国教育部 . 普通高中生物学课程标准（2017 年版）[M]. 北京：人民教育出版社，2018.

[39] 人民教育出版社课程教材研究所生物课程教材研究开发中心 . 普通高中课程标准实验教科书 生物 3 必修 稳态与环境 [M]. 北京：人民教育出版社，2004.

[40] 张秀红 . 核心素养视域下的生物学观念：内涵、价值、内容体系及教学 [J]. 课程 • 教材 • 教法，2017，37（9）：91-97.

[41] 中国科学技术协会，中国细胞生物学学会，中国神经科学学会，

等 . 生物学学科发展报告：2007—2008[M]. 北京：中国科学技术出版社，2008.

[42] 吴相钰，陈守良，葛明德 . 陈阅增普通生物学 [M].2 版 . 北京：高等教育出版社，2005.

[43] 迈尔 . 生物学思想的发展：多样性，进化与遗传 [M]. 刘珺珺，胡文耕，彭奕欣，等译 . 长沙：湖南教育出版社，1990.

[44] 人民教育出版社课程教材研究所生物课程教材研究开发中心 . 普通高中教科书 生物学 必修 1 分子与细胞 [M]. 北京：人民教育出版社，2019.

[45] 美国科学教育标准制定委员会 . 新一代科学教育标准：学科核心概念序列和主题序列 [M]. 叶兆宁，杨元魁，周建中，译 . 北京：中国科学技术出版社，2020.

[46] 赵占良 . 试论中学生物学的学科本质 [J]. 中学生物教学，2016（1/2）：4-8.

[47] 毛新志，刘星，向云霞 . 论康德的自然目的论思想：兼评现代生物学哲学中的目的性思想 [J]. 理论月刊，2009（3）：42-44.

[48] 胡文耕 . 生物学哲学 [M]. 北京：中国社会科学出版社，2002.

[49] 沈仁权，顾其敏 . 生物化学教程 [M]. 北京：高等教育出版社，1993.

[50] 人民教育出版社课程教材研究所生物课程教材研究开发中心 . 普通高中课程标准实验教科书 生物 1 必修 分子与细胞 [M].2 版 . 北京：人民教育出版社，2007.

[51] 人民教育出版社生物室 . 高级中学课本（试用） 生物（甲种本）全一册 [M]. 北京：人民教育出版社，1985.

[52] 马佩 . 辩证逻辑 [M]. 开封：河南大学出版社，2006.

[53] 殷融，苏得权，叶浩生 . 具身认知视角下的概念隐喻理论 [J]. 心理科学进展，2013，21（2）：220-234.

[54] 李福印，田聪 . 概念隐喻理论与概念合成理论在意义构建中的优势和不足 [J]. 外国语言文学研究，2005，5（2）：35-40，60.

[55] 殷融，曲方炳，叶浩生．具身概念表征的研究及理论述评 [J]. 心理科学进展，2012，20（9）：1372–1381.

[56] 梁浩．具身认知对现代教学的启示 [J]. 学理论，2014（6）：181-182.

[57] 中华人民共和国教育部．义务教育生物学课程标准（2011 年版）[M]. 北京：北京师范大学出版社，2012.

[58] 安德森，克拉斯沃尔，艾雷辛，等．学习、教学和评估的分类学：布卢姆教育目标分类学修订版 [M]. 皮连生，主译．上海：华东师范大学出版社，2008.

[59] 盛群力，毛伟，贺巍．国际教育目标分类研究进展要览及其创新价值 [J]. 数字教育，2015（6）：1-7.

[60] 盛群力．旨在培养解决问题的高层次能力：马扎诺认知目标分类学详解 [J]. 开放教育研究，2008，14（2）：10-21.

[61] 崔允漷．有效教学 [M]. 上海：华东师范大学出版社，2009.

[62] 毕晓白，张翔升．中学生物学课堂教学设计原理与应用 [M]. 北京：人民教育出版社，2020.

[63] 加涅．学习的条件和教学论 [M]. 皮连生，王映学，郑葳，等译．上海：华东师范大学出版社，1999.

[64] 皮连生．智育心理学 [M].2 版．北京：人民教育出版社，2008.

[65] 李森，于泽元．对探究教学几个理论问题的认识 [J]. 教育研究，2002（2）：83-88.

[66] 陈建刚，王谷仙．生物科学探究模式探析 [J]. 中学生物教学，2015（24）：14-16.

[67] 卡琳，巴斯，康坦特．教作为探究的科学 [M]. 北京：人民教育出版社，2008.

[68] 袁维新，吴庆麟．关于学习环模式的研究综述 [J]. 心理科学，2007，30（3）：632-635.

[69] 人民教育出版社课程教材研究所生物课程教材研究开发中心．普通高中教科书 生物学 必修 2 遗传与进化 [M]. 北京：人民教育出版社，

2019.

[70] 比格斯，等 . 科学发现者 • 生物：生命的动力 中册 [M]. 曾立，等译 . 杭州：浙江教育出版社，2008.

[71] 迈耶 . 学科教学心理学 [M]. 姚梅林，译 .2 版 . 南京：江苏教育出版社，2010.

[72] 谭永平 . 试论中学生物学教材和教学中的情境创设 [J]. 中学生物教学，2019（11）：8-10.

[73] 朱斌 . 谈高中数学概念教学中问题情境的创设 [J]. 中学数学（高中），2021（3）：88-89.

[74] 人民教育出版社课程教材研究所生物课程教材研究开发中心 . 义务教育教科书 生物学 八年级 上册 [M]. 北京：人民教育出版社，2013.

[75] 人民教育出版社课程教材研究所生物课程教材研究开发中心 . 义务教育教科书 生物学 七年级 下册 [M]. 北京：人民教育出版社，2012.

[76] 马艳明 . 高中生物学教学中的问题链设计策略研究 [D]. 扬州：扬州大学，2019.

[77] 何百通 . 数学分析教学中“问题链”设计原则 [J]. 长春师范学院学报（自然科学版），2006，25（1）：119-121.

[78] 江炜炜 . 精心设计“问题链”，有效提高问题价值 : 例谈初中数学问题链的设计原则 [J]. 中学数学研究，2019（24）：24-25.

[79] 屠旭滨 . 例谈物理高效课堂问题设计的原则 [J]. 物理教学探讨，2020，38（2）：28-31.

[80] 毛浙东 . 基于核心素养问题设计的三个原则 : 以利用待定系数法求多项式最值问题设计为例 [J]. 中学数学研究，2020（11）：6-8.

[81] 人民教育出版社课程教材研究所生物课程教材研究开发中心 . 义务教育教科书 生物学 七年级 上册 [M]. 北京：人民教育出版社，2012.

[82] 徐文彬 . 数学概念的认识及其教学设计与课堂教学 [J]. 课程 • 教材 • 教法，2010，30（10）：39-44.

[83] 人民教育出版社课程教材研究所生物课程教材研究开发中心 . 义务教育教科书 生物学 八年级 下册 [M]. 北京：人民教育出版社，2013.

[84] 刘华昌，丁玉莲 .HPS 教育研究综述 [J]. 教学研究，2009，32（6）：23-27.

[85] 袁维新 .HPS 教育：一种新的科学教育范式 [J]. 教育科学研究，2010（7）：48-51，55.

[86] 李雁冰，邹逸 . 科学史融入科学教育的几个现实问题 [J]. 全球教育展望，2012，41（10）：91-96，49.

[87] 郭小玲 .HPS 教育融入科学课程的国外研究成果简介 [J]. 物理教师，2017，38（6）：80-83.

[88] 中华人民共和国教育部 . 普通高中生物课程标准（实验）[M]. 北京：人民教育出版社，2003.

[89] 袁维新 . 科学史融入科学课程的原则、方式和策略 [J]. 课程 • 教材 • 教法，2006，26（10）：68-72.

[90] 谭永平 . 高中生物科学史教学中的问题及对策 [J]. 教育科学论坛，2011（12）：15-17.

[91] 肖磊，徐学福 . 科学史融入科学课程的利与"弊"[J]. 教育理论与实践，2012，32（16）：61-64.

[92] 袁维新 . 国外科学史融入科学课程的研究综述 [J]. 比较教育研究，2005（10）：62-67.

[93] 丁邦平 . 国际科学教育导论 [M]. 太原：山西教育出版社，2002.

[94] 人民教育出版社课程教材研究所生物课程教材研究开发中心 . 普通高中课程标准实验教科书 生物 2 必修 遗传与进化 [M]. 北京：人民教育出版社，2007.

[95] 袁维新 .HPS 教学模式和光合作用发现过程的教学案例 [J]. 生物学教学，2004，29（12）：14-15.

[96] 吴航枫 .HPS 教学模式应用于生物学科学史的教学策略初探：以"促胰液素的发现"为例 [J]. 生物学教学，2020，45（1）：13-15.

[97] 何城蝶，韦艳艳 .HPS 教学模式在高中生物课堂中的实践：以"光合作用的原理和应用"为例 [J]. 中学生物学，2019，35（9）：17-19.

[98] 黄晓娜，吴先球 . 国内 HPS 教育融入中学物理教学的研究综述 [J].

物理教师，2020，41（7）：2-7.

[99] 胡有红 .HPS 教学模式在高中生物教学中的应用 [J]. 中学生物学，2012，28（5）：18-20.

[100] 陈锋，杨丽娟 . 基于 HPS 理论的概念教学范式研究：以科学史建构科学概念的视角 [J]. 教育参考，2017（5）：79-86.

[101] 吴新静，盛群力 . 理解为先促进设计模式：一种理解性教学设计的框架 [J]. 当代教师教育，2017，10（2）：40-47.

[102] 首新，林长春 . 基于 CAT 的科学概念教学中融入科学史探究 [J]. 内蒙古师范大学学报（教育科学版），2011，24（8）：148-151.

[103] 沈文炳，鲍国诚 . 基于抛锚式的 HPS 教学模式：“牛顿第一定律”的教学设计 [J]. 湖南中学物理，2014（3）：76-78.

[104] 裴娣娜. 现代教学论 : 第一卷 [M]. 北京：人民教育出版社，2005.

[105] 胡志强，肖显静 . 科学理性方法 [M]. 北京：科学出版社，2002.

[106] 人民教育出版社课程教材研究所生物课程教材研究开发中心 . 普通高中教科书教师教学用书 生物学 必修 1 分子与细胞 [M]. 北京：人民教育出版社，2019.

[107] 埃里克森，兰宁 . 以概念为本的课程与教学：培养核心素养的绝佳实践 [M]. 鲁效孔，译 . 上海：华东师范大学出版社，2018.

[108] 吴喆，何善亮 . 物理教学的“情境化”“去情境化”与“再情境化”[J]. 物理教师，2017，38（11）：21-25.

[109] 布兰思福特，布朗，科金，等 . 人是如何学习的：大脑、心理、经验及学校 [M]. 程可拉，孙亚玲，王旭卿，译 . 扩展版 . 上海：华东师范大学出版社，2013.

[110] 李祥兆 . 学生思维评价的新视角：SOLO 分类评价理论评述 [J]. 教育科学研究，2005（11）：20-22.

[111] 王晓容，李娘辉，谢虎成 .SOLO 分类评价理论在高中生逻辑思维培养中的应用：以“性状分离比的模拟”实验的教学为例 [J]. 中学生物学，2016，32（7）：7-9.

[112] 徐万朝 .SOLO 层级下高中生物开放性试题的命制研究 [D]. 长沙：湖南师范大学，2017.

[113] 人民教育出版社课程教材研究所生物课程教材研究开发中心 . 普通高中教科书 生物学 选择性必修 2 生物与环境 [M]. 北京：人民教育出版社，2020.

[114] 格朗伦德 . 学业成就测评：第 7 版 [M]. 罗黎辉，孙亚玲，等译 . 南京：江苏教育出版社，2008.

[115] 俞晓鸿，苏宁，沈云云 . 什么才是真正有效的教学：前概念原理、方法、案例、行动 [M]. 杭州：浙江大学出版社，2016.

图书在版编目（CIP）数据

生物学概念教学论 / 赵占良著 . -- 南宁：广西教育出版社，2021.12（2024.9 重印）

（中国生物学教育研究丛书 / 赵占良主编）

ISBN 978-7-5435-9002-1

Ⅰ . ①生… Ⅱ . ①赵… Ⅲ . ①生物课－教学研究－中学 Ⅳ . ① G633.912

中国版本图书馆 CIP 数据核字 (2021) 第 236241 号

策　　划：廖民锂　潘姿汝　黄力平
责任编辑：陶春艳　　　　装帧设计：李浩丽
责任校对：杨红斌　卢佳慧　责任技编：蒋　媛

出 版 人：石立民
出版发行：广西教育出版社
地　　址：广西南宁市鲤湾路 8 号　邮政编码：530022
电　　话：0771-5865797
本社网址：http://www.gxeph.com
电子信箱：gxeph@vip.163.com
印　　刷：广西民族印刷包装集团有限公司
开　　本：787mm×1092mm　1/16
印　　张：19
字　　数：286 千字
版　　次：2021 年 12 月第 1 版
印　　次：2024 年 9 月第 4 次印刷
书　　号：ISBN 978-7-5435-9002-1
定　　价：48.00 元